神经电生理在法医学鉴定中的应用

主编 张运阁 刘松岩

苏州大学出版社
Soochow University Press

图书在版编目(CIP)数据

神经电生理在法医学鉴定中的应用 / 张运阁,刘松岩主编. —苏州:苏州大学出版社,2022.12
 ISBN 978-7-5672-4087-2

Ⅰ.①神… Ⅱ.①张… ②刘… Ⅲ.①神经系统疾病－电生理学－应用－法医学鉴定 Ⅳ.①D919.4

中国版本图书馆 CIP 数据核字(2022)第 193513 号

书　　名：	神经电生理在法医学鉴定中的应用
主　　编：	张运阁　刘松岩
责任编辑：	赵晓嬿
装帧设计：	吴　钰
出版发行：	苏州大学出版社(Soochow University Press)
社　　址：	苏州市十梓街1号　邮编:215006
印　　刷：	镇江文苑制版印刷有限责任公司
邮购热线：	0512-67480030
销售热线：	0512-67481020
开　　本：	787 mm×1 092 mm　1/16　印张:13.25　字数:315千
版　　次：	2022年12月第1版
印　　次：	2022年12月第1次印刷
书　　号：	ISBN 978-7-5672-4087-2
定　　价：	60.00元

若有印装错误,本社负责调换
苏州大学出版社营销部　电话:0512-67481020
苏州大学出版社网址　http://www.sudapress.com
苏州大学出版社邮箱　sdcbs@suda.edu.cn

前　言

自《人体损伤程度鉴定标准》和《人体损伤致残程度分级》颁布实施以来，规范化、标准化、精准化的损伤程度和伤残等级鉴定越来越受到重视，因为这直接关系到刑事量刑和民事赔偿。在司法实践中，神经系统损伤所致精神障碍、智力减退、听觉功能障碍、视觉功能障碍、肢体瘫痪、性功能障碍等后遗症的准确判定一直是法医临床鉴定的难点之一，易引发争议和反复诉讼。十多年来，随着法医临床鉴定技术的不断完善及其与临床医学的融合，临床神经电生理在法医学鉴定中发挥着举足轻重的作用，为神经系统功能障碍的客观评定奠定了理论和实践基础。

本书从神经解剖生理、神经损伤特点、电生理检查项目及其在法医临床鉴定中的应用、典型鉴定案例分析等方面阐述了神经电生理法医学的应用价值和前景。希望本书对从事法医临床和法医精神病鉴定的法医、临床神经内外科的医务人员，对此类案件感兴趣的法务工作者、学生，以及公、检、法、司等司法机关相关工作人员有一定的专业借鉴价值。

虽然各位编者都是具有多年丰富鉴定经验的骨干鉴定人员，但限于学术水平和其他多种因素，书中仍难免有疏漏和不足，恳请广大读者批评指正，以使本书的内容进一步完善和充实。此外，在本书编写过程中，我们查阅和借鉴了大量的文献，在此向这些文献的作者致以诚挚的敬意和衷心的感谢！

张运阁　刘松岩

2022 年 7 月

《神经电生理在法医学鉴定中的应用》编委会

主　编

张运阁　刘松岩

副主编

刘伟丽　宋祥和

编　委

（按姓氏笔画排列）

王飞翔	司法鉴定科学研究院
吕　铭	常州市德安医院司法鉴定所
刘伟丽	苏州大学司法鉴定中心
刘松岩	常州市德安医院司法鉴定所
李春晓	常州市德安医院司法鉴定所
宋祥和	江苏医药职业学院司法鉴定所
张　平	苏州同济司法鉴定所
张运阁	常州市德安医院司法鉴定所
陈　焕	解放军联勤保障部队第九〇四医院常州医疗区司法鉴定所
陈捷敏	司法鉴定科学研究院
周　莉	连云港正达司法鉴定中心
程荷英	常州市德安医院司法鉴定所
戴定坤	江苏省苏北人民法院司法鉴定所

目 录

第一章　电生理概述 / 001

　　第一节　电生理分类 / 003

　　第二节　《人体损伤致残程度分级》涉及神经系统损伤的条款 / 037

第二章　电生理在视觉功能鉴定中的运用 / 045

　　第一节　眼球的解剖结构与视觉形成 / 047

　　第二节　各类眼外伤的特点及法医学鉴定要点 / 050

　　第三节　视觉电生理在法医学鉴定中的重要意义 / 059

　　第四节　眼外伤鉴定典型案例分析 / 069

第三章　电生理在听觉功能鉴定中的运用 / 081

　　第一节　听觉系统的解剖与生理 / 083

　　第二节　听觉系统损伤的特点及法医学鉴定 / 091

　　第三节　神经电生理检查在听觉功能障碍评定中的应用 / 094

　　第四节　案例解析 / 112

第四章　电生理在周围神经功能鉴定中的运用 / 121

　　第一节　脑神经 / 123

　　第二节　脊神经 / 132

　　第三节　内脏神经系统 / 145

　　第四节　神经电生理检查项目、意义及法医学应用 / 150

第五章 电生理在颅脑损伤鉴定中的运用 / 163

第一节 颅脑的解剖结构 / 165

第二节 颅脑损伤概述 / 166

第三节 颅脑损伤的法医临床学鉴定 / 169

第六章 电生理在男性性功能障碍法医学鉴定中的运用 / 185

第一节 男性性器官 / 187

第二节 阴茎勃起神经生理学机制 / 192

第三节 阴茎勃起功能障碍神经功能实验室检查 / 195

第四节 阴茎勃起功能障碍法医学鉴定 / 200

第一章

电生理概述

第一节　电生理分类

一、视觉眼电图

视觉眼电图（visual electrooculogram，V-EOG）通过间接测量眼球静电位在明暗适应中的改变，反映视网膜色素上皮及光感受器复合体的功能，是依据抽样计算眼静电位相应量在各分钟的平均值所绘出的电位时间函数。

脊椎动物的眼球如同一个电池，周围存在电场，相应的等位线贯穿相邻组织，形成眼球前后的电位差，即角膜和眼底之间的电位差——静息电位（the corneofundal potential，CFP）（图1-1）。CFP常被描述为一个稳定的电位，以区别眼球快速运动时的电位变化，但事实上它是变化的，最明显的表现是光照亮度变化时CFP也会发生明显变化，EOG便是记录CFP随受光状况改变所发生的变化。

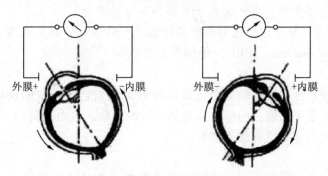

图1-1　角膜和眼底之间的电位差——静息电位

在记录过程中将电极置于眼球的前后极能够记录到CFP，但后极部电极须穿过其他组织，这会造成损伤。后续研究发现，眼球每运动一次都有矢量改变和等位线偏移，因而将电极置于眼球的外周电场内，按照规定的运动范围，在眼球运动的时候，可观察到电位的变化，这种间接记录到的CFP即为眼电图（electrooculogram，EOG）[1]。

EOG经常用于诊断下列眼科疾病。

1. 脉络膜损伤

如果怀疑在混浊晶状体后有脉络膜脱离（如在青光眼术后），EOG可提供诊断依据。脉络膜脱离时基础电位下降至几乎为零，但光照后仍隐约可见电位上升。脉络膜复位后，基础电位恢复，EOG振幅在几周内恢复到原来高度。

2. 脉络膜炎

EOG 在前色素膜和后色素膜都有改变，在发生活动性脉络膜炎时，基础电位显著下降，EOG 总的电位绝对值也有所降低，这可能表现为明暗比值异常。脉络膜炎治愈后大多数病例的脉络膜有大量瘢痕，EOG 电位仍较高，此可用于与视网膜色素变性相鉴别。

3. 无脉络膜症

无脉络膜症是一种 X 染色体遗传的毯层脉络膜变化——脉络膜血管萎缩。在脉络膜损害开始时，EOG 早期缺少光峰，基础电位也逐渐下降；病变进入晚期时，基础电位几乎测不到，光峰完全消失。无脉络膜症的一个特征就是 EOG 基础电位明显下降，其下降程度比视网膜色素变性更为严重。

4. 卵黄样黄斑变性

此病 EOG 的特征性变化为光峰消失。这种异常还可在没有临床表现的基因携带者身上出现，因而对临床诊断，特别是对无临床表现的基因携带者的诊断很有价值。

5. 视网膜色素变性

视网膜色素变性是常见的遗传性视网膜变化。在早期眼底仍正常时，随着暗适应曲线异常的日益严重，明视成分的电位也降低，直至测不到，但光峰电位可长期保持在正常范围。对基因携带者的检测至今仍未发现能作为鉴别诊断标准的 EOG 改变。

6. Stargardt 黄斑变性（黄色斑点状黄斑部视网膜病变）

早期 EOG 无明显异常，借此可与卵黄样黄斑变性鉴别。晚期出现 EOG 异常，而视网膜电图（electroretinogram，ERG）保持在正常范围。

7. 白化病

白化病是一种遗传性酪氨酸酶合成缺陷导致黑色素合成减少的疾病。其 EOG 改变使光照振幅高于正常平均值，明暗比值达到正常的两倍，这可能是由于色素层缺乏而使感受器细胞得到比正常眼更强的光刺激。

8. 近视

伴高度近视的白内障患者，白内障摘除术前电生理检查对其预后的判断很有意义。近视眼在无眼底改变时，EOG 是正常的。高度近视引起 EOG 异常较小，主要表现为明暗比值下降。电位绝对值通过眼球运动间接测定，由于近视眼眼轴比正常眼轴长，电位反而增高。因为眼轴较长者转动同样角度，两极运动的幅度较大，所以得到较大的电位波动，或者也可能是由前极比较突出所致。

9. 视网膜脱离

在屈光间质混浊而拟行白内障手术时，EOG 与超声诊断结合可判断是否有视网膜脱离。EOG 光依赖部分改变越大说明视网膜脱离范围也越大。视网膜脱离属陈旧时 EOG 的基础电位消失。视网膜全脱离不久，EOG 仅光依赖部分消失，基础电位仍存在，这一点有鉴别意义。

10. 弱视

弱视是在小儿发育敏感期，各种影响视觉发育的眼病或视环境不良所致的形觉剥夺或异常双眼相互作用，弱视患者双眼视觉长期紊乱，视觉神经元功能与形态异常，表现为没有器质性病变的不能完全矫正的单眼或双眼视力降低。Ikeda[2]等指出，弱视眼光敏感性无障碍，因为它既无视网膜色素上皮损害也不是感受器细胞病变；弱视患者对图像识别和对比的敏感性有障碍，故可推论弱视患者的神经节细胞层存在某种病变，或视皮质特别是实现双眼视觉的神经结构受损。因此，EOG对斜视性弱视的功能测试没有意义。而Williams等[3]对12名弱视成人EOG进行测试，发现其EOG明显低于正常对照组，差异有显著性。

二、视网膜电图

ERG是对视觉生理水平各指标进行综合检测的一种电位图，可以直观有效地反映视网膜健康水平。主要原理是通过视网膜处的微电流取得反馈信息[4]。ERG的电位水平图客观反映各膜细胞的运作水平，同样地，在局部测试上，可以反映局部的发病状态。

ERG可以分为F-ERG（Flash ERG）、OPS波及P-ERG（Pattern ERG）。

F-ERG又称作闪光视网膜电图，是通过增加或测量电位差来反映视网膜或局部组织健康水平的一种膜电图。F-ERG通过对比检测某一段膜电图的波峰水平，来估测该局部位置的功能状况，并通过对各个频段进行分析得到病灶体位置。该种膜电图应用广泛，在各种视网膜疾病当中，具有快速定位病灶和辅助精准治疗的重要作用，主要应用于先天性静止性夜盲症、先天性色觉异常、Leber先天性黑矇、视网膜发育不全、视锥视杆细胞营养不良、外伤性视网膜病变、视网膜色素变性等疾病检测上。

有关研究表明，OPS波不仅可以客观反映除感光细胞和Müller细胞之外的其他细胞的电位水平，而且可以有效地反映糖尿病引起的视觉障碍的症状，其敏感程度不可忽视，在临床验证上具有重要作用。有研究表明，OPS波可以有效地反映其他病症，包括青光眼、血管闭塞性疾病和其他先天性眼科疾病。

P-ERG又称作图像视网膜电图，是一种黑白棋格状态的电位图，可以有效地反映视网膜神经细胞内核的健康水平，对于对电流刺激敏感的神经节细胞更是如此。P-ERG是对F-ERG无法有效检测神经细胞内核和黄斑异变区的一个补充，检测具有双向性，可以利用黄斑区和神经细胞内核的被动反应来确定视网膜神经障碍的病灶位置。而对两者的检测，也可以是对视觉神经细胞缺失的估量。P-ERG可以客观反映青光眼、先天性眼疾的病症特性，这对青光眼症状具有前期预判和诊断作用。除此之外，P-ERG还可以广泛应用于非动脉炎性前部缺血性视神经病变、多发性硬化症、Leber遗传性视神经病变、脱髓鞘性视神经病变等。F-ERG能够记录下全视网膜的电生理活动情况，并在加以汇总后反映整个视网膜的功能情况。典型的F-ERG可以分为a波、b波、c波及振荡电位（oscillatory potentials，OPs）等。其中，a波起源于外层视网膜细胞的活动，b波起源于Müller细胞及双极细胞，OPs是叠加在b波上的一组规律的小波形，可能起源于内层视网膜的无长突细胞[5]。总的来说，ERG中的所有成分源于同样的原因——视网膜接受光的刺激。在ERG的众多成分中，OPs最易受到血流、药物及其他因素的影响，并且OPs较易被单独地分离出来[6]。此外，有研究者发现，在b波之后出现的一个负相波[7]，即明视负波（photopic negative response，PhNR），容易受到多种眼部疾病的影响，如外伤、缺血、压迫所导致的视神经损伤[8]。

除了以上介绍的两种ERG之外，视网膜电图还包括多焦视网膜电图（multifocal ERG，mfERG），其对黄斑区视网膜功能的异变具有高度敏感性。人体的生物电水平可以反映体液中电离子含量和作用水平，由此可见，电位图往往对检测人体异变具有客观高效的重要作用。

mfERG是Sutter等[9]建立的一种新颖的ERG检查方法。它用一种伪随机m序列来控制刺激信号，刺激视网膜多个不同部位，将对应部位的电信号以地形图形式直观地显示出来，从而反映各部位的视功能。这种技术可分别分析视网膜的一阶kernel反应（first order kernel，FOK）和二阶kernel反应（second order kernel，SOK），FOK以双极细胞的反应为主，SOK以视网膜内层细胞的反应为主，因此mfERG可以分别反映内层视网膜和外层视网膜的功能[10]。FOK是视网膜对应于一个小区域的、在一个完整m序列两种状态刺激下的两个平均反应之差；SOK是前后两次刺激相互作用的反应，等于前后两次相同状态刺激相互作用的平均反应减去前后两次不同状态刺激相互作用的平均反应。mfERG能在数分钟内记录视网膜中数以百计的局部电信号，并以地形图的形式直观地显示出视网膜的功能状态，这使其在多种视网膜疾病的诊断中得以广泛应用。mfERG的一阶反应表达视网膜外层功能，相当于全视野视网膜电图，它能对视网膜的不同区域进行分析。有关正常眼mfERG的研究报道显示，黄斑中心凹振幅密度最高，随着离心率的增加，各波振幅密度逐渐下降，这一结果与感光细胞解剖生理的分布特征一致。mfERG能检测视网膜后极部20~30 b视野内各小区域的视网膜功能，因此，从理论上讲，凡是累及该部分区域的病变都可以进行mfERG检测，从而为临床提供视功能的信息。但mfERG最大的优势是对黄斑疾病的视功能评价，此外它也常应用于黄斑水肿的检测。mfERG不仅对诊断有一定的辅助作用，对病变的随访也有一定的临床意义[11]。

三、视觉诱发电位

视觉诱发电位（visual evoked potential，VEP）是指通过对视网膜进行刺激，经过视路传送至枕叶视皮质的电活动。VEP检测反映了从视网膜神经节细胞到视皮质的功能状态，是对视路的客观检测方法。该技术作为一种检测视路功能的敏感方法已广泛应用于临床。

（一）正常VEP

1. 闪光VEP

闪光VEP是由一系列正波和负波组成的复合波，开始于30 ms左右，结束于300 ms左右（图1-2）。在波成分的命名中，先标示正波或负波（P或N），然后以数字下标表示出现的先后次序，不要使用正负结合潜伏期，以便能自动将闪光VEP与图形VEP相区别。由漫射刺激诱发的闪光VEP的最常见成分是分别出现于大约90 ms和120 ms处的N_2和P_2成分。但是在老年人中更常见的是在500 ms左右的一个正相波。应注意闪光VEP的潜伏期是依赖于年龄的。振幅应是相对于前一波峰的峰值。

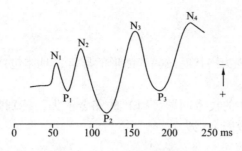

图 1-2　闪光 VEP 示意图

2. 图形 VEP

由图形翻转诱发的 VEP 由 N_{75}、P_{100} 和 N_{135} 成分组成。波的命名是波峰的正/负相指示后跟平均潜伏期（图 1-3）。国际标准建议基于前一波峰，即 N_{75} 的波峰测量 P_{100} 成分的振幅。P_{100} 成分的潜伏期的个体差异很小，并且眼间变异范围也非常小。使用大于 15° 的半野刺激时，图形 VEP 的 N_{75}、P_{100} 和 N_{135} 成分在刺激半野的同侧大脑半球出现。而在刺激半野的对侧大脑半球可以看到一个 P_{135} 成分。

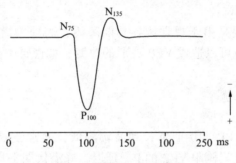

图 1-3　图形 VEP 示意图

3. 图形给-撤 VEP

图形给-撤 VEP 由 3 个主要成分组成。公认的成分为 C_I（正相，大约 75 ms）、C_{II}（负相，大约 125 ms）和 C_{III}（正相，大约 150 ms）（图 1-4）。每个波的振幅也是相对于前一波峰测量的。使用半刺激野时，反应出现在刺激野的对侧大脑半球。

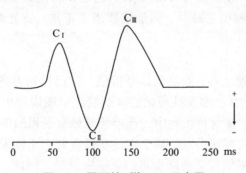

图 1-4　图形给-撤 VEP 示意图

（二）异常 VEP

1. 主要表现

VEP 异常的主要表现为潜伏时波幅和波形的异常，具体包括以下几方面。

（1）VEP 完全消失。

如果能够排除检查中的技术问题，VEP 的完全消失，特别是闪光 VEP 的消失，表示视觉功能的严重丧失或完全丧失。

（2）潜伏期的延长。

潜伏期的延长表示视觉传导功能障碍。常见的病变有脱髓鞘病变、直径较粗的快速传导神经纤维的缺失、视网膜疾患，以及视神经挫伤、压迫等病变。

（3）眼间波幅比的异常。

由于正常人个体之间波幅绝对值变异很大，因此多采用自身健康眼做对照观察。波幅降低最常见的病理变化是轴索数目的减少。从理论上讲，VEP 是视觉传入冲动所激发的视皮质神经元兴奋的总和，参与兴奋的神经元轴突数目减少，必然导致 VEP 的波幅降低。

（4）VEP 波形的异常。

VEP 波形的异常主要是由于视觉传导功能障碍，表现为潜伏期的延长和波幅的降低。此外，视野的缺损也可以造成 VEP 波形的改变，如视野中有盲点存在时可以使 P_{100} 呈双峰样改变。

2. 常见临床诊断和应用

（1）视神经炎。

视神经炎时表现为 VEP 潜伏期延长和波幅降低，通常波幅变异性较大，潜伏期变异性较小，视神经纤维受累侧眼 VEP 的 P_{100} 延迟，峰潜伏期平均几乎延长 30%，波幅降低 50%，而未受累侧眼的 VEP 均正常。

（2）其他视神经异常疾病。

多种病因所致的视神经病理性受累，均可影响 VEP。在 Leber 遗传性视神经病中，可有 VEP 的异常，许多有严重视力受损的患者记录不到 VEP，或表现为反应小、波形离散及延迟；缺血性视神经病患者可出现 VEP 的延迟，但波幅的降低通常更具特征性；中毒性弱视者中 VEP 波幅明显减低，但潜伏期通常正常；青光眼患者的 VEP 常为潜伏期异常。

（3）多发性硬化。

VEP 对确诊多发性硬化具有很高的诊断价值，这已得到大量研究的反复证实，阳性确诊率通常可达 70%～97%。多发性硬化的诊断取决于能说明中枢神经系统存在多处病灶的临床和实验室证据。在这种疾病中，视神经是最常受累的部位之一。VEP 潜伏期是一种检测视觉通路损害的客观手段，甚至在这些损害处于亚临床状态时，对多发性硬化患者来说，VEP 技术可提供视觉通路受累的亚临床依据。因此，当临床上已确定有一处病变存在，尤其是在枕骨大孔水平以下时，通过 VEP 检测出视觉系统的病变，对于多发性硬化的诊断是非常有价值的。VEP 改变的病理生理基础仍不明确，直接的实验表明，完全性传导阻滞可能是中枢神经纤维广泛脱髓鞘的结果，波幅的改变可能很大程度上反映了受损纤维的完全性传导阻滞；而在不太严重且不太广泛的脱髓鞘病变中，VEP潜伏期延迟是主要表现，反映了受损视觉纤维的传导速度减慢。

（4）前视觉通路的压迫性病变。

VEP潜伏期延长并非多发性硬化和视神经炎所特有的表现，前视觉通路的压迫性病变也可产生相似的异常。压迫性病变发生时，VEP可有潜伏期延长，且大多在早期阶段，但即使潜伏期延长，其程度也远小于脱髓鞘疾病。潜伏期延长一般不超过正常上限20 ms，而在视神经炎和多发性硬化中常平均延长34~45 ms，个别病例延长达100 ms。另外，压迫性病变的VEP波形异常的发生率远高于脱髓鞘疾病，尤其是在蝶鞍区的肿瘤，其特征是VEP的不对称性。

（5）诈病或癔病。

如果VEP可反映"看得见"的能力，那么对于那些声称"看不见"却又无病理性改变者，VEP可提供判断依据。如果VEP正常，就提示从视网膜到视皮质的通路是完整的。如果病人主诉单眼全盲，也的确可以记录不到VEP，此时要考虑两种可能性：病变所致，或是VEP的随意抑制。VEP可被随意抑制，采取诸如过度沉思、注意力不集中于棋盘格平面及眼球会聚等随意活动可使VEP消失。因此，当怀疑诈病时，应谨慎采用VEP，通过大视野、大棋盘格和双眼刺激的方法，可使由随意作用所致的VEP改变降低到最低限度。当怀疑VEP是由随意抑制所引起时，也可采用"开始—终止"这种刺激方式随机给予刺激，以使得被检者不知道什么时候刺激将会出现，这样欺骗手段就难以施展了。

四、视频眼震电图

眼球运动是人体前庭功能检查的一个灵敏的观察窗口。1977年Waldorf等在完全黑暗环境下，利用红外线及对红外线敏感的摄像机进行了眼球运动情况的记录。而随着时代发展，对于该项技术，人们越来越认识到了其优越性，在进行相应的改进之后研制出视频眼震电图（videonystagmograhy，VNG）。

VNG依靠远红外视频摄像系统和数字视频影像技术直接记录眼球运动的影像，其不受眼肌状态及周围电子噪声的影响，能够使记录到的数据最优化（图1-5）。VNG检查包括扫视试验、视动试验、视追踪试验、凝视试验、自发性眼震（spontaneous nystagmus，SN）、位置性试验和变温试验等，用于评价前庭终末器官、中枢前庭眼动通路等的功能，根据其结果可以区分病变位于外周还是中枢[12]。变温试验利用冷热气或冷热水刺激水平半规管来诱发前庭反应，其结果可以提示单侧低下、双侧低下或正常。变温试验通过冷热刺激作用于眼震极盛期进行固视抑制，如果抑制失败，提示可能有小脑功能障碍。冷热试验判断前庭功能的灵敏度为31%~90%，特异度为86%[13]。

VNG对眩晕患者前庭功能的评估具有十分重要的临床价值。它能够对疾病进行定位诊断、定性评估，并且在疾病早期影像学无阳性指征时，为椎-基底动脉系统循环障碍引发的眩晕提供客观依据，从而为临床治疗争取有利时机。视频能够记录、回放眼震过程，这在诊断良性阵发性位置性眩晕时大大减轻重复检查给眩晕患者带来的痛苦和恐惧，体现了人性化医疗对人和生命的关爱[14]。

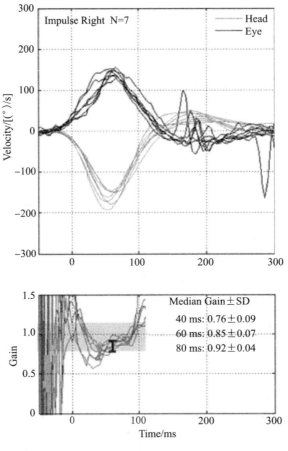

图 1-5　正常视频眼震电图

五、多焦视觉电生理技术

多焦视觉电生理技术主要包括多焦视网膜电图和多焦视觉诱发电位（multifocal visual evoked potential，mfVEP）两类。1992 年，Sutter 等首次提出 mfERG 技术，1994 年，Baseler 等[15]在此基础上又提出 mfVEP 技术。多焦视觉电生理技术弥补了传统视觉电生理技术的不足，对局部视网膜病变的检测更具简便性和科学性，并在眼科临床实践中广泛应用，尤其在视网膜疾病和青光眼的诊断中具有明显优势。多焦视觉电生理技术建立在 Kernel 分析的数学模型上，采取伪随机 m 序列控制刺激图形的变化，使刺激同时作用于视网膜多个不同部位，通过一个或多个通道记录各个不同部位的混合反应信号，再用计算机进行快速傅里叶变换，把对应于视网膜各部位的波形提取分离出来，并将视网膜各部位的反应振幅用波形图、二维平面图或三维立体图显示出来，从而客观地反映视网膜各部位的功能以及视网膜-皮层传导功能[16]。

（一）mfERG

1. 刺激方法

按视网膜感光细胞分布密度，mfERG 的刺激图形为随离心度增加而增大的六边形阵列，常用 61 个或 103 个六边形。刺激野包括固视两边各 20°～30°的视角范围。固视视标可用中央固视点或十字交叉型。放大器的增益设置为 100 000 或 200 000，常用带宽为 10~300 Hz。

2. 电极位置

记录 mfERG 的常用电极有两种：一种是 Burian-Allen 双极电极，其正极为角膜接触镜电极，参考电极通过开睑器和眼睑结膜相接触；另一种是 JET 电极，其正极为单极角膜接触镜电极，参考电极为皮肤电极，置于受检眼的外眦部。接地电极均采用皮肤电极，贴敷于耳垂或前额。国际临床视觉电生理学会（ISCEV）推荐使用 Burian-Allen 电极。

3. 分析方法

各种 mfERG 分析方法均基于振幅和潜伏期。为了降低噪声，减小波形变异对反应的影响，振幅的计算采用均方根算法，因其最大限度地保持了波形的完整性。在比较视网膜不同区域功能时引入振幅密度概念，即单位面积振幅值。

（二）mfVEP

1. 刺激方法

刺激图形呈现于 21 英寸（1 英寸=2.54 厘米）CRT 显示器屏幕，用 60 个刺激单元组成"飞镖盘"的刺激图形阵列，每个刺激单元的面积随离心度的增加而增大。每个刺激单元又含有 16 个黑白相间的方格，每个小方格按 m 序列做黑白翻转。刺激野以与皮质解剖相应的排列方式刺激中心半径为 20°~25°的视网膜。

2. 电极位置

电极位置不同，记录到的反应信号也会不同，临床上多采用枕部多通道双极记录法，但目前尚无统一标准。Klistorner 等[17]推荐使用枕部四通道双极记录法：在枕骨粗隆的上、下、左、右四个方向各放置 1 个电极，左、右两个电极到枕骨粗隆的距离均为 4 cm，上、下两个电极到枕骨粗隆的距离分别为 2.5 cm 和 4.5 cm，下方及左侧电极接放大器的负端，接地电极接前额，用这四个电极组成四通道的双极记录。而 Hood 等[18]提出六通道双极记录法：下方电极安放在枕骨粗隆上，上方电极离枕骨粗隆上方 4 cm，左、右电极位于枕骨粗隆上方 1 cm 处，左、右电极距中线（头颅正中矢状线）的距离仍为 4 cm，下方及左侧电极接放大器的负端，接地电极接前额，用这四个电极组成六通道的双极记录。

3. 分析方法

（1）振幅、潜伏期：对于 mfVEP，由于刺激图形阵列的每一部分在图形翻转时总亮度不变，故记录的一阶反应为 0，而二阶反应含有一个主要的可重复波形，代表连续两次刺激的相互作用，因此，mfVEP 的研究中主要分析二阶反应信号。

（2）双眼不对称分析：Klistorner 等[17]认为不同个体之间因皮质卷曲和距状裂位置的变异而存在差异，但同一个体双眼之间应不存在此差异。Graham 等提出采用双眼不对称性系数（relative asymmetry coefficient，RAC）对 mfVEP 进行不对称性分析：RAC=(AMP_1-AMP_2)/(AMP_1+AMP_2)。其中，AMP_1 代表左眼某一位置 VEP 反应的最大峰-谷振幅值，AMP_2 代表右眼同一位置 VEP 的最大峰-谷振幅值。正常人 RAC 值为 0±0.11，一般不超出±0.12。Hood 等[18]对 6 例正常人与 4 例患者进行了双眼间的 mfVEP 对照分析，将结果与 Humphrey 视野计记录的结果进行比较，证实局部单侧的视野损害可以通过不对称分析发现。

六、事件相关电位

事件相关电位（event-related potential，ERP）是一种特殊的脑诱发电位，通过有意地赋予刺激特殊的心理意义，利用多个或多样的刺激引起脑电位变化。它反映了认知过程中大脑的神经电生理的变化，也被称为认知电位，即当人们对某课题进行认知加工时，从头颅表面记录到的脑电位。

广义的 ERP 成分较多，其中主要有 P_{80}、N_{100}、P_{200}、N_{200}、P_{300}，乃至 N_{400} 等。P_{300} 仅为其中一个成分，但因其最稳定，所受关注程度及应用最广泛，所以在狭义上代指 ERP。其中，P_{80}、N_{100}、P_{200} 为外源性成分，N_{200}、P_{300}、N_{400} 为内源性成分。所谓外源性成分，是指易受刺激影响，但尚未真正参与认知的成分，相当于外周的成分。有实验为证：有人给刚刚死亡的患者做 ERP，虽无 P_{300} 等成分，但仍可诱发出 P_{80}、N_{100} 等成分。这足以说明此电位与外周的关系。所谓内源性成分，是指不受刺激物理特性的影响，且与认知有密切关系的成分。需要说明的是，N_{200} 虽是内源性成分，但只是对刺激的初步加工，似乎与认知功能联系不大。

（一）ERP 测试方法

ERP 获取原理如图 1-6 所示。电极安放：通常选用 5 点，分别为 Fz、Cz、Pz、C_3、C_4，每个点各安放一个记录电极，分别在 5 个点记录 P_{300} 相关情况。实验证明，Cz 和 Fz 产生的波幅最高，Cz 点诱发出的电位最稳定。实验中，要求被检者做计数或按键反应的刺激称为靶刺激（T），不要求做出反应的刺激为非靶刺激（NT），二者随机出现并无规律。但靶刺激必须小于总刺激数的 30%，否则会影响 P_{300} 的潜伏期和波幅。刺激的

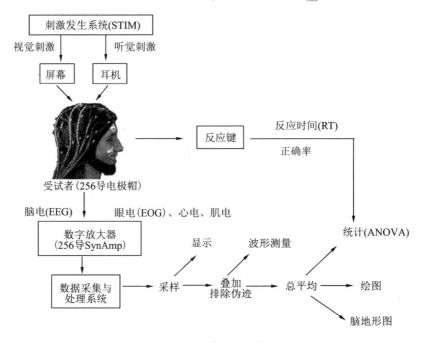

图 1-6　ERP 获取原理简图

物理性质可以是声、光、电、机械等，因此，实验的方法很多。比如听觉刺激，目前常采用高低音刺激，以高音为靶刺激，低音为非靶刺激，靶刺激出现频率为20%。先让被检者适应一下环境，听音1 min左右，而后告知当高音出现时心里默默计数，低音出现时无须计数。随着高音的出现，屏幕上会出现相应的标记，故检测人员可与被检者同时计数以验证被检者计数是否正确。通常设定刺激总共出现200次，那么靶刺激大约在40次。如果被检者的计数明显少于应有的次数，则提示被检者认知能力有减退的可能；但如果被检者的计数明显多于应有的次数，则说明实验有误，需要重新测试。又如视觉刺激，可以给出两个刺激图形，如一个苹果和一个梨，将其中一个设定为靶刺激，另一个为非靶刺激，同样可以诱发出ERP。此外，还有其他很多方法，不再一一赘述。但目前应用最广泛的是听觉刺激。

（二）ERP的临床应用

P_{300}主要用于各种原因而致的伴有认知障碍的患者，它可以为智能障碍诊断提供神经电生理的依据。主要适用的疾病有：脑血管病和痴呆；智障者；精神病，包括精神分裂症和情感性精神病，情感性精神病又包括抑郁症和躁狂症；其他疾病，如肝性脑病早期、肝炎、肝硬化等。上述患者ERP的共同特点是P_{300}时限延长，波幅会有不同程度的降低。

（三）ERP与常规EEG及诱发电位的区别

随着脑电位的问世及逐步发展，人们认识到大脑活动时有生物电伴生，且脑的生物电可以记录，脑电活动会因周围环境的刺激如声、光而发生改变，脑电波会因心理活动而改变，尽管还无法判定二者之间的准确关系。从信息学角度分析，EEG并不完全是绝对的"自发"电位，其也含有外来刺激，只不过无法将刺激引起的脑电生理变化的内容和意义分辨出来。习惯上，人们仍将EEG称为脑的"自发"电位，其用意是区别于特别安排的刺激引出的电位，后者常被称作"诱发"电位。ERP与普通EEG的区别在于前者是通过接受特意安排的重复刺激，经平均叠加得到的。对于诱发电位而言，除脑诱发电位外的其他诱发电位，如视、听、体感、脊髓、运动等诱发电位，对于研究人脑的高级功能，如知觉、注意、记忆、智能等过程几乎仍然是没有帮助的，因为这些诱发电位采用的是单一的、固定不变的刺激，并且被检者无须主动参与试验。而ERP测试不仅要求被检者一般须意识清醒，而且要求他们在一定程度上参与试验，且必须有两个以上的刺激组成刺激序列或刺激范型。

七、听觉诱发电位

听觉诱发电位（auditory evoked potential, AEP）也叫听觉诱发反应，是通过记录听觉神经通路对声刺激信号的神经反应活动评估人类听觉功能的常用方法。主要的听觉诱发电位包括耳蜗微音器电位（CM）、总和电位（SP）、听神经复合动作电位（CAP）、听性脑干反应（ABR）、听觉中潜伏期反应（AMLR）等。这些电位信号多是通过置于头颅表面特定位置（如Fz、Cz）和接近耳部位置（如耳垂、乳突）的电极组合记录到的。声刺激信号在听觉系统诱发产生的神经反应，通过身体组织及体液的传导被体表电极采集到，再经过模数转换和后期叠加分析，形成可资辨识的反应波形。听觉诱发电位的确切起源部位难以确定，但通过分析反应波形的潜伏期等时域信息，有可能判定反应起源位置在听觉神经系统中的大致区域甚至解剖部位。从刺激开始施加到神经反应出现的时间称为神经反应的潜伏期。听觉诱发电位的潜伏期不超过 1 s，对其波形的时域分析通常以 ms 为单位。对听觉诱发电位波形进行分析，可间接获得相应听觉系统通路或区域的状态信息，因而对于临床诊断和评估具有重要作用[19-21]。

CM：起源于耳蜗底回的外毛细胞，属于一种感受器电位。它的最突出的特点是能够复制声刺激的声学波形，其电位波形与刺激波形相同，无潜伏期和不应期。CM 波幅非常小，有时与 CAP 混在一起难以辨认。

SP：起源于毛细胞的感受器电位，是多种成分的诱发电位正负总和的结果。正常情况下，它表现为一种负相的直流电位，与声刺激开始、结束同步，也无潜伏期和不应期。

CAP：耳蜗电图（EcochG）记录中潜伏期为 1.5 ms 左右的一组电位，因为它是用针电极在圆窗或更远处记录到的听神经纤维的动作电位的总和，故称为听神经复合动作电位。CAP 包括 N_1、N_2 和 N_3 的一组波形，且只有在高强度刺激时，N_2、N_3 才比较明显。

（一）耳蜗电图的检测方法

1. 刺激声的选择

在 AEP 中常用的声音信号有短声、短纯音、短音或滤波短声。

（1）短声：短声是一种方波电脉冲输入耳机发出的"嗒、嗒"的声音，其频谱较宽，分布在 1 000~6 000 Hz 范围，但实际频谱决定于耳机、扬声器和被检者外耳、中耳的特性。人的外耳道对 3 000 Hz 左右的刺激声产生共振，听骨对 1 500 Hz 左右的刺激声产生共振，短声能使多数听神经同步兴奋，诱发 CAP 电位振幅较大，但频率特异性较差。

（2）短纯音：短纯音是将包络线为梯形的正弦波电流输入耳机而发出的声音，可使信号失去频率特性和减小响度。保持频率特性，对了解被检者在各频率的听敏度是必不可少的。短纯音主要用于描记 CM 电位及测定低频区的耳蜗电图反应阈。

（3）短音或滤波短声：短音是上升时间和下降时间都很短、稳定持续时间不大于一个波的声信号。与这种短音非常近似的声信号是滤波短声，后者是用一方波或正弦波振动或激发带通滤波器而产生的。短音或滤波短声基本相当于短纯音中间平台期为零时即输入电流包络线从梯形变成菱形时，耳机所发出的声音。若希望上升时间短到与神经冲动同步，同时又希望保留频率特性时，可选用短音刺激。

2. 电极及其放置方法

EcochG 检测时电极的放置方法有以下三种。

（1）鼓室内电极：又称鼓岬电极，是一长约 6 cm 的细针，除针尖和针尾外，均涂以绝缘材料。记录电极经鼓膜后下象限刺入鼓室，直抵鼓岬，参考电极置于同侧耳垂，接地电极置于对侧耳垂或前额部。从鼓岬记录的 CAP 振幅较外耳道电极记录的大，因此当外耳道电极记录不明显时，需要行鼓岬电极记录。

（2）外耳道鼓环电极：用一绝缘银丝，末端烧成小珠状，再放入氯化钠溶液中通过直流电进行泛极化处理。将电极珠送入外耳道鼓环处，参考电极置于同侧耳垂，接地电极置于对侧耳垂或前额部。

(3) 外耳道皮下电极：用质量分数为 1% 普鲁卡因溶液浸润麻醉外耳道局部皮肤，再用针形电极刺入骨性外耳道外缘附近，参考电极位置同上。

(二) 听性脑干反应

给予声刺激后，10 ms 内在头皮记录到的神经电活动，称为听性脑干反应（auditory brainstem response，ABR）或脑干诱发电位（brain auditory evoked potentials，BAEP）。ABR 是在 1~10 ms 内出现的一系列反应波，依次用罗马数字 I、II、III、IV、V、VI、VII 表示。

1. ABR 各波的起源

ABR 各波的起源如图 1-7 所示。

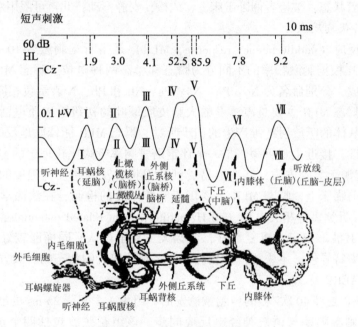

图 1-7　ABR 各波的起源

(1) I 波，起源于与耳蜗紧密相连的一段听神经纤维的动作电位或与毛细胞相连接的听神经树突的突触后电位。

(2) II 波，起源于耳蜗核。

(3) III 波，与内侧上橄榄核或耳蜗核的电活动有关。

(4) IV 波，起源于外侧丘系核。

(5) V 波，起源于下丘核。

(6) VI 波，起源于内侧膝状体。

(7) VII 波，起源于听放射纤维。

2. ABR 的检测方法

(1) 脱脂：放置电极的部位用乙醇棉球脱脂，极间电阻必须小于 10 Ω，最好在 50 Ω 以下。

(2) 电极及其安放：一般采用银-氯化圆盘电极，与皮肤接触一面略凹，作用电极放置在颅顶，参考电极放于同侧乳突，接地电极置于额部。

（3）刺激声类型：一般情况下采用短声或高频短音，为了消除刺激伪迹可让刺激声相位交替；刺激频率一般设定在10次/秒以上；给声方式一般采取气导耳机给声。

（4）测试参数选择：① 放大器增益一般在 10^5 倍左右，滤波带宽应在 100～3 000 Hz；② 分析时间，即扫描时程，必须长于要记录的各波出现的时间，一般可选用 10 ms，但根据具体情况可适当延长扫描时程，如婴幼儿和老人，因其波形的潜伏期较长，可选用 20 ms；③ 灵敏度为 25 μV 或 50 μV；④ 叠加次数一般为 1 000～2 000 次，可根据波形的清晰程度进行调节。

（5）记录方式：同侧刺激同侧记录。

（6）被检者状态：被检者仰卧于床上，放松，安静不动；儿童可服用水合氯醛镇静。

（三）中潜伏期反应

中潜伏期反应（middle latency response，MLR）是指听觉刺激后 10～50 ms 出现的电位反应。MLR 根据刺激频率的不同分为瞬态和稳态两种电位。瞬态 MLR 由 6 个正负交替的波形组成，分别命名为 No、Po、Na、Pa、Nb 和 Pb，N 表示负相波，P 表示正相波。目前认为瞬态 MLR 主要是声诱发的大脑皮质颞叶的初级听皮质电活动，该皮质接收同侧内侧膝状体的听放射纤维产生的初步听觉。瞬态 MLR 能较好地反映中低频听阈，具有频率特异性，接近主观听阈，是一个评定语言频率听阈比较理想的客观指标，但由于瞬态 MLR 起源于大脑皮质，其波形易受到意识状态及皮质发育程度的影响，因此波形不稳定。目前临床上，瞬态 MLR 主要用于麻醉深度的检测，在法医学上尚未得到广泛应用。40 Hz 听觉事件相关电位（40 Hz auditory event related potentials，40 Hz-AERP）属稳态 MLR，其波形稳定，重复性好，波幅大，易于辨认，同样能较好地反映中低频听阈，具有频率特异性，不失为一种较理想的客观评定听阈状态的有效方法。

1. 40 Hz-AERP 特点

40 Hz-AERP 是经 40 次/秒的声刺激诱发的一组由 4 个间隔 25 ms 的准正弦波成分构成的电位。其刺激频率与诱发神经电反应同步。该组正弦波包括四个正波即 P_1、P_2、P_3、P_4（或 Pa、Pb、Pc、Pd），以及四个负波即 N_1、N_2、N_3、N_4（或 Na、Nb、Nc、Nd）（图 1-8）。AERP 波形较稳定，重复性好，反应阈非常接近实际纯音听阈水平。40 Hz-AERP 最主要的特点是具有频率选择性，这也是在法医学中评定听阈水平的最有意义之处。另外，它受年龄、睡眠、安眠镇静药及全麻药的影响。其中，年龄因素影响较小，主要在新生儿阶段，其波形分化差且不稳定；睡眠时其波幅明显低于清醒状态，阈值则增高。

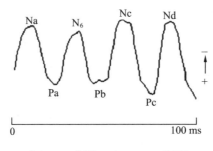

图 1-8 典型 40 Hz-AERP 图形

2. 40 Hz-AERP 的检测方法

（1）脱脂：同 ABR。

（2）电极及其安放：同 ABR。

（3）刺激声类型：声刺激采用短声，也可采用短纯音，刺激频率为 40 次/秒。

（4）测试参数选择：① 放大器增益一般在 $10^4 \sim 10^5$ 倍，如振幅低也可用 10^6 倍，滤波带宽应在 10~300 Hz；② 解析时间选用 100 ms；③ 叠加次数一般为 100~300 次，可根据波形清晰程度进行调节。

（5）被检者状态：被检者应处于清醒安静状态，对于儿童或不合作者可用镇静剂（体积分数为 10% 的水合氯醛）使其入睡，但应注意睡眠对波幅及阈值的影响。

八、电测听仪

电测听仪是测定个体对各种频率感受性大小的仪器，通过将所测结果与正常听觉相比，就可确定被检者的听力损失情况。

（一）工作原理和基本结构

电测听仪的构成主要取决于以下因素。

（1）人的听阈范围在 0~20 000 Hz，而满足日常生活的听阈范围为 0~10 000 Hz。通过听力学实践，人们认识到选取以 1 000 Hz 为中心的 11 个频率作为气导阈值测试点，基本能反映人的听力状况。这 11 个频率分别是：125 Hz、250 Hz、500 Hz、1 000 Hz、1 500 Hz、2 000 Hz、3 000 Hz、4 000 Hz、6 000 Hz、8 000 Hz 和 10 000 Hz。

（2）声音向内耳传递时，空气传导占主流，颅骨亦有这方面的功能，根据颅骨的结构，人们选取了 250 Hz、500 Hz、1 000 Hz、2 000 Hz、4 000 Hz 五个倍频程频率对骨传导状况进行测试。

（3）为了规避测试较差耳时，因颅骨的传递产生伪听力，须对好耳实施声掩盖。听力学实践证明：越接近测试声频率的掩盖越有效。国际通常的做法是从通过窄带滤波器的白噪声中获得相应的掩盖声。白噪声的特点是：6 000 Hz 以下能量分布基本均匀，6 000 Hz 以上能量明显衰减。

（4）充分满足听力测试的声能量是：气导 130 dB（SPL）、骨导 80 dB（SPL），而强度的衰减和提升起码要有 1 dB、5 dB 两阶。

（5）测试信号的显现，要有高质量的开关特性，包括不同时间间隔的通断控制，不同增量的幅度调制。

（二）电测听仪类型

电测听仪因用途不同可分为以下五类。

纯音电测听仪：以纯音听阈为主进行听能力测试的仪器（图 1-9）。

手动电测听仪：频率、听力级的改变及结果记录均为人工操作的仪器。

自描电测听仪：频率、听力级的选用，信号的改变，听力结果曲线的描记是由被检者操作马达开关而自动完成的仪器。

语言电测听仪：以语言为测试材料，以语言可懂度判断听力状况的仪器。

筛选电测听仪：频率较少，通常用作较大范围人群体检筛查的仪器。

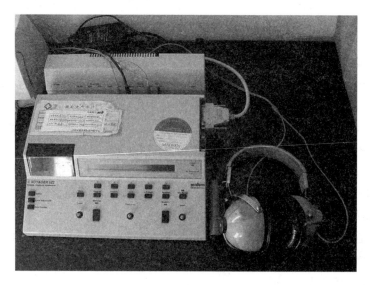

图 1-9　纯音电测听仪

(三) 测试方法

纯音听阈测试包括气导听阈及骨导听阈测试两种，一般先测试气导，然后测试骨导（图 1-10）。检查从 1 kHz 开始，以后按 2 kHz、3 kHz、4 kHz、6 kHz、8 kHz、250 Hz、500 Hz 顺序进行，最后 1 kHz 复查一次。可以先用 1 kHz、40 dB 测试声刺激，若被检者能听到测试声，则按每 5 dB 一挡递减直到阈值；之后再降低 5 dB，确定听不到后仍以阈值声强重复确认。如果被检者在 40 dB 处听不见刺激声，递增声强直至阈值。临床测试有上升法和下降法两种，根据经验选用。检查时应注意用间断音，以免发生听觉疲劳。

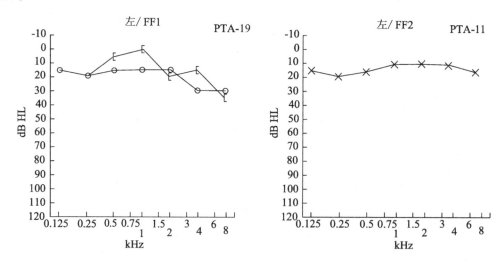

图 1-10　电测听检查报告单

测试骨导时，将骨导耳机置于受试耳乳突区，也可置于前额正中，对侧加噪声，测试步骤和方法与气导相同。气导测试除通过气导耳机进行外，尚有自由场测听法（freefield audiometry），由安装在隔音室四周的扩音器组成自由声场，被检者可从各个方向听到同样声强的测试音，主要用于儿童和佩戴助听器患者的听力测试。

在测试纯音听阈时，应注意采用掩蔽（masking process）。何时需要加掩蔽？当两耳听力值出现差值时，测听较差耳将出现假听情况（医学上称"影子反应"），导致测定的听阈值不准确；此种情况下，测听时须进行掩蔽。掩蔽法是用适当的噪声干扰非受试耳，以暂时提高其听阈。加掩蔽是先将测试噪声加在较佳耳，再对较差耳进行听力测试。不是所有情况都要加掩蔽，当两耳气骨导差或气导差达 40 dB 时，就有必要加掩蔽；即在测较差耳气导听阈时，于较佳耳加噪声进行掩蔽，以免患者误将从较佳耳经颅骨传来的声音当作较差耳听到的声音。若两耳骨导听阈不同，在测较差耳的骨导听阈时，较佳耳更应加噪声掩蔽。在测试聋耳或听力较差耳的骨导和气导时，刺激声经过两耳间衰减后仍传到对侧健耳，出现与对侧耳听力图相似的"影子曲线"。由于颅骨的声衰减仅为 0~10 dB，故测试骨导时，对侧耳一般予掩蔽。气导测试声绕过或通过颅骨传至对侧耳，其间衰减 30~40 dB，故当两耳气导听阈差值≥40 dB 或测试较差耳气导时，对侧耳亦应予以掩蔽。掩蔽噪声的声强一般为对侧听阈上 40 dB 左右，并根据实际情况进行调整，目前多数听力计都自动给出并标明掩蔽声强。掩蔽的噪声有白噪声和窄频带噪声两种，一般倾向于采用以测试声音频为中心的窄频带噪声。由于骨导听觉是由声音通过颅骨的振动引起内耳骨迷路和膜迷路振动，没经中耳的传导，故临床检测以骨导听阈代表内耳的功能。气导的传导途径经过外耳和中耳到达内耳，因此气导听阈多用于代表中耳的传音功能。当同一耳的气骨导差达 10 dB 以上时，也需要在同一耳加掩蔽。

九、人体重心平衡台姿势图

人体重心平衡台姿势图，又称静态姿势图（posturography，PG），是近年来对前庭系统、视觉系统和本体感觉系统等病变引起的眩晕、平衡功能障碍的一种新的定性、定位检查方法。它主要通过前庭-脊髓反射和脊髓-小脑反射检测人体平衡调节能力及前庭系统、小脑功能状态，具有检查时间短、方便、安全无创、无任何外加刺激及不适的特点。若结合 ENG-前庭功能检查，能更好了解前庭功能损伤程度及中枢代偿情况，提高确诊率，对眩晕患者的诊断、预后评估有重要价值。该设备集检测、治疗康复为一体，为临床各种眩晕类疾患和平衡障碍者提供全新的量化、智能化、简便的诊疗手段，也为相关学科的科研工作提供了新的研究方法。

检测时被检者以 Romberg 姿势站立于平衡台，压力传感器转换足底变化的重心为电信号，计算机自动记录重心变化轨迹的各种参数，并进行分析、评定。

重心变化轨迹的各种参数异常提示内耳迷路疾病、前庭神经元炎、耳毒性药物中毒、突发性耳聋、桥脑小脑角占位病变、椎-基底动脉供血不足、脑外伤、脑血管意外、小脑共济失调及小脑脊髓退行性病变等。需要检查的人群包括各种眩晕类疾病的平衡功能状态的初检患者。

十、耳石功能检查

（一）耳石系统的解剖、生理基础

内耳或迷路的解剖结构可分为骨迷路和膜迷路，二者呈套管状并互不相通（图 1-11）。管内分别充满内外淋巴液。耳蜗司听觉，半规管司转体运动中的平衡，前庭（椭圆囊和球囊）司直线运动动态和静态中的平衡。

从囊内壁向内淋巴伸出的小肉芽（囊斑），由支柱细胞和神经细胞纤毛组成（图1-12）。其顶端有一胶状膜，膜表面散有碳酸钙盐或磷酸钙盐晶体，二者合称为耳石膜（为耳石系统的外周感受器）。头部直线运动时，耳石膜的位移压迫或牵引神经纤维引起的神经兴奋，通过大脑皮质的协调，反射性地调节躯体直线运动中的躯干、肢体和眼肌张力，以维持躯体平衡和视力清晰。

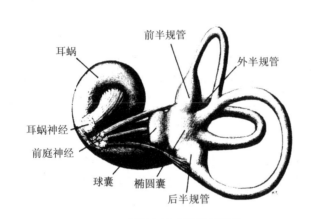

图1-11　内耳或迷路的解剖结构

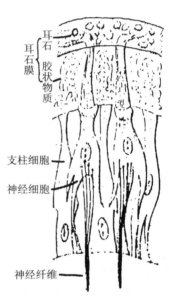

图1-12　耳石膜结构及神经细胞

（二）静态功能试验

1. 伸臂试验

检查方法：被检者取坐位或立位，闭眼，头前倾30°，双臂水平前伸60 s。观察伸臂有无偏斜、上抬下落及其程度和潜伏期。

临床意义：① 功能正常时双臂无偏斜或上抬下落。② 椭圆囊耳石功能低下侧伸臂上扬（屈肌张力下降），功能增高侧伸臂下落（屈肌张力增高）。③ 球囊体耳石功能低下侧伸臂偏向同侧（内收肌张力下降），功能增高侧伸臂偏向对侧（内收肌张力增高）。

2. 直立试验

检查方法：被检者直立闭眼，面向检查者，头前倾30°，在下列不同体位分别进行检查，观察躯干有无倾倒及可能倾倒的方向、程度和潜伏期。

（1）Romberg试验：先面向检查者，双足并拢直立60 s，然后在原地取转身90°、180°、270°、360°体位分别重复检查一次。

（2）Mann试验：一足足跟置于另一足足趾之前，呈直线直立60 s。

（3）左右单足分别直立试验：两足分别直立30 s。

(三) 动态功能试验

1. 步行试验

(1) 直线步行试验。

检查方法：被检者闭眼直立，直线前走、后退各 5~10 步，观察步行有无偏斜及其方向和程度。

临床意义：① 功能正常时无步行偏斜。② 球囊体耳石功能低下或增高时，步行恒定地偏向功能障碍侧（屈肌、内收肌张力增高）。

(2) 直线交叉步行试验。

检查方法和临床意义同上，仅将直线步行改为双腿交叉直行，此法较上法更敏感和易于暴露轻症患者。

2. 指鼻试验

检查方法：被检者取坐位，闭眼，头前倾 30°，上肢前伸，用食指尖指向自身鼻尖数次（两侧分别进行），观察指鼻动作的准确性及其程度。

临床意义：① 功能正常时指鼻动作准确。② 椭圆囊耳石功能增高侧食指指向鼻尖下方（屈肌张力增高），低下侧指向鼻尖上方（屈肌张力下降）。③ 球囊体耳石功能增高侧食指偏向鼻尖对侧（内收肌张力增高），低下侧偏向鼻尖同侧（内收肌张力降低）。

3. 过指试验

(1) 椭圆囊耳石。

检查方法：被检者取坐位，闭眼，头前倾 30°，上肢水平外展过肩，食指在水平平面上由外向内用食指尖触碰置于身前相同水平位置上检查者的食指尖（或曲尺中点）数次，两侧分别进行，观察动作的准确性及其程度。

临床意义：① 功能正常时，指指动作准确。② 椭圆囊耳石功能增高侧食指指向检查者食指（或曲尺中点）的下方（屈肌张力增高），低下侧指向上方（屈肌张力降低）。

(2) 球囊体耳石。

检查方法：被检者取坐位，闭眼，头往一侧（如向右）偏歪 105°，对侧（左侧）上肢前伸上抬过肩，食指在矢状面平面上由上向下触碰置于身前相应位置上检查者的食指尖（或曲尺中点）数次，两侧分别进行，观察动作的准确性及其程度。

临床意义：① 功能正常时动作准确。② 球囊体耳石功能增高侧食指指向检查者食指（或曲尺中点）的内侧（内收肌张力增高），低下侧食指指向其外侧（内收肌张力下降）。③ 如果一侧球囊体耳石功能完全丧失，则只有当健侧在上时方出现过指现象。

4. 眼球反向偏转试验

检查方法：被检者取坐位或卧位，睁眼进行转头、歪头和低头、仰头运动数次以分别进行椭圆囊和球囊体耳石功能检查。观察眼球有无出现与头动方向相反的偏转动作及其偏转角度。

临床意义：① 椭圆囊和球囊体耳石功能正常时眼球反向偏转角度在 8°~12°。② 椭圆囊和球囊体耳石功能低下时眼球偏转角度减小甚至不出现眼球偏转动作，功能增高时偏转角度增大（20°或以上），严重者可伴发眼球震颤、视力模糊、头晕和恶心等不适。③ 如果一侧球囊体耳石功能完全丧失，则只有向健侧转头、歪头时才出现眼球反向偏转。

5. Dandy 试验

检查方法：被检者直立，双眼注视正前方景物，嘱被检者向前行走，观察其在行进中有无外物模糊感，停步后是否立即转清晰。如果将步行改为原地小步跑，症状更为突出且更易暴露轻症患者。

临床意义：① 椭圆囊和球囊体耳石功能正常时前方景物始终清晰，或仅有极轻微的晃动感。② 椭圆囊、球囊体耳石功能增高或双侧不等时，可于行进中出现前方景物模糊不清感，重症者还可伴有眩晕、恶心、眼震，甚至站立不稳和向功能增高侧倾倒。

前庭耳石器主要功能之一是通过对重力垂直性的感受而产生一定的姿势反射来维持人体平衡，除此之外，这种感受还会产生一定的皮质知觉反应，即对重力垂直线的知觉。

近年来，在前庭研究领域，人们逐步重视这种知觉反应在判断耳石器功能中的作用，主观视觉垂直线或水平线的知觉测试就是其中一种，它是重力垂直性知觉的视觉表现，其在判断耳石器功能，特别是双侧耳石器功能不对称性方面具有十分重要的意义，可以为有关疾病的诊断和评价提供重要参考依据。

正常情况下，外周感受器信息经初级传入纤维传入前庭神经核团，从前庭神经核团发出的二级传入纤维向对侧的下斜肌、下直肌、同侧的上斜肌和上直肌发送兴奋信息，前庭传入信息使眼位保持正立的视网膜上成像并传入大脑皮质，形成视觉垂直线知觉。当前庭系统损伤时，这种平衡性遭到破坏，以左侧前庭初级传入信息阻断为例，此时其传入右侧下斜肌和下直肌的紧张性信息减弱，所以对侧（右）眼球会向内转，同侧（左）眼球向外转，此时还会发生交叉抑制的去除，导致对侧（右）前庭神经核团紧张性增高，引起对侧（右）上斜肌紧张性增高，从而产生对侧（右）眼球的内转，最终导致知觉的改变。

前庭诱发肌源性电位（vestibular evoked myogenic potential，VEMP）是指用高强度声音、振动或直流电刺激球囊或椭圆囊，在人体紧张的骨骼肌表面通过电极记录到的肌源性动作电位。

VEMP 包括颈性与眼性 VEMP 两部分，颈肌前庭诱发肌源性电位（cervical VEMP，cVEMP）是指通过气导声（air-conducted sound，ACS）或骨导振动（bone-conducted vibration，BCV）刺激兴奋球囊，在胸锁乳突肌上记录的肌电活动，cVEMP 反映了前庭-丘反射（vestibulo-collic reflex）通路情况，主要用于评估球囊功能。眼肌前庭诱发肌源性电位（ocular VEMP，oVEMP）是指通过耳 ACS 及 BCV 刺激[22]，于对侧收缩的眼外肌记录到的短潜伏期的肌电反应[23]，oVEMP 主要用于评估椭圆囊功能。

cVEMP 的主要神经通路在脑干中不交叉，其反射通路为：球囊斑—前庭下神经—前庭神经核（脑干）—内侧前庭脊髓束—脊髓前角运动神经元—同侧胸锁乳突肌。因此，cVEMP 可以检测球囊及前庭下神经的功能。oVEMP 的主要神经通路在脑干中交叉，其反射通路为：椭圆囊斑—前庭上神经—前庭神经核（脑干）—内侧纵束—对侧动眼神经核—对侧眼下斜肌。oVEMP 可以反映椭圆囊及前庭上神经的功能。

目前，cVEMP、oVEMP 检查已广泛用于临床，但到目前为止，研究人员尚未对有关检测方法、标准值等达成共识，年龄、肌力、性别等在 VEMP 检查中的影响已不容忽视，且椭圆囊与球囊之间有小部分交叉纤维可能导致结果误判。目前也有研究表明，当被检者处于紧张、恐惧状态时，VEMP 振幅也随之增大。这表明 VEMP 可能不仅仅来源于简单的前庭脊髓或前庭眼反射，也可能源于其他反射[24]。噪声是公认的听觉危险因素，但却少见其对前庭功能负面影响的报道。Kumar 等[25]基于 cVEMP 测试发现噪声性聋患者的球囊功能障碍。噪声暴露可能是听觉和球囊障碍的共同危险因素。球囊与镫骨底板的毗邻关系可能是其神经上皮受到噪声破坏的原因，另外噪声生成的毒性自由基也会危害球囊斑[26]。因此，对于有噪声暴露史的患者，不仅要关注其听力损失的风险，还要关注其潜在的平衡功能障碍。Noij 等[27]做过一个假设，假定运动神经元放电的抑制深度是显示前庭系统对肌肉系统的影响程度，在此基础上提出 VEMPid———一个新 VEMP 衡量标准，其作用是估计球囊抑制百分比，可在低响应水平下实现标准化和更高的准确性，并希望 VEMPid 能够对前庭疾病患者进行临床评估。由于前庭功能是一个高度复杂且模糊的系统，因此不能单凭某一项检查来确定疾病的病程和诊断。Sandhu 等[28]提出将视频头部冲动试验（vHIT）和 VEMP 结合评估慢性中耳疾病患者的前庭器官功能，这些都需要在未来的研究中继续探索。

十一、肌电图

（一）正常肌电图

肌电图（electromyogram，EMG）是指用肌电图仪记录下来的肌肉生物电图形，对评价人在人机系统中的活动具有重要意义。其可以采用专用的肌电图仪或多导生理仪进行测量。静态肌肉工作时测得的该图呈现出单纯相、混合相和干扰相三种典型的波形，它们与肌肉负荷强度有十分密切的关系。当肌肉轻度负荷时，图上出现孤立的、有一定间隔和一定频率的单个低幅运动单位电位，即单纯相；当肌肉中度负荷时，图上虽然有些区域仍可见到单个运动单位电位，但另一些区域的电位则十分密集而不能区分，即混合相；当肌肉重度负荷时，图上出现不同频率、不同波幅且参差重叠难以区分的高幅电位，即干扰相。该图的定量分析比较复杂，必须借助计算机完成。常用的指标有积分肌电图、均方振幅、幅谱、功率谱密度函数及由功率谱密度函数派生的平均功率频率和中心频率等。

肌纤维（细胞）与神经细胞一样，具有很高的兴奋性，属于可兴奋细胞。它们在兴奋时最先出现的反应就是动作电位，即发生兴奋处的细胞膜两侧出现的可传导性电位。肌肉的收缩活动就是细胞兴奋的动作电位沿着细胞膜传向细胞深部（通过兴奋-收缩机制）引起的。

肌纤维安静时只有静息电位，即在未受刺激时细胞膜内外两侧存在的电位差，也称为跨膜静息电位或膜电位。静息电位表现为膜内较膜外为负。常规表示方法以膜外电位为零，则膜内电位约为-90 mV。

肌肉或神经细胞受刺激而产生兴奋，在兴奋部位的静息膜电位发生迅速改变，首先是膜电位减小，到达某一临界水平时，突然从负变成正的膜电位，然后以几乎同样迅速的变化，又回到负电位而恢复正常负的静息膜电位水平。这种兴奋时膜电位的一次短促、快速而可逆的倒转变化，便形成动作电位。它总是伴随着兴奋的产生和扩布，是细胞兴奋活动的特征性表现，也是神经冲动的标志。

一般情况下，肌纤维总是在神经系统控制下产生兴奋而发生收缩活动。这个过程就是支配肌纤维的运动神经元产生兴奋，即神经冲动（动作电位）沿轴突传导到末梢，释放乙酰胆碱作为神经递质，实现运动神经肌肉接头处的兴奋传递。总之，肌纤维及其运动神经元在兴奋过程中发生的生物电现象正是其功能活动的表现。

肌电图测量正是基于以上生物电现象，采用细胞外记录电极将体内肌肉兴奋活动的复合动作电位引导到肌电图仪上，经过适当的滤波和放大，电位变化的振幅、频率和波形可在记录仪上显示，也可在示波器上显示（图1-13）。

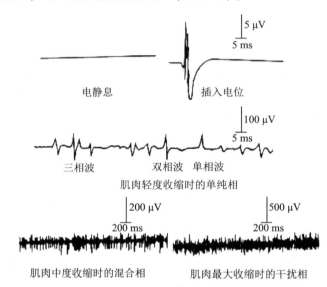

图1-13　正常肌电图

（二）针极肌电图

针极肌电图（needle electrode electromyography，NEMG）是应用同心圆细针直接插入肌肉内所记录到的肌肉电位活动。正常肌肉在完全松弛状态下有电活动，在肌电图上呈一条直线，称为电静息。当针电极插入肌肉或移动的瞬间，肌纤维受机械刺激所诱发的一串电活动，称为插入电位。插入电位持续时间很短，一般不超过100 ms，片刻消失。针电极插入运动终板区或神经纤维中，会产生两种不同的自发电位：时程在2 ms内，频率较高，振幅在100 μV以下的连续不规则负相电位，为终板噪声；时程在1~3 ms，频率在1~100次/秒，振幅在10~300 μV，开始为一时程较长的负相，后接一短时程双相连续自发规律性放电的电位，为负相神经纤维电位。脊髓前角细胞发生冲动时，它所支配的肌纤维发生兴奋、收缩，可产生运动单位电位。肌肉轻度收缩时，肌电图上表现为孤立、相互分离的单个运动单位电位，称为单纯相。肌肉中度收缩时，运动单位增多，多个运动单位电位混在一起，但尚能相互区分，称为混合相。肌肉重度收缩时，运动单位电位重叠，难以区分，称为干扰相。周围神经损伤后，由于失神经支配的肌纤维膜对机械刺激的应激性增高，针电极插入肌肉或移动时，会出现插入电位异常。同时，肌纤维失去神经系统抑制性调节作用后，对体内乙酰胆碱的敏感性增高，也会产生失神经电位或自发电位。此外,由于周围神经损伤,运动单位数量减少,肌肉强收缩时,运动单位电位可呈电静息、单纯相或混合相。

肌电图异常的主要表现形式有以下三种。

(1) 插入电位异常。① 插入性正波:出现多个连续、节律性的正相电位,时间一般持续数秒至数分钟。② 插入电位减少或消失。③ 插入电位延长。

(2) 自发电位异常。自发电位指肌肉处于静息状态下自发出现的电位。① 纤颤电位:通常为双相或三相波。起始为正相,随之为负相。波幅较低,频率在 1~30 次/秒,时程在 0.2~2 ms。② 正相电位:正相电位是一个起始为正相波,继而伴随一个时限较宽、波幅较低的负相波。它可以随插入电位出现,也可以自发出现,其波幅变化范围较大,一般在 10~100 μV,有时可达 30 mV,发放频率多为 0.5~10 Hz,有时高达 30 Hz。③ 束颤电位:与正常运动单位电位相似,可有单相、双相、三相或多相波形。时程短,在 2~10 ms,波幅在 2 mV 以下,频率在 10~30 Hz。

(3) 运动单位电位异常。① 多相波:一个运动单位电位出现四相以上波形,即有两个以上负相波。正常运动单位电位的多相波一般不超过 5%。② 单相波:肌肉重度收缩时,运动单位电位仍呈单纯相。③ 巨大电位:肌肉随意收缩时,运动单位发送频率增高,运动单位电位波幅明显增大。一般频率在 1~10 次/秒,时程在 5~30 ms,波幅在 5 mV 以上。④ 低幅电位:肌肉随意收缩时,运动单位电位的波幅在 10~300 μV。神经再生及恢复过程中,也会出现新生电位、复合电位和再生电位。新生电位是指在基线上起伏的成簇的小的电位。复合电位是指由于新生轴突支配肌纤维数目增多,且兴奋不能完全同步,而表现出的宽时限的多相电位。再生电位由恢复较好的多数肌纤维兴奋所综合形成的一个大波和同步性较差的少数肌纤维形成的拖延的次波组成。如果周围神经完全恢复正常,则肌电图表现为正常运动单位电位。

对于神经源性病变,通常纤颤电位在失神经肌肉中发生得较早,而正相电位发生得较晚,或者两者同时出现,并且运动单位电位的波幅增大、时限延长;肌源性病变,运动单位电位的波幅减小、时限缩短,多相电位百分比增高;癔症患者和不合作者会有阵发性的不规律运动单位电位发放,肌力时强时弱,但记录不到自发电位。

(三) 单纤维肌电图

单纤维肌电图 (single-fiber electromyography, SFEMG) 是 1963 年 Stalberg 和 Ektsedt 首先建立的一项检查技术,通过直径只有 25 μm 的特殊针电极,选择性地记录单个肌纤维的动作电位或属于同一运动单位的两个或两个以上的具有锁时关系的电位,可以帮助了解运动单位肌纤维的空间排列、范围、显微生理和病理生理过程。颤抖、阻滞和纤维密度是 SFEMG 的主要参数。颤抖是动作电位在连续放电期间在传递时间上的变异,此变异反映了终板的传导情况。阻滞是指神经传导受阻。纤维密度是指记录区域内属于同一运动单位的平均纤维数目,与神经再生有关。研究表明,颤抖和阻滞在外伤后 2 周内增加,神经再支配时纤维密度增加,但在重症肌无力中纤维密度通常是正常的。纤维密度的中度增加及含有变化棘波的不稳定动作电位提示失神经支配和再支配的活跃过程,而纤维密度增高但 SFEMG 构型稳定则提示慢性疾病。一块肌肉内只有多个运动终板发生传导阻滞时,临床上才会显示出肌无力。

SFEMG 不仅可用来评估运动单位的功能状态、再支配的程度以及神经肌肉接头的功能，而且还有助于某些神经病变和肌肉病变的鉴别。神经病变表现为纤维密度增高、颤抖增宽，并伴有阻滞；肌肉病变表现为纤维密度增高，伴有轻度的颤抖增宽，通常不伴有阻滞。但应注意鉴别由于缺血或应用止血带所造成的颤抖。SFEMG 比传统肌电图更加敏感，即使患者服用了胆碱酯酶抑制剂，其检测结果仍有可能异常，并且 SFEMG 出现异常往往比 NEMG 出现异常要早，因而有利于发现亚临床型患者。SFEMG 是检测重症肌无力、Lambert-Eaton 肌无力综合征和其他神经肌肉接头病变最敏感的方法。另外，SFEMG 可用来随访神经外伤后的再支配过程，指导外科修复的手术时机，帮助确定损伤时间和神经功能恢复情况。

（四）巨型肌电图

巨型肌电图（macroelectromyography，MEMG）是 Stalberg 等在 SFEMG 的基础上改革了电极装置建立的一项检测技术。此技术利用同心圆针电极和单纤维针电极套管做参考电极，通过足够数量的连续放电，应用平均技术从背景电信号中提取出整个运动单位的动作电位。巨型肌电图与常规的针极肌电图不同的是可以记录整个运动单位（或运动单位的大部分）肌纤维的电活动。虽然 SEMG 采集的面积较大，但受到记录部位皮下组织厚度和肌肉大小等影响，难以区别单个运动单位电位。运动单位的大小可随着神经、肌肉在病变中的病理变化而改变，是诊断和监测神经、肌肉病变的重要指标。巨型肌电图有助于鉴别神经源性和废用性肌肉萎缩。在神经源性肌肉萎缩中，巨型肌电图运动单位动作电位（macroelectromyography motor unit action potential，macro-MUAP）的波幅降低、纤维密度增高；而在废用性肌肉萎缩中，macro-MUAP 的波幅降低，纤维密度则不变。

（五）表面肌电图

表面肌电图（surface electromyography，SEMG）又称动态肌电图（dynamic electromyography，DEMG），是从肌肉表面引导和记录的神经肌肉系统生物电变化的电信号，经过计算机处理后可观察对肌肉功能状态具有特异敏感性的时域和频域变化值。表面肌电图在神经肌肉病变共评估中常用的指标有肌电积分（IEMG）、平均功率频率（mean power frequency，MPF）、中位频率（median frequency，MF）、过零率（zero crossing rate，ZCR）、平均肌电值（average surface electromyography，AEMG）和波幅（amplitude of wave，AW）。对表面肌电图的信度研究显示：无论静态收缩，还是动态收缩，表面肌电图的基本参数 MF、MPF、ZCR、AEMG 稳定可靠，变异范围很小，频域指标较时域指标的信度更高。波幅指标在一定程度上反映肌力的大小，可用于分析肌肉在单位时间内的收缩特性。

对 IEMG 值与肌力和肌张力之间关系的研究表明：肌肉随意静力收缩时，用表面电极测定的 IEMG 值与肌力和肌张力均呈正相关。在临床和法医学鉴定中，对于肌肉功能状态的评价，一直采用肌力分级评价法（如徒手肌力法）、肌肉痉挛度检测法（Ashworth 评价）等来评定被检者肌肉功能状态，但由于检测效度的主观性和检测结果难以精确定量，其应用受到一定的限制和质疑。表面肌电图可客观地评定肌力及肌张力，它的电信号源自大脑皮质运动区，形成于众多外周肌肉运动单位电位的总和，信号的振幅、频率等特征的特异性变化取决于运动单位募集和同步化程度等中枢控制因素，以及肌肉兴奋传导速度等外周因素的共同作用。

MPF 和 MF 通过对肌肉疲劳程度的检测还能够客观、敏感地反映肌肉功能水平。当肌肉产生疲劳时，时间与 MPF、MF 曲线的斜率 MPFS（MPF slope）、MFS（MF slope）为负值，且随着疲劳的发生发展，MF、MPF 和 MPFS、MFS 均逐渐降低。

十二、脑电图

将脑细胞自发性、节律性电活动所产生的与邻近部位的 5~100 μV 电位差，通过精密仪器放大 100 万~200 万倍并以清晰曲线描记出来的图形称为脑电图。将记录电极直接放置于开颅手术患者的大脑皮质表面描记出的图形称为皮质电图。将人类的脑电图结合生理和临床资料加以研究与解释，并辅助临床诊断的科学就称为临床脑电图学。

正常人在安静状态下闭眼时的脑电图表现是由后部的 α 波节律和前部的 β 波节律组成的，少量 θ 波散在，基本上没有 δ 波，两半球相应区的平均周期差不超过 10%（频率差不超过 2 次/秒），振幅差不超过 50%。α 波波幅最大不超过 150 μV，对睁、闭眼有抑制反应；β 波波幅不超过 50 μV，深呼吸诱发试验无病理波出现（表 1-1）。

表 1-1　成人正常脑电图各种频率脑波特点

名称	频率（时限）	波幅/μV	波形	分布	特点
α 波	8~13 Hz	20~100 平均 50	常为正弦波，有的呈弧形或锯齿形	枕顶颞后部	睁眼、计算时受抑制或减弱，左右波率差不超过 1.5 Hz
β 波（快波）	14~30 Hz	5~30 多在 20 以下	不规则	见于各脑区，主要在额、颞中央部	增多时多为脑皮质紧张度增高的一种表现
θ 波	4~7 Hz	20~40	不规则	额、颞顶有少量散在出现	睡眠时增多，为脑皮质紧张度减低的表现，深在皮质下病变产生双侧爆发性 θ 节律，经常存在局限性 θ 节律提示皮质病变
δ 波	0.5~3 Hz	10~20 最高可达 100	不规则	额、颞部低幅对称出现	同上
尖波	80~300 ms	不定	波顶较尖，上行快，下行较慢	不定	三相尖波发生于肝昏迷脑外伤及癫痫
脑波	20~80 ms	不定	波顶尖锐，形似尖钉	不定	脑细胞过度兴奋的表现，负相来自大脑皮质，正相从远处传来，见于癫痫

注：θ、δ 波均属慢波。局限性慢波出现于局限性癫痫、脑肿瘤、脑脓肿、脑外伤性血肿和伴有软化灶的脑血管病等，有定位价值；弥漫性慢活动见于某些感染、中毒、低血糖、颅内压增高和各种原因引起的昏迷等。

世界上绝大多数实验室采用的脑电图检查方法是国际 10-20 系统（the 10-20 International System）。电极放置法的电极有各自的名称：位于左侧的是奇数，右侧的是偶数。近中线的用较小的数字，较外侧的用较大的数字。电极名称包括电极所在头部分区的第一个字母。诸点电极的间隔均以 10% 和 20% 来测量。

首先在头皮表面确定两条线：一条为鼻根至枕外粗隆的前后连线，为 100%；另一条为双耳前凹之间的左右连线，为 100%。两者在头顶的交点为 Cz 电极的位置。从鼻根向后 10% 处为 Fpz（额极中线），从 Fpz 向后每 20% 为一个电极的位置，依次为 Fz（额中线）、Cz（中央中线）、Pz（顶中线）及 Oz（枕中线）。Oz 与枕外粗隆的间距为 10%。双耳前凹连线距左耳前凹 10% 处为 T_3（左中颞）电极位置，之后向右每 20% 放置一个电极，依次为 C_3（左中央）、Cz、C_4（右中央）和 T_4（右中颞）。T_4 距右耳前凹间距为 10%。从 Fpz 通过 T_3 至 Oz 的连线为左颞连线，从 Fpz 向左 10% 为 Fp_1（左额极），从 Fp_1 向后每 20% 放置一个电极，依次为 F_7（左前颞）、T_3（左中颞）、T_5（左后颞）及 O_1（左枕），其中 T_3 为此线与双耳前凹连线的交点，O_1 距 Oz 为 10%。右颞连线与此相对应，从前向后依次为 Fp_2（右额极）、F_8（右前颞）、T_4（右中颞）、T_6（右后颞）、O_2（右枕）。从 Fp_1 至 O_1 和从 Fp_2 至 O_2 各做一连线，为左、右矢状旁连线，从 Fp_1 和 Fp_2 向后每 20% 为一个电极位点，左侧依次为 F_3（左额）、C_3（左中央）、P_3（左顶）和 O_1（左枕），右侧依次为 F_4（右额）、C_4（右中央）、P_4（右顶）和 O_2（右枕）。在 10-20 系统中，Fpz 和 Oz 不包括在 19 个记录点内（图 1-14）。

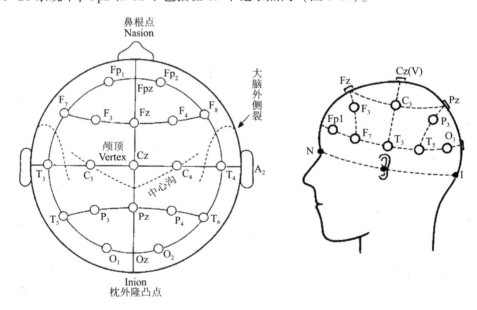

图 1-14　脑电图电极位置

（一）正常小儿脑电图诊断标准

（1）清醒时不出现高波幅的广泛性 δ 波。

（2）自然睡眠中不出现 50 μV 以上的广泛性 β 波。

（3）慢波不恒定局限在某个部位。

(4) 睡眠时顶部峰波、纺锤波、快波不是恒定地在一侧缺乏或减弱。
(5) 不出现发作波。

(二) 异常脑电图

(1) 波率的异常。

慢波：正常成人较少见，假如在安静、清醒时出现 δ 波或成群出现 θ 波，则应为异常。

α 波：头部后半部出现连续性 8 Hz α 波者可以认为异常。

快波：快波振幅较高，超过 30 μV 者应属于异常。

(2) 波形的异常。

常见的异常波形包括棘波、棘—慢复合波、尖波、尖—慢复合波、三相波、多形性 δ 波、混合性 δ 波和单一节律性 δ 波，其中棘波为癫痫的特异性波。

(3) 波幅的异常。

正常成人 θ 波和 β 波的振幅通常在 20 μV 以下；α 波振幅不超过 150 μV，但小儿除外；δ 波不管其振幅高低，皆属于异常。

(4) 出现方式的异常。

阵发性异常波：指的是与背景脑电图比较，在波幅、波率、波形等特征上较突出的一连串异常波的突然出现和突然消失，根据异常波节律性的不同可分为节律性阵发性异常波和非节律性阵发性异常波。

非阵发性异常波：指的是基本节律在频率、振幅、波形等方面的持续性异常，可分为连续性异常波和散在异常波。

(5) 对称性的异常。

对称性的异常：根据左右两个半球对称部脑电图的波形、波幅、位相、频率、出现率等方面是否有差异，分为对称性异常和不对称性异常。

(6) 分布的异常。

广泛性异常：包括基本节律异常、阵发性异常及两者的混合，其中阵发性异常指有两种以上的阵发性异常波或在不同脑区有阵发性异常波。

局限性异常：可分为两侧性异常和一侧性异常。两侧性异常指相邻的两侧，即双顶、双额、双枕的异常；一侧性异常根据异常波出现范围的大小再分为半球性异常、脑区性异常、脑叶性异常和焦点性异常。

(三) 成人异常脑电图的诊断标准

(1) 基本节律的优势频率在 8 Hz 以下的慢波（广泛中度异常或广泛重度异常），或 14 Hz 以上的高波幅快波（30 μV 以上，广泛中度异常），但低波幅快波图形一般属于正常。

(2) 基本节律中混有发作性慢波，即慢波频率为 0.5~3 Hz 的 δ 波为异常（广泛中度异常或重度异常）；慢波频率为 4~7 Hz 的 θ 波根据慢波出现率分为广泛轻度异常（15%~25%）、广泛中度异常（5%~50%）和广泛重度异常（50%以上），有焦点的慢波为局限性异常。

（3）基本节律的平均振幅异常高（15 μV 以上，广泛中度异常）或相反的基本节律成为平坦波，有时只有低波幅的不规则慢波（广泛中度异常或广泛重度异常）。

（4）给予各种醒觉刺激（如睁眼）时不出现基本节律的一侧性或两侧性抑制（局限性异常或广泛性轻度异常）。

（5）基本节律的振幅在左右对称部位之间有恒定的 20% 以上的差异为局限性异常，但在枕部有 50% 以上的差异才有诊断意义。此外，左右对称部脑电图的平均周期（或平均频率）有 10% 以上的差异为局限性异常。

（6）出现棘波、尖波、棘-慢波、尖-慢波或经过诱发试验而产生异常波（局限性或广泛性异常）。

（7）出现阵发性或暴发性慢波或快波，或者经过诱发而产生上述异常波（局限性或广泛性异常）。

（8）正常睡眠时出现快波、顶部峰波、锤波、k-综合波等，即有明显左右差异或有一侧性缺乏（局限性异常）。

（四）儿童异常脑电图的诊断标准

（1）基本节律减慢或加快。

（2）各区波幅明显降低或增高。

（3）出现棘波、尖波、病理复合波或高度失律，以及暴发性抑制活动或平坦活动等。

（4）两侧显著不对称。

（5）有局限性改变。

（五）成人脑电图异常分类

（1）轻度异常脑电图：α 波节律很不规则或很不稳定，睁眼抑制反应消失或不显著。额区或各区出现高波幅 β 波。θ 波活动增加，某些部位 θ 波活动占优势，有时各区均见过度换气后出现的高波幅 θ 波。

（2）中度异常脑电图：α 波活动频率减慢或消失，有明显的不对称性。弥漫性 θ 波活动占优势。出现阵发性 θ 波活动。过度换气后，成组或成群地出现高波幅 δ 波。

（3）重度异常脑电图：弥漫性 θ 及 δ 波活动占优势，在慢波间为高电压 δ 波活动。α 波节律消失或变慢；出现阵发性 δ 波。自发或诱发地出现高波幅棘波、尖波或棘-慢综合波。

（六）各种疾病的脑电图表现

1. 癫痫的脑电图

癫痫的脑电图的显著特点是出现痫样放电，其形式有：

（1）散发棘波、尖波，均为刺激性病灶放电。

（2）棘-慢波、尖-慢波。3 Hz 棘-慢波是癫痫小发作特有的脑电图改变。尖-慢波表示深部存在较广泛的癫痫原病灶。

（3）棘波群、多棘波可见于癫痫大发作或肌阵挛性发作。

（4）多棘-慢波见于肌阵挛性发作和婴儿痉挛症。

（5）高度失律见于婴儿痉挛症。

(6) 阵发性或爆发性节律放电会在原有脑电图背景上出现阵发性高波幅节律，可表现为高波幅 δ、θ、α 或 β 波节律，即任何频率的突然放电都可视为痫样放电，但对癫痫诊断不如前几种形式意义大。

癫痫的脑电图有助于癫痫的诊断、分类及定位、定性；有助于癫痫与其他发作性疾病的鉴别，如发作性睡病、晕厥、偏头痛、低血糖、手足搐搦症、癔病及诈病；有助于指导癫痫的治疗；有助于预后估计。

2. 颅内占位性病变的脑电图

颅内占位性病变，尤其幕上病变，如肿瘤、脓肿、颅内血肿、脑转移瘤、寄生虫等会引起周围脑组织的压迫、水肿、缺血、淤血等，使周围脑组织发生机能障碍而引起不同程度的脑电图改变，主要表现为大多有一侧或局限性慢波（主要为 δ 波或 θ 波）。

3. 颅脑外伤的脑电图

（1）闭合性颅脑损伤的脑电图。

① 脑震荡：为颅脑损伤中最轻的一型。脑电图表现：可见低波幅至高波幅的快波，其后出现弥漫性 α 波或 θ 波。随病情好转，脑电图一般在几小时或 1~2 天内恢复正常。少数患者出现较多的散在性慢波，在伤后 1~2 周内才恢复。脑电图迅速恢复正常，表示伤情较轻，预后良好，临床上一般无后遗症。

② 脑挫裂伤：为中型颅脑损伤。脑电图表现：主要为脑损伤部位和对冲伤部位的局灶性异常和脑整体对外伤反应的普遍性异常。普遍性异常主要为 α 波不规则、α 波减弱或消失，广泛性基本节律慢波为 6~7 Hz θ 波。弥漫性高波幅 θ 波和 δ 波以损伤侧占优势。

③ 广泛性脑挫裂伤、脑干损伤及颅内血肿：为重型颅脑损伤。脑电图表现：在受伤初期，由于脑处于严重抑制状态，脑电图显示普遍性低波幅或平坦波；随着脑功能的恢复，脑电图逐渐出现弥漫性 δ 慢波，待脑功能进一步恢复，弥漫性慢波逐渐减少，而损伤部位的局限性慢波逐渐明显起来。脑电图的好转与临床症状的好转呈平行关系，但有时临床上已有好转而脑电图异常仍然存在，或脑电图恢复正常而临床上无好转，这种矛盾现象是预后不良的征象。

（2）开放性颅脑损伤的脑电图。

锐器所致开放性颅脑损伤由于主要局限于局部，一般仅见损伤局部和附近的局限性 δ 波或 θ 波灶，α 波很少引起普遍性改变。钝器所致开放性颅脑损伤除脑局部损伤较重外，还伴有脑的弥漫性损害，脑电图改变既有局限性 α 波变慢或抑制及局限性的 δ 或 θ 波，也有广泛性的慢活动。

（3）脑外伤后综合征的脑电图。

脑电图检查多为低波幅快活动，部分病例可见 α 波不规则，θ 慢波较多。这种改变属轻度脑波改变。另一种是比较严重的器质性后遗症，如脑挫裂伤后遗症、偏瘫、失语、痴呆、精神障碍等，脑电图可出现弥漫性或局限性慢波和棘波灶等。

十三、脑电地形图

脑电地形图就是计算化的脑电图，它应用图形技术来表达大脑的电生理信息，代替了脑电图的曲线图，它能直观而醒目地利用彩色平面图形和左右侧位图形来反映大脑的神经活动,对病变能较好地定位,是一种神经电生理学的成像技术(图1-15)。

图1-15 正常脑电地形图

(一)脑电地形图的种类

脑电地形图的种类,目前有以下几种。

(1)自发脑电空间电位分布图(EEG topography),即我们通常所指的脑电地形图,它是描记在安静状态下皮质自发电活动的电位分布状态的地形图。

(2)诱发电位地形图(evoked potential topography),它是研究被检者在外界特定条件刺激下皮质电位的分布状态的脑电地形图,常用的刺激有视觉刺激、听觉刺激和电刺激等。

(3)显著性概率地形图(significant probability mapping),它是通过统计学处理显示被检者与正常者的差异的脑电地形图,单位为SD。所用的统计学处理方法又分为t检验和z检验,组别之间的对照常采用t检验,单个被检者与正常值的对照常采用z检验。

(4)棘波分析地形图(brain spike isopotential mapping),它是通过棘波分析软件或时域分析地形图的方法来检测棘波或尖波的地形图检查技术。

(5)动态脑电地形图(ambulatory brain electrical activity mapping,ABEAM)和视频脑电地形图(video-BEAM),是由动态和视频脑电图的曲线图经过快速傅里叶转换(FFT)得到的,同脑电地形图一样,也是一种电生理学成像技术。其诊断方法与脑电地形图相同,优点在于动态和视频脑电地形图可以长时间(数小时至24 h或更长时间)观察疾病的动态变化,能更好地观察病情,指导治疗和协助判断预后。

(二)正常人脑电地形图

关于正常人的脑电地形图,由于脑电地形图仪的型号不同,颜色灰阶的划分不一,以及功率值测定的标准不同,所以正常人脑电地形图应根据自己实验室的数据进行判断。现简要介绍一下正常人在清醒、闭目和安静状况下脑电地形图的基本特征。

(1)正常脑电地形图图像左右相应部位功率值是基本相等的,一般差异在30%以内。

(2)图像左右相应部位的颜色灰阶基本对称,正常人左右相应部位差别在三个灰阶之内(以上数值为BA-Ⅲ型脑电地形图仪测得的数据,各仪器有所差别)。

(3)随着年龄的增长,α频段功率值逐渐增高,以枕部为主。

(4)随着年龄的增长,慢波(θ、δ)频段功率值逐渐降低,老年人稍有增高。

(5)β波活动于婴儿期开始出现,至成人随着年龄的增加而增多,老年人略有减少。

(6)新生儿脑电地形图各部位均不规则、不对称,持续的慢活动以δ频段为主;

自婴儿期开始其节律性和对称性逐渐形成，至成人时图形已稳定，左右两半球基本对称。

(三) 脑血管病的脑电地形图

脑电地形图在急性脑血管病诊断方面的应用有较高的参考价值，其既可协助定性诊断，又可协助定位诊断，还可协助缺血性脑血管病与出血性脑血管病之间的鉴别诊断，并可协助诊断病变对周围正常脑组织功能的影响，对缺血性脑血管病还可起到超前诊断的作用。现分述如下。

1. 脑电地形图在出血性急性脑血管病诊断中的应用

(1) 高血压性脑出血的脑电地形图诊断。

高血压性脑出血的脑电地形图主要表现如下：

① 病变区在 δ 频段出现局限性高功率阴影，Scale（标尺）为 32 时，其功率值多在 $6.0\ \mu V$ 以上，颜色灰阶在 12 级以上，病变区呈红色以上改变。

② 显著性概率地形图上出现高偏离度改变，SD>7。

③ 在病灶周围可显示水肿带和对周围脑组织功能的不同程度影响，颜色灰阶愈高，其影响愈重，但慢波功率衰减带不十分明显。

上述表现即为脑电地形图诊断高血压性脑出血的主要依据。

(2) 蛛网膜下腔出血的脑电地形图诊断。

蛛网膜下腔出血的脑电地形图主要表现如下：

① 蛛网膜下腔出血的脑电地形图改变，与高血压性脑出血的改变基本相同。

② 病变区出血量大时，可呈现弥漫性高功率阴影；出血量小时，可呈现蛛网膜下腔区局限性高功率阴影。

2. 脑电地形图在缺血性脑血管病诊断中的应用

(1) 脑梗死的脑电地形图诊断。

脑梗死包括动脉硬化性脑梗死和脑栓塞，其脑电地形图的主要表现为：

① 在病变区 θ 或 δ 频段出现局限性高功率阴影，但不如脑出血增高显著，Scale 为 32 时，病变区功率值在 $4.0\ \mu V$ 以上，颜色灰阶在 9 级以上，病变区多呈黄色以上改变。

② 在病变周围区出现不同的颜色灰阶变化，由内向外分别为半暗带区和水肿带区。其中，半暗带区又称缺血性半影区（ischemic penumbra，IP）；水肿带区对周围正常组织的功能影响程度不同，其周围慢波功率衰减带较明显。

③ 显著性概率地形图上也出现较高的偏离度，SD>5。

④ 脑梗死脑电地形图在病变区脑细胞发生功能改变后，即出现上述变化，早于 CT 和 MRI，故有超前诊断的作用。

(2) 腔隙性脑梗死的脑电地形图诊断。

腔隙性脑梗死的脑电地形图改变与动脉硬化性脑梗死表现基本相同，只是其功率值和颜色灰阶改变较动脉硬化性脑梗死小。

(3) 短暂性脑缺血发作的脑电地形图诊断。

短暂性脑缺血发作的脑电地形图的主要改变为：病变区 α 频段出现低功率阴影，Scale 为 32 时，病变区功率值在 2 μV 以下，颜色灰阶在 4 级以下，病变区呈蓝色以下改变，病变严重区可出现腔隙性脑梗死表现。

(4) 可逆性缺血性脑损害的脑电地形图诊断。

可逆性缺血性脑损害是指按血管分布的脑缺血所致局限性神经功能受损持续在 24 h 以上，经过一段时间（多在 3 周内）基本恢复，不遗留明确的功能障碍，其病因和发病机理与短暂性脑缺血发作相同，只是缺血程度较重、持续时间稍长，其脑电地形图的主要表现与短暂性脑缺血发作基本相同，只是持续时间较长。

(5) 出血性脑梗死的脑电地形图诊断。

出血性脑梗死又称红色脑梗死或赤色脑梗死，是脑梗死中的一种特殊类型，即在脑梗死的基础之上，经过治疗，阻塞的血管被疏通，由于阻塞的血管的远端血管壁因缺血而受损，经不起原正常血流的压力，血管再通后，血管壁受损部位可被正常压力的血流冲破而造成出血，形成出血性脑梗死。关于出血性脑梗死的脑电地形图改变特点为：基本改变同动脉硬化性脑梗死；在脑梗死的基础上又出现脑出血样改变；Scale 为 32 时，即在呈黄色改变的病变区域内又出现斑片状的红色区域。

(四) 脑外伤脑电地形图

脑电地形图在脑外伤的诊断、鉴别、疗效观察以及预后判断方面也有较好的应用价值。尤其对脑震荡的诊断，脑电地形图是目前最理想、最有价值的诊断依据之一，且对病变范围和程度也可协助诊断。脑电地形图在脑外伤诊断中的应用如下。

1. 脑震荡的脑电地形图诊断

(1) 在 δ 频段，病变区出现高功率阴影。

(2) 显著性概率地形图出现高偏离度改变，SD>5。

(3) 病情严重则高功率阴影的功率值高，病情轻则功率值偏低；前者累及范围大，后者累及范围小。

2. 硬膜下血肿的脑电地形图诊断

(1) 在 δ 或 θ 频段，病变区出现新月形高功率阴影，Scale 为 16 时，其功率值在 11.0 μV 以上，颜色灰阶在 12 个灰阶以上。

(2) 显著性概率地形图出现高偏离度改变，SD>7。

3. 硬膜外血肿的脑电地形图诊断

(1) 在 δ 频段，病变区出现似双凸镜形（棱形）高功率阴影。

(2) 显著性概率地形图出现高偏离度改变，SD>7。

4. 脑挫裂伤的脑电地形图诊断

(1) 在 δ 或 θ 频段，病变区出现高功率阴影，Scale 为 64 时，其功率值在 2.68 μV 以上，颜色灰阶在 12 个灰阶以上。

(2) 显著性概率地形图出现高偏离度改变，SD>5。

(3) 如为对冲性脑挫裂伤，δ 频段着力点病变区及其对侧分别出现高功率阴影，在两个高功率阴影区之间存在一个轻度高功率阴影。

5. 外伤性癫痫的脑电地形图诊断
（1）病变区出现局限性高功率阴影，Scale 为 1 时，其功率值为 127 μV，颜色灰阶为 16 个灰阶。
（2）棘波分析地形图出现棘波和尖波等改变。
（3）显著性概率地形图出现高偏离度改变，SD>5。

6. 外伤后综合征的脑电地形图诊断
（1）在 α 频段失去正常功率分布状态，高功率前移，且分布不规则。
（2）在 β 频段出现高功率阴影。
（3）显著性概率地形图出现高偏离度改变，SD>5。

（五）精神及心理性疾病和智能障碍等的脑电地形图

脑电地形图在精神及心理性疾病和智能障碍等诊断中的应用是目前最为理想和可靠的方法之一，它可补充脑 CT 和 MRI 的不足，并能协助观察疗效和判断预后。脑电地形图在精神及心理性疾病和智能障碍等的诊断中的应用如下。

1. 神经衰弱的脑电地形图诊断
（1）在 α 频段出现低功率阴影，Scale 为 32 时，其功率值在 1.5 μV 以下，颜色灰阶在 3 个灰阶以下；或功率分布失去正常分布状态，且不对称，不规则。
（2）或在 β 频段出现高功率阴影，有时在 θ 频段出现高功率阴影。
（3）显著性概率地形图出现高偏离度改变，SD>5。

2. 精神分裂的脑电地形图诊断
（1）在 β 频段出现高功率阴影，Scale 为 32 时，其功率值在 7.1 μV 以上，颜色灰阶在 14 个灰阶以上。
（2）或在 α 频段出现低功率阴影。
（3）显著性概率地形图出现高偏离度改变，SD>5。

3. 轻微脑机能障碍综合征（多动症）的脑电地形图诊断
（1）在 θ 或 δ 频段出现局限性或弥漫性高功率阴影，Scale 为 16 时，其功率值在 7.7 μV 以上，颜色灰阶在 9 个灰阶以上。
（2）显著性概率地形图出现高偏离度改变，SD>5。

4. 脑萎缩症的脑电地形图诊断
脑萎缩症其中一种为弥漫性大脑萎缩症，又称阿尔茨海默病，主要病理改变为大脑皮质弥漫性萎缩；另一种为脑叶萎缩症，又称皮克病，其病理改变为额叶和颞叶萎缩，此外，还有其他名称脑萎缩症等。这类疾病的脑电地形图的基本改变是一致的，具体可显示以下改变。
（1）α 频段于病变区出现低功率阴影。
（2）在 δ 和 θ 频段出现高功率阴影，阿尔茨海默病表现为弥漫性高功率阴影，皮克病表现为额区和颞区局限性高功率阴影，其他部位萎缩也出现同样改变，Scale 为 32 时，其功率值在 4.4 μV 以上，颜色灰阶在 9 个灰阶以上。
（3）显著性概率地形图出现高偏离度改变，SD>5。

5. 智能发育迟缓的脑电地形图诊断

（1）在 α 频段出现低于正常水平下限以下的低功率阴影。

（2）在 θ 和 δ 频段出现高于正常水平上限的高功率阴影，Scale 为 32 时，其功率值在 4.1 μV 以上，颜色灰阶在 9 个灰阶以上。

（3）显著性概率地形图显示高偏离度改变，SD>5。

十四、姿势诱发反射

姿势诱发反射（postural evoked reflex，PER）是指当被检者站在支持面上受到平衡干扰刺激时，检测到的一种无意识和不自觉的肌肉活动。计算机动态姿势图可以提供支持面旋转和水平移动刺激来诱发站在支持面上的被检者产生姿势诱发反射，通过表面肌电记录系统，可以定量检测下肢肌肉姿势诱发反射的潜伏期[29]。

人体的平衡可分为两类：一类是静态平衡，即人体或某一部位处于某种特定姿势，如坐或站等姿势时保持稳定状态的能力；另一类是动态平衡，包括人体进行各种自主运动和对抗外界干扰的能力[30-32]。一般认为，人体的姿势平衡主要依赖于视觉系统、本体感觉系统和前庭觉系统感觉信息的输入。中枢神经系统通过对上述信息的整合和对肌肉系统的调控，将身体的重心调回原来的范围或者重新建立新的平衡。

表面肌电在姿势诱发反射下检测的肌肉活动是一种被动刺激下的肌电活动，即姿势诱发反射下的肌电活动。研究发现，利用表面肌电研究正常人在姿势诱发下的下肢肌电活动时，身高和个体的高度敏感性对姿势平衡有影响，而胫前肌的 EMG 潜伏期与身高密切相关[33-35]。

研究还发现，姿势诱发反射下的肌电活动可以用于临床诊断神经肌源性疾病[36-37]。神经肌源性疾病常涉及肌群间的协调紊乱、肌力及肌张力的异常，而肌力及肌张力的异常将直接导致患者出现四肢肌肉无力、萎缩、疲劳等，此时利用姿势诱发反射下的表面肌电相关指标就可以辅助临床检测肌肉的肌力水平和疲劳程度。研究发现不同类型的小脑损伤患者，其下肢肌姿势诱发反射下的潜伏期延长，波幅降低。因此，临床上医师可以根据小脑损伤患者的病史资料，结合患者的姿势诱发反射下的肌电活动表现诊断患者的损伤类型。

研究发现：与正常人相比，下肢损伤者动态姿势图中的 SOT_3-SOT_6 的平衡分均降低（$p<0.05$），这说明随着测试难度的增加，下肢损伤者维持肢体稳定性的能力逐渐下降，平衡功能降低。同时，动态本体感觉比例分、前庭觉比例分及视觉比例分均降低（$p<0.05$），ADT 无明显下降趋势，平衡分较正常人降低。以上现象说明下肢损伤者的平衡功能降低，在静态站立时能保持一定的平衡，然而在支持面不稳定的情况下，其平衡能力较正常人差。这提示本体感觉反馈减退，神经肌肉的控制减弱，使关节周围肌肉力量不平衡和功能性关节不稳，从而导致关节微损伤和再次损伤。

第二节 《人体损伤致残程度分级》涉及神经系统损伤的条款

2016年4月18日，最高人民法院、最高人民检察院、公安部、国家安全部和司法部联合发布了《人体损伤致残程度分级》，自2017年1月1日起正式施行。涉及神经系统损伤的条款归纳如下。

一、关于精神障碍与智力减退

第5.1.1.2条，精神障碍或者极重度智能减退，日常生活完全不能自理构成一级残疾。

第5.2.1.1条，精神障碍或者重度智能减退，日常生活随时需有人帮助构成二级残疾。

第5.3.1.1条，精神障碍或者重度智能减退，不能完全独立生活，需经常有人监护构成三级残疾。

第5.4.1.1条，精神障碍或者中度智能减退，日常生活能力严重受限，间或需要帮助构成四级残疾。

第5.5.1.1条，精神障碍或者中度智能减退，日常生活能力明显受限，需要指导构成五级残疾。

第5.6.1.1条，精神障碍或者中度智能减退，日常生活能力部分受限，但能部分代偿，部分日常生活需要帮助构成六级残疾。

第5.7.1.1条，精神障碍或者轻度智能减退，日常生活有关的活动能力极重度受限构成七级残疾。

第5.8.1.1条，精神障碍或者轻度智能减退，日常生活有关的活动能力重度受限构成八级残疾。

第5.9.1.1条，精神障碍或者轻度智能减退，日常生活有关的活动能力中度受限构成九级残疾。

第5.10.1.1条，精神障碍或者轻度智能减退，日常生活有关的活动能力轻度受限构成十级残疾。

二、关于意识改变

第5.1.1.1条，持续性植物生存状态构成一级残疾。

三、关于外伤性癫痫

第5.4.1.2条，外伤性癫痫（重度）构成四级残疾。

第5.6.1.2条，外伤性癫痫（中度）构成六级残疾。

第5.9.1.2条，外伤性癫痫（轻度）构成九级残疾。

四、关于失语

第 5.3.1.2 条,完全感觉性失语或者混合性失语构成三级残疾。

第 5.5.1.2 条,完全运动性失语构成五级残疾。

第 5.7.1.2 条,不完全感觉性失语构成七级残疾。

第 5.8.1.2 条,不完全运动性失语;不完全性失用、失写、失读或者失认构成八级残疾。

五、关于面瘫

第 5.5.1.4 条,双侧完全性面瘫构成五级残疾。

第 5.6.1.4 条,一侧完全性面瘫构成六级残疾。

第 5.7.1.3 条,双侧大部分面瘫构成七级残疾。

第 5.8.1.4 条,一侧大部分面瘫,遗留眼睑闭合不全和口角歪斜构成八级残疾。

第 5.9.1.4 条,一侧部分面瘫,遗留眼睑闭合不全或者口角歪斜构成九级残疾。

第 5.10.1.3 条,一侧部分面瘫构成十级残疾。

六、关于肢体瘫

第 5.1.1.3 条,四肢瘫(肌力 3 级以下)或者三肢瘫(肌力 2 级以下)构成一级残疾。

第 5.1.1.4 条,截瘫(肌力 2 级以下)伴重度排便功能障碍和重度排尿功能障碍构成一级残疾。

第 5.2.1.2 条,三肢瘫(肌力 3 级以下)构成二级残疾。

第 5.2.1.3 条,偏瘫(肌力 2 级以下)构成二级残疾。

第 5.2.1.4 条,截瘫(肌力 2 级以下)构成二级残疾。

第 5.3.1.3 条,截瘫(肌力 3 级以下)伴排便或者排尿功能障碍构成三级残疾。

第 5.4.1.3 条,偏瘫(肌力 3 级以下)构成四级残疾。

第 5.4.1.4 条,截瘫(肌力 3 及以下)构成四级残疾。

第 5.5.1.5 条,四肢瘫(肌力 4 级以下)构成五级残疾。

第 5.5.1.6 条,单肢瘫(肌力 2 级以下)构成五级残疾。

第 5.6.1.5 条,三肢瘫(肌力 4 级以下)构成六级残疾。

第 5.6.1.6 条,截瘫(肌力 4 级以下)伴排便或者排尿功能障碍构成六级残疾。

第 5.7.1.4 条,偏瘫(肌力 4 级以下)构成七级残疾。

第 5.7.1.5 条,截瘫(肌力 4 级以下)构成七级残疾。

第 5.7.1.6 条,单肢瘫(肌力 3 级以下)构成七级残疾。

第 5.8.1.5 条,单肢瘫(肌力 4 级以下)构成八级残疾。

七、关于非肢体瘫运动障碍

第 5.2.1.5 条,非肢体瘫运动障碍(重度)构成二级残疾。

第 5.5.1.7 条,非肢体瘫运动障碍(中度)构成五级残疾。

第 5.8.1.6 条,非肢体瘫运动障碍(轻度)构成八级残疾。

八、关于手、足肌瘫

第 5.3.1.4 条,双手全肌瘫(肌力 2 级以下),伴双腕关节功能丧失均达 75% 构成三级残疾。

第5.5.1.8条，双手大部分肌瘫（肌力2级以下）构成五级残疾。

第5.5.1.9条，双足全肌瘫（肌力2级以下）构成五级残疾。

第5.6.1.7条，双手部分肌瘫（肌力3级以下）构成六级残疾。

第5.6.1.8条，一手全肌瘫（肌力2级以下），伴相应腕关节功能丧失75%以上构成六级残疾。

第5.6.1.9条，双足全肌瘫（肌力3级以下）构成六级残疾。

第5.7.1.7条，一手大部分肌瘫（肌力2级以下）构成七级残疾。

第5.7.1.8条，一足全肌瘫（肌力2级以下）构成七级残疾。

第5.8.1.7条，一手大部分肌瘫（肌力3级以下）构成八级残疾。

第5.8.1.8条，一足全肌瘫（肌力3级以下）构成八级残疾。

第5.9.1.5条，一手部分肌瘫（肌力3级以下）构成九级残疾。

第5.9.1.6条，一足大部分肌瘫（肌力3级以下）构成九级残疾。

九、关于部分肌群肌力下降

第5.9.1.7条，四肢重要神经损伤（上肢肘关节以上，下肢膝关节以上），遗留相应肌群肌力3级以下构成九级残疾。

第5.10.1.6条，四肢重要神经损伤，遗留相应肌群肌力4级以下构成十级残疾。

十、关于排便与排尿功能障碍

第5.3.1.5条，重度排便功能障碍伴重度排尿功能障碍构成三级残疾。

第5.7.1.9条，重度排便功能障碍或者重度排尿功能障碍构成七级残疾。

第5.9.1.9条，轻度排便或者排尿功能障碍构成九级残疾。

十一、关于外伤后尿崩症

第5.6.1.3条，尿崩症（重度）构成六级残疾。

第5.8.1.3条，尿崩症（中度）构成八级残疾。

第5.10.1.5条，尿崩症（轻度）构成十级残疾。

十二、关于勃起功能障碍

第5.4.1.5条，阴茎器质性勃起障碍（重度）构成四级残疾。

第5.6.1.10条，阴茎器质性勃起障碍（中度）构成六级残疾。

第5.8.1.9条，阴茎器质性勃起障碍（轻度）构成八级残疾。

第5.9.1.8条，严重影响阴茎勃起功能构成九级残疾。

第5.10.1.7条，影响阴茎勃起功能构成十级残疾。

十三、关于视力障碍

第5.2.2.4条，双眼盲目5级构成二级残疾。

第5.3.2.1条，一眼球缺失、萎缩或者盲目5级，另一眼盲目3级构成三级残疾。

第5.3.2.2条，双眼盲目4级构成三级残疾。

第5.4.2.3条，一眼球缺失、萎缩或者盲目5级，另一眼重度视力损害构成四级残疾。

第5.4.2.4条，双眼盲目3级构成四级残疾。

第5.5.2.2条，一眼球缺失、萎缩或者盲目5级，另一眼中度视力损害构成五级残疾。

第5.5.2.3条，双眼重度视力损害构成五级残疾。

第5.6.2.5条，一眼球缺失、萎缩或者盲目5级，另一眼视力≤0.5构成六级残疾。

第5.6.2.6条，一眼重度视力损害，另一眼中度视力损害构成六级残疾。

第5.7.2.5条，双眼中度视力损害构成七级残疾。

第5.7.2.6条，一眼盲目3级，另一眼视力≤0.5构成七级残疾。

第5.8.2.7条，一眼盲目4级构成八级残疾。

第5.9.2.11条，一眼盲目3级构成九级残疾。

第5.9.2.12条，一眼重度视力损害，另一眼视力≤0.5构成九级残疾。

第5.10.2.15条，一眼中度视力损害构成十级残疾。

第5.10.2.16条，双眼视力≤0.5构成十级残疾。

十四、关于视野缺损

第5.3.2.3条，双眼视野接近完全缺损，视野有效值≤4%（直径≤5°）构成三级残疾。

第5.4.2.5条，双眼视野极度缺损，视野有效值≤8%（直径≤10°）构成四级残疾。

第5.5.2.4条，双眼视野重度缺损，视野有效值≤16%（直径≤20°）构成五级残疾。

第5.6.2.7条，双眼视野中度缺损，视野有效值≤48%（直径≤60°）构成六级残疾。

第5.7.2.7条，双眼偏盲，构成七级残疾。

第5.8.2.8条，一眼视野接近完全缺损，视野有效值≤4%（直径≤5°）构成八级残疾。

第5.9.2.13条，一眼视野极度缺损，视野有效值≤8%（直径≤10°）构成九级残疾。

第5.9.2.14条，双眼象限性视野缺损构成九级残疾。

第5.10.2.17条，一眼视野中度缺损，视野有效值≤48%（直径≤60°）构成十级残疾。

十五、关于听力障碍

第5.4.2.6条，双耳听力障碍≥91 dB HL构成四级残疾。

第5.5.2.6条，双耳听力障碍≥81 dB HL构成五级残疾。

第5.5.2.7条，一耳听力障碍≥91 dB HL，另一耳听力障碍≥61 dB HL构成五级残疾。

第5.7.2.9条，一耳听力障碍≥81 dB HL，另一耳听力障碍≥61 dB HL构成七级残疾。

第5.8.2.11条，一耳听力障碍≥91 dB HL构成八级残疾。

第5.8.2.12条，双耳听力障碍≥61 dB HL构成八级残疾。

第5.9.2.18条，一耳听力障碍≥81 dB HL构成九级残疾。

第5.9.2.19条，一耳听力障碍≥61 dB HL，另一耳听力障碍≥41 dB HL构成九级残疾。

第5.10.2.18条，一耳听力障碍≥61 dB HL构成十级残疾。

第5.10.2.19条，双耳听力障碍≥41 dB HL构成十级残疾。

十六、关于平衡功能丧失

第5.6.2.8条，双侧前庭平衡功能丧失，睁眼行走困难，不能并足站立构成六级残疾。

第5.10.2.20条，一侧前庭平衡功能丧失，伴听力减退构成十级残疾。

（张运阁　陈　焕　李春晓）

参考文献

[1] 亚历山特里迪斯，克勒斯特尔. 眼科电生理诊断学 [M]. 张虹，译. 北京：人民卫生出版社，1991：19-26.

[2] IKEDA H, TREMAIN K E. Amblyopia occurs in retinal ganglion cells in cats reared with convergent squint without alternating fixation [J]. Exp Brain Res, 1979, 35 (3)：559.

[3] WILLIAMS C. Electro-oculographic abnormalities in amblyopia [J]. Br Ophthalmol, 1995, 79：218.

[4] 吉晓华，张文芳，杨义. 视网膜电图在研究高海拔视网膜病变中的应用 [J]. 国际眼科杂志，2017，17 (1)：76-79.

[5] GRANIT R. Components of the retinal action potentials in mammals and their relation to the discharge in the optic nerve [J]. J Physiol 1933, 77 (3)：207-239.

[6] HANCOCK H A, KRAFT T W. Oscillatory potential analysis and ERGs of normal and diabetic rats [J]. Invest Ophthalmol Vis Sci, 2004, 45 (3)：1002-1008.

[7] VISWANATHAN S, FRISHMAN L J, ROBSON J G, et al. The photopic negative response of the macaque electroretinogram：reduction by experimental glaucoma [J]. Invest Ophthalmol Vis Sci, 1999, 40 (6)：1124-1136.

[8] GOTOH Y, MACHIDA S, TAZAWA Y. Selective loss of the photopic negative response in patients with optic nerve atrophy [J]. Arch Ophthalmol, 2004, 122 (3)：341-346.

[9] SUTTER E E, TRAN D. The field topography of ERG components in man I [J]. The photopic luminance response. Vision Res, 1992, 32 (3)：433-446.

[10] SUTTER E. The interpretation of multifocal binary kernels [J]. Documenta Ophthalmologica, 2000, 100 (2-3)：49-75.

[11] 左成果，文峰，李加青，等. 光动力疗法联合玻璃体腔注射Bevacizumab治疗息肉状脉络膜血管病变前后多焦视网膜电图的改变 [J]. 中华眼视光学与视觉科学杂

志,2010,12(5):335-339.

[12] 吴子明,杜一,刘兴健,等.规范前庭功能检查与临床应用[J].中华医学杂志,2018,98(16):1209-1212.

[13] 林细康,季晓林,叶华,等.前庭功能检查对眩晕定位诊断的价值探讨[J].癫痫与神经电生理学杂志,2015,24(5):269-273.

[14] 杜治政.医学人文与医疗实践结合:人性化的医疗[J].医学与哲学,2013,34(8A):6-11.

[15] BASELER H A, SUTTER E E, KLEIN S A, et al. The topography of visual evoked response properties across the visual field [J]. Electroencephalogr Clin Neurophysiol, 1994, 90 (1): 65-81.

[16] 吴乐正.临床多焦视觉电生理学[M].北京:北京科学技术出版社,2004: 10-28.

[17] KLISTORNER A I, GRAHAM S L. Multifocal pattern VEP perimetry: analysis of sectoral waveforms [J]. Doc Ophthalmol, 1999, 98 (2): 183-196.

[18] HOOD D C, ZHANG X, HONG J E, et al. Quantifying the benefits of additional channels of multifocal VEP recording [J]. Doc Ophthalmol, 2002, 104 (3): 303-320.

[19] 李兴启,王秋菊.听觉诱发反应及应用[M].2版.北京:人民军医出版社,2015: 73-74.

[20] 潘映辐.临床诱发电位学[M].北京:人民卫生出版社,1988:211-320.

[21] HALL J W. New handbook of auditory evoked response [M]. New York: Pearson Education Inc, 2007: 1-34.

[22] KANTNE R C, GURKOV R. Characteristics and clinical applications of ocular vestibular evoked myogenic potentials [J]. Hear Res, 2012, 294 (1/2): 55-63.

[23] YOUNG Y H. Potential application of ocular and cervical vestibular evoked myogenic potentials in Meniere's disease: a review [J]. Laryngoscope, 2013, 123 (2): 484-491.

[24] NARANJO E N, CLEWORTH T W, ALLUM J H, et al. Vestibulo-spinal and vestibulo-ocular reflexes are modulated when standing with increased postural threat [J]. J Neurol, 2016, 115 (2): 833-842.

[25] KUMAR K, BHAT J S, SEQUEIRA N M, et al. Ageing effect on air conducted ocular vestibular evoked myogenic potential [J]. Audiol Res, 2015, 5 (2): 121.

[26] DEAL J A, SHARRETT A R, BANDEEN-ROCHE K, et al. Hearing impairment and physical function and falls in the atherosclerosis risk in communities hearing pilot study [J]. J Am Geriatr Soc, 2016, 64 (4): 906-908.

[27] NOIJ K S, VAN M T, HERRMANN B S, et al. Toward optimizing VEMP: calculating VEMP inhibition depth with a generic template [J]. Ear Hear, 2018, 39 (6): 1199-1206.

[28] SANDHU J S, YUNG M, PARKER-GEORGE J, et al. Assessment of vestibular

function in patients with chronic middle ear disease using the VHIT and VEMP test [J], Clin Otolaryngol, 2018, 43 (4): 1179-1182.

[29] 周晓蓉, 范利华, 杨小萍. 颅脑损伤后动态姿势平衡评估 [J]. 法医学杂志, 2010, 26 (6): 428-431.

[30] 燕铁斌, 窦祖林. 实用瘫痪康复 [M]. 北京: 人民卫生出版社, 1999.

[31] POLLOCK A S, DURWARD B R, ROWE P J, et al. What is balance? [J]. Clin Rehabil, 2000, 14 (4): 402-406.

[32] BLOEM B R, ALLUM J H, CARPENTER M G, et al. Triggering of balance corrections and compensatory strategies in a patient with total leg proprioceptive loss [J]. Exp Brain Res, 2002, 142 (1): 91-107.

[33] LEWIS N L, BRISMEE J M, JAMES C R, et al. The effect of stretching on muscle responses and postural sway responses during computeried dynamic posturography in women and men [J]. Arch Phys Med Rehabil, 2009, 90 (3): 454-462.

[34] ROGIND H, LYKKEGAARD J J, BLIDDAL H, et al. Postural sway in normal subjects aged 20-70 years [J]. Clin Physiol Func I, 2003, 23 (3): 171-176.

[35] COMMISSARIS D, NIEUWENHUIJZEN P, OVEREEM S, et al. Dynamic posturography using a new movable multidirectional platform driven by gravity [J]. J Neuroscience Methods, 2002, 113: 73-84.

[36] VISSER J E, CARPENTER M G, VAN DER KOOIJ H, et al. The clinical utility of posturography [J]. Clin Neurophysiol, 2008, 119: 2424-2436.

[37] KOLB F P, TIMMANN D, BAIER P, et al. Classically conditioned withdrawl reflex in cerebellar patiets [J]. Exp Brain Res, 2000, 130: 471-485.

第二章

电生理在视觉功能鉴定中的运用

第一节 眼球的解剖结构与视觉形成

一、眼球的结构

眼球近似球形,其垂直径和水平径比前后径略小。眼球由眼球壁和眼球内容物所组成。另外,可人为地将眼球分为眼前段和眼后段,晶状体平面及其以前为眼前段,其后为眼后段。眼前段包括角膜、前房、虹膜、瞳孔、晶状体等结构;眼后段包括玻璃体、视网膜、视盘、视网膜血管等结构(图2-1)。

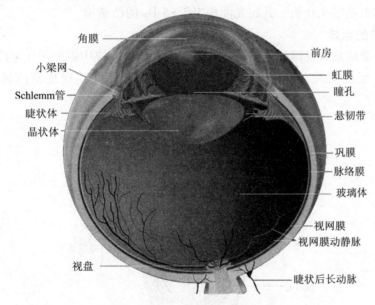

图 2-1 正常眼球结构

眼球壁有三层,外层为纤维膜,中层为葡萄膜,内层为视网膜。

外层为由眼球前方中央的透明角膜和周边质地坚韧、呈乳白色的巩膜共同构成的完整、封闭的眼球外壁,具有保护内容物、维持眼球形状的作用。角、巩膜缘是角膜和巩膜的移行区,是前房角和房水引流系统的所在部位,十分重要。角膜是眼球接受外界光刺激的第一层结构,是最重要的屈光介质,其屈光度约相当于+48 Ds 的凸透镜。

中层为葡萄膜,又称血管膜、色素膜,富含血管和色素。此层从前到后分别为虹膜、睫状体和脉络膜。虹膜将眼球前部腔隙隔成前、后房,虹膜即悬在房水中。虹膜中央的圆孔即为瞳孔,瞳孔的直径一般在 2.5~4 mm,其大小调节可控制进入眼底的光线强弱。瞳孔的后方是晶状体,其屈光度约为+12 Ds,具有一定的可调节性,是眼球屈光介质中唯一可调节的部分。当晶状体脱位或手术摘除后，虹膜失去依托，眼球转动时可发生虹膜震颤。虹膜周边与睫状体连接处为虹膜根部，此处较为薄弱，眼外伤时，容易发生虹膜根部离断。脉络膜为葡萄膜的后部，前起自锯齿缘，后止于视盘周围，具有丰富的血管和色素细胞。

内层为视网膜，是一层透明的膜，位于脉络膜的内侧，布满感光细胞。视网膜后极部有一凹陷区，称为黄斑。黄斑中央有一小凹为黄斑中心凹，是视网膜上视觉最敏锐的部位，集中了绝大多数的视锥细胞。视盘距离黄斑鼻侧约 3 mm，呈边界清楚、橙红色的圆形盘状结构，又称为视乳头，是视网膜上视觉神经纤维会集组成视神经、向视中枢传递穿出眼球的部位。视网膜从外向内分别是视网膜色素上皮层和视网膜神经感觉层，二者间有一定的潜在间隙，视网膜脱离即由此处分离。

眼球内容物包括房水、晶状体和玻璃体三种透明物质，是光线进入眼内到达视网膜的通路，与角膜一起构成了眼的屈光介质。房水与玻璃体的主要功能是起到支持作用以维持眼球的正常眼内压。除上述作用外，房水还有营养角膜、晶状体及玻璃体的作用。房水和玻璃体也是屈光介质，其屈光度相当于 +5 Ds 的凸透镜。

二、视路的组成

视路是视觉信息从视网膜光感受器开始，到大脑枕叶视中枢的传导通路，通常指从视神经开始，经视交叉、视束、外侧膝状体、视放射到枕叶视皮质的神经传导通路（图 2-2）。

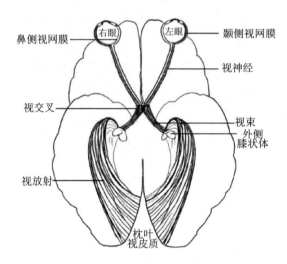

图 2-2 视路的组成

视神经系第二对脑神经，从视盘到视交叉前脚，全长约 42~50 mm，分为眼内段、眶内段、管内段和颅内段四部分。

视交叉是两侧视神经交会处。此处的神经纤维分两部分，来自视网膜鼻侧的纤维交叉至对侧，来自颞侧的纤维不交叉。

视束为视神经纤维经视交叉后重新排列的一段神经束，离开视交叉后，分为两束绕大脑脚至外侧膝状体。来自下半部视网膜的神经纤维位于视束的外侧，来自上半部视网膜的神经纤维位于视束的内侧。

外侧膝状体，视网膜神经节细胞发出的神经纤维，约70%在此与外侧膝状体的神经节细胞形成突触，换神经元后再进入视放射。

视放射是联系外侧膝状体和枕叶皮质的神经纤维。

视皮质是大脑皮质中最薄的区，系距状裂上、下唇和枕叶纹状区。每侧与双眼同侧一半的视网膜相关联，如右侧视皮质接受右眼颞侧和左眼鼻侧视网膜的视信号。

三、视觉的形成

外界物体发出或反射的光线经过眼球屈光系统的光学折射作用，在视网膜上成像，由感光系统形成成像的信息，经视觉通路将视觉信息传递至神经中枢的视觉分析器，产生视觉。视觉功能作为一种重要的感觉功能，由三方面的功能组成：① 完整的视觉通路，包括健康的眼睛、正常的屈光和感光状态；② 视觉技巧，包括眼球运动、双眼视和融合功能；③ 信息处理，包括识别、辨别、空间感知，以及视觉与其他感觉的整合。

视网膜的重要功能是感受由屈光介质传递过来的光线，即感光功能，可以形成光觉。视网膜感受器中的视色素在光线作用下可产生光化学变化及生物电变化，从而感受光的强弱，但不能识别物体的性质和颜色。

色觉是视网膜对不同波长的光的感受。黄斑区视锥细胞对光的波长反应极为灵敏，只要可见光波长相差 3~5 nm 即可分辨。

形觉的产生首先取决于视网膜对光的感受，其次是视网膜能够识别出由两个或多个有一定距离间隔的不同空间的刺激，通过视觉中枢的综合、分析，才能形成完整的形觉。形觉包括视力，即中心视力和视野。

立体觉又称立体视，是双眼能辨别物体深度、距离、凹凸的能力。两眼注视同一物体时，由于位置差异，在各自视网膜上分别形成并不完全相同的物像，这些物像须经过大脑的合成、判别，方能使最终成像产生空间的深度感。

良好的视觉功能必须同时具备良好的光觉、色觉、形觉与立体视。屈光状态是形成视觉的前提条件。屈光介质的病变或损伤可以影响光线在眼内的传导，从而引起视觉功能障碍。

第二节 各类眼外伤的特点及法医学鉴定要点

眼外伤是视力损害的主要原因，尤其是单眼失明的首要原因。由于眼的位置较为暴露，眼外伤很常见。

眼球的结构精细、复杂，眼球结构的损害又是种类各异，由于眼球结构的损害与视觉功能障碍息息相关，因此了解眼球不同结构的损害对于法医学鉴定的意义重大。这可以切实帮助我们判定客观的视觉功能状况，并使用现有标准，做出准确、公正的鉴定。

眼外伤的分类有很多种。按致伤原因，其可分为机械性损伤和非机械性损伤。机械性损伤包括钝挫伤、穿通伤和异物伤等，非机械性损伤包括热烧伤、化学伤、辐射伤等。按照眼球壁是否开放，眼外伤可分为开放性和闭合性两类。锐器造成的眼球壁全层裂开，系眼球穿通伤；锐器造成眼球壁有入口、出口，称为眼球贯通伤。钝器所致的眼球壁裂开，称为眼球破裂伤；钝挫伤没有造成眼球壁的全层裂开，则系闭合性外伤。眼球钝挫伤是由机械性钝性外力作用于眼球所引起的眼内多种结构的改变，如角膜上皮擦伤、房角后退、前房出血、玻璃体积血、晶状体脱位、脉络膜破裂、黄斑裂孔、脉络膜脱离以及巩膜破裂等。拳击、跌撞、交通事故、外物击打、爆炸等是眼球钝挫伤的常见原因。除在接触部位产生直接损伤外，钝性力量在眼内和球壁发生传递，也会引起其他部位的间接损伤。这也是眼外伤通常较为严重的原因之一。

以下按照不同损伤部位就损伤特点及鉴定要点予以阐述。

一、角膜损伤

角膜损伤可依据其损伤程度分为：角膜浅层损伤、角膜深层损伤、角膜全层裂伤。角膜浅层损伤主要是指角膜擦伤。角膜深层损伤已累及角膜基质层但未穿破角膜内皮细胞。角膜全层裂伤是指损伤穿破角膜全层并进入前房，即角膜穿通伤。

角膜穿通伤，锐器和钝器作用于眼部均可导致。角膜裂伤口较小时，常可自行闭合，无眼内容物脱出；伤口大、不规则时，则常伴有虹膜损伤、脱出及嵌顿，前房变浅，可伴有晶状体破裂及白内障甚至眼后段损伤。发生角膜穿通伤时眼部刺激症状明显，并且有一定比例的眼内炎发生率。

由于角膜内皮细胞无再生能力，其修复完全依赖周围细胞的补偿。轻的损伤，角膜会较快修复至正常厚度；重的损伤，细胞丢失增多。

角膜损伤后因其修复的缘故，常遗留一定肉眼可见的改变，影响角膜的透明度。

角膜瘢痕可按其严重程度分为角膜云翳、角膜斑翳、角膜白斑。角膜云翳：角膜损伤仅累及角膜浅层，在角膜表面遗留挫伤痕或划伤痕，对视力的影响较小。角膜斑翳：角膜外层部分损伤，但未达全层，在角膜遗留斑翳，对视力的影响稍大。角膜白斑：累及角膜全层，可严重影响视力。

【法医学鉴定要点】

1. 鉴定依据

根据案情、外伤史，结合临床表现和必要的辅助检查，角膜的损伤易于判断。若能在损伤后初期即发现角膜损伤、裂伤口，则更易于鉴定。若于损伤愈合后进行鉴定，则需要结合当时的病历及鉴定时检见的角膜瘢痕类型做出认定。

2. 鉴定时机

应待角膜瘢痕及伤后视力水平基本稳定时再行鉴定。一般在损伤1至3个月以后进行。当然，若有需要先根据原发伤进行鉴定的情况，如根据角膜穿通伤的伤情评定损伤程度，可在损伤当时直接鉴定为轻伤二级；遗留视觉功能的，可待医疗终结后再行复检，依据视功能检验结果重新评定伤情。

3. 伤病关系

角膜损伤一般系直接损伤所致，损伤后遗留的角膜瘢痕，尤其是位于瞳孔区的角膜白斑可严重影响视力。

二、巩膜损伤

巩膜穿孔伤多指锐器作用于巩膜致巩膜全层穿孔性损伤，包括角巩膜穿孔伤和巩膜穿孔伤，偶尔也可导致眼球贯通伤，形成两个创口，多见于针、刀、剪等锐物刺伤。因眼科显微手术技术的提高和药物应用，角膜穿孔伤经早期积极手术后，往往伤口对合良好，前房恢复；若累及晶状体，也可行手术纠正，可提高治疗效果，视力也可得到一定恢复。但巩膜穿孔伤的治疗效果仍不够理想。位于前部的巩膜穿孔伤常累及相邻的睫状体和玻璃体，位于后部的巩膜穿孔伤则伴有脉络膜、视网膜和玻璃体的损伤，使得损伤更为复杂。另外较小的巩膜伤口容易被忽略，伤口表面仅见结膜下出血，有时不能得到及时治疗，从而也影响预后。

巩膜破裂伤是眼部遭受钝性外力后，在打击部位或在远离打击点的部位形成的巩膜破裂。巩膜破裂伤多为一个伤口。巩膜破裂伤的预后通常较差，及时有效的治疗可影响预后。故若为高度怀疑巩膜破裂伤者，应当尽早手术。

多数的巩膜穿孔和巩膜破裂伤，通常可导致急剧的视力下降，甚至盲目，伴有眼压显著降低，不同部位的巩膜损伤体征上存在一定差异。巩膜损伤通常伤情严重，常遗留明显的后遗症。

【法医学鉴定要点】

1. 鉴定依据

有明显的外伤史，锐器多造成巩膜穿孔伤，钝性外力多造成巩膜破裂伤。

2. 鉴定时机

需要待残留视力趋于稳定后方可鉴定。巩膜损伤较眼前节损伤的视力稳定时间要长，因此鉴定时机宜选择稍晚，通常至少在损伤3个月以后再行鉴定。当然，若眼球已萎缩或摘除，则可即行鉴定。

3. 伤病关系

巩膜穿孔或破裂伤情严重，后遗视力障碍多与外伤之间属直接因果关系。

三、虹膜及睫状体损伤

虹膜及睫状体损伤包括虹膜挫伤、虹膜裂伤、前房出血、睫状体脱离等。

虹膜及睫状体损伤常见表现为：① 虹膜瞳孔缘及瞳孔括约肌断裂，出现不规则裂口或虹膜基质纵形裂口。② 虹膜根部离断，虹膜根部有半月形缺损，可出现单眼复视。严重的情况可出现虹膜从根部完全离断，称为外伤性无虹膜。③ 瞳孔括约肌受损，表现为外伤性瞳孔扩大，瞳孔不圆，对光反射迟钝。④ 虹膜睫状体炎，眼部损伤后发生虹膜、睫状体代谢紊乱，血管通透性改变，出现渗出等炎症反应。

【法医学鉴定要点】

1. 鉴定依据

若存在明确的眼部外伤史，伤后出现伤眼视物模糊、视力下降、近视力下降、畏光等不适症状，经检查证实存在虹膜睫状体炎、虹膜撕裂、瞳孔变形、虹膜根部离断、虹膜缺失等体征，即可诊断。

2. 鉴定时机

轻度虹膜损伤经治疗，损伤修复且不伴有明显的视力障碍，可在早期进行鉴定；严重的虹膜损伤致离断或缺失，应在经过手术修复、损伤稳定后方能鉴定，一般在损伤3个月以后进行鉴定。

3. 伤病关系

应排除伤前陈旧性的虹膜瞳孔异常改变。新鲜的虹膜损伤多伴有结膜出血、虹膜睫状体炎、前房出血等表现。

四、前房积血

前房积血指眼部遭受外力作用以后，虹膜睫状体血管破裂，造成出血并使前房内出现积血，以拳击伤最为多见。微量出血仅见房水中出现红细胞；出血较多时，血液积于前房呈一水平面；严重时，前房完全充满血液，可呈黑色。前房积血多能自行吸收，且多无明显后遗改变及视力障碍，但积血量大时可引起继发性青光眼、角膜血染等并发症，从而对视力造成危害。

【法医学鉴定要点】

1. 鉴定依据

存在明确的眼部外伤史。伤后立即出现眼部肿胀疼痛、视物模糊、视力下降、红视等不适症状。临床检查证实存在前房出血，即可认定。

2. 鉴定时机

前房出血经治疗吸收后，若眼压控制在正常范围，视力恢复或稳定在一定水平，虹膜睫状体炎的临床表现基本消失，可视为医疗终结，可行损伤程度及伤残等级等鉴定。一般轻微的前房积血，在短时间内已恢复且不遗留明显后果的，可以适当提前进行鉴定；若伴有严重并发症（如角膜血染、继发性青光眼等），则至少应于外伤3个月以后方能开始鉴定。

3. 伤病关系

前房积血与外伤系直接因果关系。前房积血的发生必须伴有组织完整性的破坏，因此，引发前房积血的外力必须达到一定程度。

五、睫状体脱离

睫状体脱离又名睫状体分离,多发生于钝性眼部挫伤后,可导致睫状体韧带断裂、睫状体与巩膜突分离,重者可导致脉络膜脱离,最终出现房角后退。

房角后退是由于睫状肌的环形纤维与纵形纤维分离,虹膜根部向后移位,造成前房角加宽、变深。有前房出血的病例,在出血吸收后多能查见不同程度的房角后退。少数患者房角后退较广泛,最终因房水排出受阻继而发生继发性青光眼。

【法医学鉴定要点】

1. 鉴定依据

眼部遭受钝性外力作用后,出现伤眼视力急剧下降、前房出血、眼压增高等症状,经房角镜、眼前段光学相干断层扫描(SL-OCT)、超声生物显微镜(UBM)检查可以明确诊断睫状体分离、房角后退。

2. 鉴定时机

损伤3至6个月以后方可鉴定。

3. 伤病关系

需要与开角型青光眼相鉴别。后者无外伤史,小梁网内、前房无出血,无色素颗粒,不伴脉络膜脱离,无前房角后退。

六、晶状体损伤

(一)外伤性白内障

外伤性白内障,是指眼部直接遭受机械性外力或其他因素导致损伤,而引起晶状体混浊改变。可以导致外伤性白内障的主要因素包括眼球穿通伤、眼球钝挫伤、眼球辐射伤等。

【法医学鉴定要点】

1. 鉴定依据

锐器伤、钝器伤均可导致外伤性白内障。结合案情及外伤史,借助必要的临床检查,诊断比较容易。

2. 鉴定时机

一般需要在损伤3个月以后再行鉴定。若晶状体明显混浊严重影响视力,建议在白内障摘除后再行鉴定。

3. 伤病关系

外伤性白内障与损伤系直接因果关系。但由于引起白内障的原因较多,如老年性白内障、并发性白内障、先天性白内障、代谢性白内障等,在鉴定时,应当予以排除及鉴别诊断。

(二)晶状体脱位或半脱位

晶状体脱位或半脱位是悬韧带全部或部分断裂所致。部分断裂时,晶状体向悬韧带的相对方向移位;瞳孔区可见部分晶状体的赤道部,可有部分虹膜震颤、散光或单眼复视。晶状体全脱位时,可向前脱入前房或嵌顿于瞳孔区,引起急性继发性青光眼和角膜内皮损伤;向后脱入玻璃体时,前房变深,虹膜震颤,出现高度远视。

【法医学鉴定要点】

1. 鉴定依据

有明确眼外伤，多见于钝性外力作用，如拳击、脚踢等，眼外伤可直接导致晶状体脱位。

2. 鉴定时机

对于晶状体半脱位的情况，可在眼部挫伤症状好转、视力稳定后进行鉴定。对于晶状体全脱位的情况，原则上应待手术治疗终结以后再行鉴定。若晶状体全脱位向前进入前房，且未引起眼压增高等并发症，眼部症状完全好转后，虽然未行晶状体摘除，也可按照外伤性白内障的原发损伤进行损伤程度及伤残等级鉴定。若晶状体向后全脱位进入玻璃体腔时，常可引起严重的并发症，一般应等晶状体摘除后再行鉴定。

3. 伤病关系

晶状体脱位本身均系外伤直接所致。及时手术取出脱位的晶状体或可避免或纠正并发症的不良影响。故而由于伤者自身原因或医疗因素等未能及时取出脱位的晶状体，从而继发严重并发症致不良后果发生时，需要考虑伤病关系，不应简单地将并发症归于外伤。

七、玻璃体积血

玻璃体积血由睫状体、视网膜或脉络膜的血管损伤引起。少量出血时，有飞蚊症，眼底检查可见玻璃体内有细小混浊点或漂浮物，视力多不受影响。大量出血时，玻璃体高度混浊，视力急剧减退。玻璃体出血开始时较局限，而后多可散开，可遗留玻璃体机化、条索状改变，可能造成牵拉性视网膜脱离、血影细胞性青光眼、血眼屏障损害等并发症。玻璃体积血可通过眼底镜及眼超声等方法确诊。

【法医学鉴定要点】

1. 鉴定依据

有明确的眼部外伤史，锐器伤及钝器伤均可导致。结合临床病历及辅助检查可以认定。

2. 鉴定时机

单纯少量的玻璃体积血经治疗吸收后未遗留明显视觉功能障碍者，可在伤情稳定后根据原发伤进行损伤程度鉴定；若出血较多、吸收缓慢或合并视网膜脱离等，在损伤3至6个月以后或手术治疗稳定后方可行鉴定。

3. 伤病关系

少量玻璃体出血需要与玻璃体混浊、玻璃体后脱离等进行鉴别。由于在鉴定时，玻璃体出血往往已吸收，仅遗留玻璃体混浊或机化、条索状改变，此时尤其在不伴有其他损伤的情况下，不宜盲目直接采信临床诊断。需要认真审阅临床眼科B超等检查结果，观察有无动态变化，并结合外力大小情况做出判断。

八、视网膜震荡

视网膜震荡指眼部在挫伤后，后极部出现的一过性视网膜水肿、视网膜变白、视力下降。大部分伤者在3~4周水肿消退后，视力可得到较好的恢复。也有部分伤者存在明显的光感受器损伤、视网膜外层变性坏死，遗留黄斑部色素紊乱且视力明显减退。

【法医学鉴定要点】

1. 鉴定依据

结合眼部外伤史，伤后出现视力下降，临床眼科检查早期发现眼底后极部的视网膜水肿，一般可以明确诊断。若有多次复查检查结果，可见视网膜水肿的动态吸收变化，则可进一步予以明确。

2. 鉴定时机

视网膜震荡多伴有不同程度的视力下降，建议最好在伤后 3 个月视力稳定后再行鉴定。当然若视网膜水肿较为轻微，且视力在较短时间内已恢复至伤前水平，也可根据实际情况及恢复时间确定鉴定时机。

3. 伤病关系

视网膜震荡与外力作用之间存在直接因果关系。但需要结合外力大小、软组织及眼前段损伤情况、辅助检查等，与其他眼病引起的视网膜水肿相鉴别。

九、黄斑裂孔

外伤、退行性病变、长期的黄斑囊样水肿等均可能导致黄斑裂孔，有时甚至难以明确黄斑裂孔的原因。外伤性黄斑裂孔，多为全层裂孔，由局部挫伤坏死和玻璃体牵拉所致。黄斑裂孔可立即出现，也可在视网膜水肿后或脉络膜破裂视网膜下出血后，或玻璃体脱离后出现。眼部遭受钝性外力打击是外伤性黄斑裂孔的主要原因。

【法医学鉴定要点】

1. 鉴定依据

结合案情、外伤史及临床表现可予以明确诊断。

2. 鉴定时机

黄斑裂孔多伴有明显的视力下降，故鉴定一般在受伤 3 个月以后进行。

3. 伤病关系

一旦认定为外伤性黄斑裂孔，则外伤至少系裂孔的主要原因。但由于引起黄斑裂孔的原因较多，实际鉴定中需要进行鉴别诊断，如高度近视引起的眼底病变、长期的黄斑囊样水肿引起的黄斑裂孔及假性黄斑裂孔等。另外，由于新鲜和既往陈旧性黄斑裂孔在形态上并不容易区分，故需要结合外力大小、眼前段损伤、损伤时眼底有无出血及有无眼底病变等情况来综合判断。

十、外伤性视网膜脱离

视网膜脱离是较为复杂的眼病，可分为裂孔性、牵拉性及渗出性三类。外伤致视网膜脱离的形成原因可能与以下几点有关：① 外伤致锯齿缘离断。此类情形是外伤直接导致视网膜脱离中较常见的，通常外力力度较大。其可能的机制是眼球赤道部在受到钝性外力冲击后异常扩张并对玻璃体形成牵拉作用。锐器伤则是锐器直接损伤相应锯齿缘。② 外伤致视网膜下出血继发视网膜脱离。这类视网膜下出血通常为脉络膜出血，可进展形成视网膜脱离。③ 外伤导致玻璃体出血继发视网膜脱离。损伤可导致玻璃体出血及机化，机化条索可对视网膜形成牵引作用，进而继发视网膜脱离。④ 外伤致视网膜变性、裂孔形成并继发视网膜脱离；挫伤致视网膜变性、萎缩，进而形成视网膜裂孔，加之玻璃体液化、机化牵拉等作用，可继发视网膜脱离；高度近视眼底更容易发生视网膜脱离。⑤ 牵拉性视网膜脱离。若眼球穿通伤或眼内手术造成眼内出血及炎症反应，使玻璃体变性、机化条索及机化膜形成，则最终组织收缩，形成非裂孔性视网膜脱离；眼球穿通伤或手术瘢痕牵拉也会造成牵拉性视网膜脱离。

【法医学鉴定要点】

1. 鉴定依据

需要结合案情、外伤史及临床表现，甚至伤前视力情况及眼科检查资料进行综合分析、判断。

2. 鉴定时机

视网膜脱离一般均需要进行手术治疗，故原则上应待视网膜裂孔复位手术2至3个月以后方行鉴定。在考虑手术恢复时间的情况下，需要在受伤3至6个月以后再行鉴定。

3. 伤病关系

在鉴定实践中，有时判断视网膜脱离与外伤之间的因果关系存在一定难度。可参考以下原则：① 眼部严重损伤，如眼部穿通伤中直接发现视网膜脱离；严重的眼球损伤导致玻璃体出血、机化并继发视网膜脱离。上述情况下，鉴于外伤足够严重，外伤单独即足以引起视网膜脱离，故无论视网膜是否存在自身病变，都认定外伤与视网膜脱离之间存在直接因果关系。② 伤前眼部的基础病变仅为视网膜脱离的危险因素，病变单独尚不足以直接引起视网膜脱离，如无晶状体眼、玻璃体切割术后等，眼部外伤达到一定的严重程度方能导致视网膜脱离，认定外伤为主要原因或与自身疾病起到同等作用。③ 自身存在由高度近视、糖尿病眼底病变等所致的严重的视网膜、玻璃体变性等，而眼部外伤较为轻微，则认定外伤仅为视网膜脱离的次要因素。④ 眼部外伤史不清晰，视网膜脱离时间不确定，且伴有明显的眼部基础病变，不宜判定外伤与视网膜脱离之间的因果关系。

十一、外伤性视网膜出血

视网膜出血的原因不少，包括外伤及多种自身疾病。视网膜出血包括视网膜前出血和视网膜层间出血。因出血量及出血部位不同，视网膜出血形态表现各异。少量的视网膜出血可局限于视网膜内，出血量多时可进入玻璃体腔。伴有眼底动脉硬化、血管炎等自身病变者，在遭受外力作用的情况下较易发生视网膜出血；视网膜中央或分支静脉阻塞等，亦存在自身眼底自发性出血，当然该类出血在形态上存在一定特点，需要加以辨别。

【法医学鉴定要点】

1. 鉴定依据

结合案情、外伤史及临床眼科检查，可以明确诊断眼底视网膜出血。若能取得详细的临床眼科资料，通过获得多次眼底照片或眼底光学相干断层扫描（OCT）所显示的视网膜出血的动态吸收过程，则更有利于正确鉴定。

2. 鉴定时机

可先根据原发伤评定损伤程度，若遗留一定视觉功能障碍可在伤后3至6个月视网膜出血吸收、视觉功能稳定以后进行补充鉴定；对于评定伤残等级而言，建议在受伤3

至 6 个月以后进行鉴定。

3. 伤病关系

首先需要排除自发性的眼底出血；另外，若存在自身眼底病变如动脉硬化、高度近视等，对于受伤后出现的视网膜出血需要根据外力大小、眼底疾病的严重性综合判断因果关系。

十二、视神经损伤与萎缩

损伤性视神经萎缩是外伤累及视神经的最终结局，多见于眼眶骨折或严重的眼球挫伤、锐器伤直接累及视神经。拳打、足踢及其他钝性物体打击眼部，车祸、高坠及锐器伤及眼眶部均较常见。视神经损伤早期，眼底视乳头可以没有明显的色泽改变。往往在损伤后 2 周以上方出现视乳头颜色的改变。合并眼眶骨折的视神经损伤，可以通过 CT 来明确骨折部位与视神经的解剖关系，甚至可以直接观察到视神经损伤表现。视神经有无萎缩可以通过眼底 OCT 这一检查予以明确。

【法医学鉴定要点】

1. 鉴定依据

结合案情、外伤史、临床表现及辅助检查，尤其是视神经萎缩的色泽改变和 OCT 检查及放射学检查所发现的视神经损伤的直接证据，认定视神经损伤是比较容易的。

2. 鉴定时机

对于损伤性的视神经萎缩，应在出现视神经萎缩改变以后进行鉴定。若视神经挫伤，经治疗虽有视力下降，但未达到全部萎缩的程度，视力亦未达到盲目程度，也需要等到视力基本稳定，方可进行鉴定，一般至少应在伤后 3 个月以后进行鉴定。

3. 伤病关系

外伤性的视神经萎缩与外力作用存在直接因果关系。外伤性视神经萎缩者一般无既往眼压增高史，伤前无视力异常，伤后即刻出现视力障碍，且即使经过治疗视力也往往不能好转。需要注意的是必须要排除青光眼、视神经炎等眼病所致的视神经萎缩。

十三、脉络膜破裂

脉络膜破裂可单一发生，也可多发，多位于后极部或视盘周围，呈弧形。伤后早期，破裂处常被出血所掩盖，出血吸收后，可显现出黄白色的瘢痕。累及到黄斑区的脉络膜破裂可严重影响视力，并且破裂处可发生脉络膜新生血管。

【法医学鉴定要点】

1. 鉴定依据

根据案情、外伤史及眼科检查所见，脉络膜破裂可以认定。

2. 鉴定时机

待出血吸收、视力稳定后，方可进行鉴定，一般在受伤 3 个月以后进行。

3. 伤病关系

脉络膜破裂均为外伤所致，但鉴定时需要判断是新鲜还是陈旧性损伤。

十四、眼球异物伤

眼球内异物伤，是指各种眼外伤导致眼球壁完整性被破坏，并导致异物存留眼球内，属眼球开放性损伤。通常异物分为金属和非金属两类。不同性质的异物进入眼内所致的损伤，除机械性损伤外，还存在感染、化学性损伤和各种理化物质的刺激作用和毒性反应。

【法医学鉴定要点】

1. 鉴定依据

根据案情、外伤史及临床表现和辅助检查，认定眼球异物伤是比较容易的。

2. 鉴定时机

眼球内异物一般应及早手术取出。通常需要异物取出、视觉功能稳定后方可进行鉴定。若视觉功能尚稳定，但异物因某些原因暂不取出，则需要充分告知委托人及被鉴定人可能的危害后方可鉴定。

3. 伤病关系

眼球内异物与外伤之间系直接因果关系。若存在因医疗因素致异物留存而产生进一步严重后果的情况，需要考虑医疗因素。

十五、感染性眼内炎

外伤性的感染性眼内炎多由眼球的开放性损伤所致。眼球壁的完整性被破坏后，微生物侵入眼内组织生长、繁殖并引起炎症反应。感染性眼内炎多见于锐器所致的眼球壁穿通伤，异物伤也较常见。钝性暴力致眼球破裂伤后继发感染较锐器相对稍少。感染性眼内炎往往较为严重，同时累及眼前段及眼后段，视力急剧下降。此类损伤的结局常导致眼球结构破坏，眼球呈萎缩性改变，视力严重降低，甚至完全丧失。

【法医学鉴定要点】

1. 鉴定依据

根据案情、外伤史，结合临床表现及辅助检查，可以做出正确认定。

2. 鉴定时机

感染性眼内炎往往会遗留较为严重的视觉功能障碍。建议在经药物或玻璃体手术治疗后，眼内炎症得到控制，视觉功能稳定的情况下进行鉴定；严重时有眼球萎缩的结局，甚至行眼球摘除和眼内容物剜除术等，故需要在治疗终结后进行鉴定，该过程可能会持续较久。若因办案需求，可先依据原发性损伤进行损伤程度鉴定，待损伤结局完全固定后，再行进一步补充鉴定。

3. 伤病关系

外伤性感染性眼内炎与外伤之间存在直接因果关系，但需要关注有无医源性因素的介入。

第三节 视觉电生理在法医学鉴定中的重要意义

眼外伤后视觉功能的评定是法医学鉴定所要解决的核心问题。眼球具有多方面的功能，包括远视力、近视力、视野、色觉、双眼的协调运动、融合视、立体视等。

视力，即视敏度，系指分辨物体表面两点间最小距离，用于识别物体形状的能力。识别远方物体或目标的能力称为远视力，识别近处细小对象或目标的能力称为近视力。通常来说，1 m 以内为近视力，1 m 以外为远视力。正常情况下，视锥细胞主要聚集于眼底的视网膜黄斑区，尤其在黄斑中心凹处更为集中，故该区域的视敏度最高，黄斑中心凹的视敏度又称为中心视力，反映视网膜黄斑中心凹的功能。目前中心远视力也是法医学鉴定标准中评价视力的指标。目前，国际上有多种常用的中心远视力表示方法，国内主要常用的为小数视力表示法（国际通用远视力表）和 5 分记录法。目前，国内法医学鉴定标准所规定的视力均为小数视力。如何客观、准确地评估中心远视力，一直以来都是法医学鉴定的重点和难点，故远视力检测技术对鉴定结论的准确性至关重要。

用国际通用远视力表检查远视力是目前临床和鉴定中最常用的远视力检测方法，这是一种心理物理检测方法，结果也被称为"行为视力"或"主观视力"，依赖于被检者的高度配合。然而，在鉴定实践中，由于被检者存在"求偿"或"求惩"心理，伪装或夸大视力障碍的情况并不少见，从而使得通过视力表检查视力的准确性大打折扣。

在法医学鉴定实践中，在遇到被鉴定人自称双眼或单眼盲、视力降低的情况而又未发现足以导致视力障碍的器质性损伤或疾病时，此时可通过行为观察法、瞳孔检查、变化距离检查法、雾视法、棱镜片实验等方法来进行伪盲或伪装视力降低的检查，然而上述方法对鉴定人的经验要求较高，且没有客观的检查报告支撑。

鉴于此，近年来法医学工作者借鉴临床医学、神经电生理学的成果，将视觉电生理检测技术等方法逐渐运用于法医学鉴定实践中，并研究和总结出了一定的规律，成为验证行为视力的有效手段。

法医学实践中的视觉电生理学是指以临床电生理学的检测方法，对视网膜至枕叶视中枢不同部位的相关神经电反应进行检查记录，客观评估人眼视觉功能的方法。

一、视觉电生理基础

1. 视觉电生理技术的发展

19 世纪开始的对眼电位的探索，是在很简单的条件下进行的，只是用非极性电极加一个电流计和固定动物的装置组成。从在体的眼到离体的蛙眼可以看到光照下电流计有小的偏移，即电反应。1903 年 Gotch 用毛细管电流计终于观察到视网膜电图的图形细节，给光时在角膜侧先有瞬间负电位再有正电位，用记纹鼓记录"撤光"时又有电位偏转。1924 年 Chaffee 等用热电子放大器分析视网膜电图图形。20 世纪 30 年代 Granit 采用电子放大器，可以很好地记录到人眼视网膜电图图形。1938 年 Groppel 用直流耦合放大器，Bernherd 再加以具备摄影装置和时间标志的示波器，可以更好地观察视网膜电图波的各种变化规律。在记录条件不断改进的同时，电极的发展也是重要的环节。从最初的细金属丝电极、棉芯电极，直到 1941 年 Riggs 采用巩膜接触镜内附加一银电极，这开创了视网膜电图诱导电位的新纪元。这之后研究人员不断改进和研制不同类型的接触镜电极，相关方法一直沿用至今。刺激范围、刺激效应直接关系到视觉生物电活动的表达。1964 年 Riggs 将直接闪光的刺激改为黑白条纹的图形刺激，抑制了散射光的干扰。这之后刺激逐渐发展为图像视网膜电图。1970 年 Gouras 使用积分球式刺激器取代了闪光灯式刺激器。刺激条件从单纯闪光、单次到多次闪光、间歇到连续闪光、颜色和频率变换、刺激函数、图像表现等逐渐发展，得以有常规闪光视网膜电图和图像视网膜电图等，发挥各自特有的优势。

视觉诱发电位的发展可以概括为以下三个阶段。① 动物实验阶段：1857 年 Canton 通过动物实验观察到间歇性闪光刺激可以在动物的枕叶皮质引起生物电活动；1980 年 Beck 用电极插入狗和兔的枕叶皮质，观察到了动物对光的反应。② 人头皮记录阶段：1934 年 Adrian 在枕叶皮质上的电极记录到闪光电极诱发的电位；1947 年 Dawson 将叠加技术应用于电生理记录过程；1950 年 Cobb 利用叠加技术，记录到 50 次高强度闪光刺激的平均反应；1958 年 Clark 设计了平均反应计算机并被应用于视觉诱发电位。③ 临床应用阶段：1960 年闪光视觉诱发电位在临床应用，1972 年图像视觉诱发电位应用于临床。

随着计算机技术的发展，视觉电生理技术也得到了极大的发展。目前视觉电生理检查被公认为是一种能够客观反映视网膜与视觉传导通路功能的技术，广泛应用于临床眼科学和眼损伤的法医学鉴定实践中。

2. 眼电图检测技术

眼电图（electrooculogram，EOG）记录的是眼的静息电位，不需要额外光的刺激，产生于色素上皮层。暗适应后眼的静息电位下降，此时最低值称为暗谷；转入明适应后，眼的静息电位上升，逐渐达到最大值，即为光峰。产生 EOG 的前提是光感受器细胞与色素上皮层的接触及离子交换。因此，EOG 异常可反映色素上皮层、光感受器细胞的疾病，以及一些中毒性的视网膜疾病。一般情况下，EOG 反应与 ERG 反应较为一致，故可用于某些不接受 ERG 角膜接触镜电极的儿童被检者。

目前鉴于视网膜电图技术的快速发展，以及其可较为全面地反映视网膜的功能，EOG 在法医学鉴定实践中的应用相对较少。

3. 视网膜电图检测技术

视网膜电图（electroretinagram，ERG）是短暂闪光刺激诱发的视网膜综合电位，反映了光感受器细胞到无长突细胞的视网膜各层的综合活动，根据光刺激的不同形式分为闪光 ERG 和图形 ERG，实践中以闪光 ERG 应用更为广泛。

闪光 ERG（F-ERG）：刺激模式为单次或多次的闪光刺激视网膜，主要由一个负相的 a 波和一个正相的 b 波组成，a 波主要反映了视网膜光感受器的电位变化，b 波起源于内核层的双极细胞或 Müller 细胞。另外叠加在 b 波上的一组小波为振荡电位（oscillatory potentials，OPs）。

国际临床视觉电生理协会（International Society for Clinical Electrophysiology of Vision，ISCEV）规定的常规 ERG 检查项目包括暗适应 0.01ERG（视杆细胞反应）、暗适应 3.0ERG（最大混合反应）、振荡电位反应、明适应 3.0ERG（视锥细胞反应）、明适应 3.0 闪烁（30 Hz 闪烁光反应）（图 2-3）。

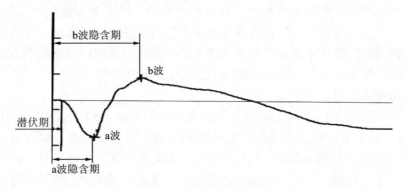

图 2-3　视网膜电图波形

视杆细胞反应反映的主要是视杆细胞功能，故需要在暗适应以后进行，其 b 波较大，峰时在 80~90 ms 出现，振幅在 200~250 μV，并且主要是通过观察 b 波形态、峰时和振幅是否异常来作为诊断的客观依据。最大混合反应反映的是视杆细胞和视锥细胞综合的功能，a 波峰时在 20~30 ms，振幅在 300~350 μV，b 波峰时在 40~50 ms，振幅约在 600 μV，以观察 a 波和 b 波的峰时、潜伏期作为评价光感受器细胞功能的指标。OPs 由一系列低频、快节律的小波组成，其中第 2、第 3 个波即 OS_2、OS_3 较为稳定，反映了无长突细胞的功能。视锥细胞反应反映的主要为视锥细胞的功能，a 波峰时约 20 ms，振幅约 70 μV，b 波峰时约 70 ms，振幅约 300 μV。30 Hz 闪烁光反应反映的是外周视锥细胞功能，由一系列的正弦波组成，其中正波 P_1 的振幅是主要的观察指标，一般在 170 μV。

F-ERG 采用积分球式刺激器刺激，记录电极使用角膜接触镜电极，参考电极固定在同侧眼眶缘颞侧皮肤上，接地电极放在前额正中或耳垂上。检查前需要用散瞳剂充分散大瞳孔，然后暗适应至少 20 min，电极的安放需要在红光下进行。在完成视杆细胞反应、最大混合反应和振荡电位记录后再明适应 10 min，之后记录视锥细胞反应和 30 Hz 闪烁光反应。

ERG 的测量包括振幅和峰时：a 波振幅是从基线测到 a 波的波谷，b 波振幅是从 a 波的波谷测到 b 波的波峰，a 波和 b 波的峰时值是从闪光刺激开始到波谷或波峰出现的时间。OPs 除了各小波的振幅和峰时外，可以计算能稳定引出的各小波的振幅之和作为总振幅，各相邻小波波峰的峰间隔以及引出波的总时程作为 OPs 的评价指标。一般认为，ERG 的潜伏期延迟 30% 和/或振幅下降 25% 以上，具有临床意义，提示视网膜功能受到一定损害。

总而言之，ERG 反映的主要是视网膜的功能，从结构上包括了内、外层视网膜，从功能上又涵盖了明视和暗视功能。故对于视网膜的损伤，如视网膜出血、视网膜脱离、黄斑裂孔、视网膜缺血，甚至脉络膜损伤等而言，ERG 检查可以较好地反映视网膜的功能损害情况。

4. 视觉诱发电位检测技术

视觉诱发电位（visual evoked potential，VEP）是视网膜受闪光或图形刺激后，在枕叶视皮质产生的电活动。完整的过程包括视网膜接收到光或图像刺激后，在视细胞内引起光化学和光电反应，产生电位改变，形成神经冲动，传递至双极细胞、神经节细胞，经视路传送并终止于视皮质，该过程通过电生理学的方法记录了下来。从视网膜到视皮质任何部位的神经纤维病变都可产生异常的 VEP，这是对视路的客观检测方法。由于视皮质外侧纤维主要来自黄斑，因此 VEP 也是判断黄斑功能的一种有效方法，即可以有效地反应中心视力情况。

VEP 按照刺激方式的不同，可以分为闪光 VEP（flash VEP，F-VEP）和图像 VEP（pattern VEP，P-VEP）两大类。两种不同刺激模式的 VEP 在诊断方面各有特点，其中 P-VEP 主要反映黄斑的形觉功能，对视力≥0.1 者能提供有效的视信息；F-VEP 主要反映的是视路的光觉功能，能提供视路的传导信息。故而在实践中，两种刺激模式存在不同的应用场景，可相互补充。

F-VEP 是由一系列的闪光信号刺激视网膜，通过置于枕区头皮的表面电极记录到的神经生物电位变化。F-VEP 波形包括 5~7 个正相波与负相波，个体差异较大，潜伏期和波幅都不够稳定（图 2-4）。在鉴定实践中，F-VEP 检查多用于：① 对 P-VEP 检查不能合作的被鉴定人，如婴幼儿等；② 被鉴定人主诉或鉴定人怀疑其视力减退至光感或无光感时，用来判断有无光感；③ P-VEP 不能引出有效波形。

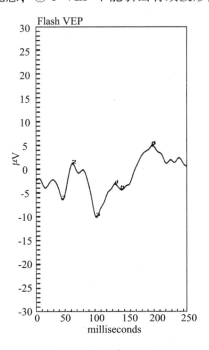

图 2-4　闪光 VEP

实施F-VEP检查时，作用电极置于枕骨粗隆上方2 cm处，参考电极置于额部正中，接地电极置于耳垂。安置电极前需要清除皮肤油脂。另外，需要注意的是进行F-VEP检查不需要矫正视力。F-VEP的测量包括P_1波的潜伏期和振幅，其中从刺激开始到引出P_1反应波峰的时间间隔即为P_1波潜伏期，而N_1波谷到P_1波峰的电位差即为P_1波的振幅。

VEP是确诊视神经损伤的有效方法，P_1波潜伏期延长和/或振幅下降，提示视路传导异常。一般，P_1潜伏期延长达30%以上，提示视神经传导功能障碍；振幅显著下降达50%以上，提示神经轴索数量减少；若波形呈熄灭型改变，则提示神经传导中断。由于F-VEP存在较大的个体差异，检测时需要自身双眼对照评价。

目前在临床及法医学鉴定实践中应用最为广泛的是图像翻转视觉诱发电位（pattern reversal visual evoked potential，PR-VEP），其是通过图像的翻转来刺激视网膜的，目前最常用的刺激图形是黑白棋盘格，通过电极来记录视中枢的生物电活动。P-VEP反映的主要是后极部及视路的功能。其波形主要由N_{75}、P_{100}和N_{135}的三相波组成，其中N_{75}起源于Brodmman 17区，N_{135}起源于Brodmman 18区，P_{100}以后的成分起源于Brodmman 17区的第五层以上及Brodmman 18、19区（图2-5）。在临床上，P-VEP主要被应用于：① 判断视神经和视路疾病，常表现为P_{100}潜伏期延长、振幅下降；② 继发于脱髓鞘疾患的视神经炎，P_{100}振幅多为正常，而潜伏期延长；③ 鉴别伪盲，主观视力下降而VEP正常；④ 检测弱视治疗效果；⑤ 判断婴儿和无语言能力儿童的视力；⑥ 预测屈光介质混浊患者术后视功能等。由于枕叶皮质对线条鲜明的轮廓刺激及轮廓的变化极其敏感，故而P-VEP的结果较F-VEP而言更为稳定和可靠；但对于视力低于0.1者，P-VEP往往不能引出有效波形，使得其在推断重度以上视力损害方面存在一定的局限。

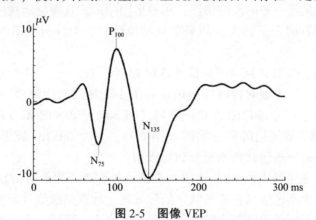

图2-5　图像VEP

实施P-VEP检查时，其电极安置方法与部位同F-VEP相似，不同之处在于进行P-VEP检查需要矫正双眼的屈光状态，并且检测全程需要保持注意力集中及良好的固视。

P_{100}的潜伏期和振幅是临床及司法鉴定最为关注的指标。从刺激开始到P_{100}波峰的时间即为P_{100}的潜伏期，正常情况下P_{100}的潜伏期在100 ms左右，P_{100}的振幅即为峰谷电位高度。

Wanger 就正常 P-VEP 检查判断视功能提出三条标准：① 两眼 VEP 振幅之差小于 30%；② 同时刺激双眼引出的 VEP 振幅比刺激单眼增高 25% 以上；③ 两眼潜伏期之差小于 5 ms。

目前在鉴定实践中，对于异常 P-VEP 的判断标准，我们常采用以下原则：① 均须采用双眼对照比较进行判定，仅在无法进行双眼对照的情况下参考正常参考值；② P_{100} 的振幅较健眼下降 30% 以上和/或潜伏期延迟 10% 以上认定为轻度异常；③ P_{100} 的振幅较健眼下降 50% 以上和/或潜伏期延迟 30% 以上认定为显著异常。

目前在法医学的鉴定实践中，多年的经验及研究提示 P-VEP 与视力之间存在明显的相关性，可以帮助推断客观视力，有效鉴别伪盲及伪装视力下降，故而目前 P-VEP 已成为法医学客观评定视功能不可或缺的方法之一。

虽然 VEP 已被当作一种客观评定视功能的方法，但在法医学鉴定中还存在以下问题：① VEP 属于皮质电位，精神状态对其结果有一定影响，因此测试过程需要被检者保持清醒、安静的状态；② 要特别注意被检者的注视程度，注视不良可以造成潜伏期延长和振幅下降；③ 个别视野严重损伤的被检者，即使其中心远视力或旁中心视力较好，也可能造成 VEP 的波幅低平，因此分析 VEP 结果时需要注意中心视功能和周边视功能。

5. 多焦视觉电生理技术

多焦视觉电生理技术主要包括多焦视网膜电图（multifocal electroretinagrams，mfERG）和多焦视觉诱发电位（multifocal visual evoked potential，mfVEP）两大类。传统意义上的 ERG 是记录视网膜较大面积上视细胞的总和电反应，反映的也是大面积的视网膜功能信息。1992 年 Sutter 和 Tran 发明了一种 mfERG 系统，可同时刺激视网膜的多个部位，独立采集每一处的反应情况，用地形图的形式直观显示视网膜各个部位的反应情况。mfERG 可同时记录到大量的局部视网膜信息，为分析细微的视网膜异常提供了有效的手段。

mfERG 测试时，一般在视网膜后极可选取 61 个、103 个、241 个或更多六边形，通过多部位的刺激图形，实现对视网膜后极部多个小区域的功能测试。典型的 mfERG 结果包括以下几个部分：① mfERG 波描记阵列（图 2-6）；② mfERG 6 环各环的平均波形（图 2-7）；③ mfERG 波描记阵列三维图（图 2-8）。每个 mfERG 波形包括 N_1、P_1、N_2 等成分，对于波形的分析包括振幅密度和潜伏期。

mfVEP 是从多通道输入的 ERG 衍生而来的一种客观视野检查方法。它可以同时分别刺激视网膜的多个不同区域，通过数字信号处理，计算刺激信号与反应信号之间的相关函数，从而把相对应于视野各小区的电信号提取出来，通过一次短时间的记录得到视野各小区的反应，将视野客观地图形化。目前 mfVEP 刺激范围为 20°～25°，具有随离心度增大的弯梯形刺激模式，刺激野内选取 16 个或 60 个弯梯形。由中心最小的弯梯形向周边逐渐扩大，构成飞镖式的棋盘。每个弯梯形内由黑白棋盘格组成，这类刺激模式符合人眼视野的特点。mfVEP 能发现中央及周边视野的微小异常视野，与 mfERG 联合应用可以更客观地显示视路的病变。但目前由于 mfVEP 技术发展的时间还不长、个体变异较大等，临床上还未广泛应用该技术，使得其在法医学鉴定实践中的应用也受到了限制。

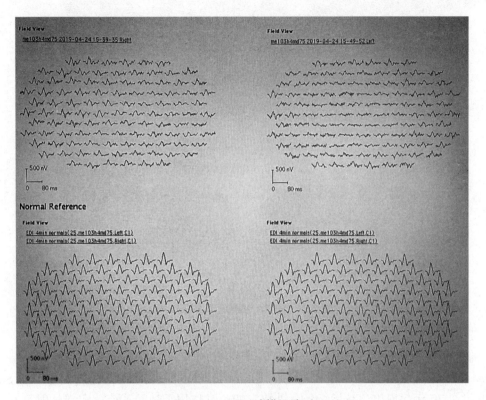

图 2-6　mfERG 波描记阵列

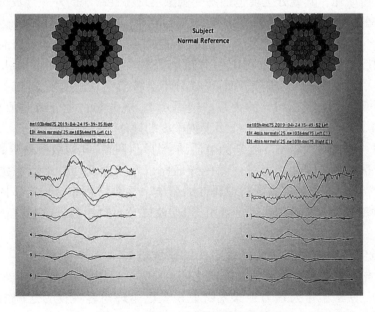

图 2-7　mfERG 6 环各环的平均波形

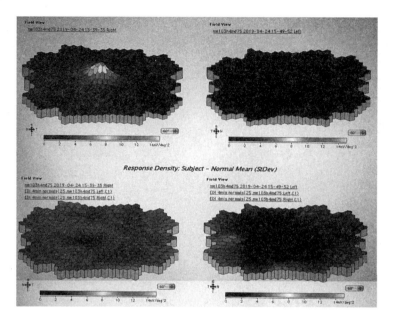

图 2-8　mfERG 波描记阵列三维图

6. 事件相关电位技术

随着脑电技术的发展以及脑神经科学研究的深入，应用事件相关电位（event-related potential，ERP）技术研究视觉信息的脑加工特征取得了一定进展。ERP 由 Sutton 于 20 世纪 70 年代提出，是指给予一种特定的刺激作用于神经系统特定部位时，在脑区所记录到的电位变化，其成分主要包括易受刺激物理特性影响的外源性成分和不受刺激物理特性影响的内源性成分。外源性成分主要包括 P_1、N_1、P_2 等，内源性成分主要包括 N_2、P_3 等。P_3 是在研究 ERP 和认知过程中应用最为广泛的成分。目前对于不同视角、不同视敏度水平的大脑认知 ERP 特征的研究较少。2010 年，Heinrich 等研究发现可视光栅可以引起稳定的 P_3 成分，而 P_3 成分不会被模糊光栅诱发，同时 P_3 成分振幅与不可视和可视光栅分别有和无的关系。这提示 P_3 成分与视觉分辨阈值具有相关性，故而 ERP 可作为一种电生理学技术应用于视敏度的评估。

ERP 技术可以反映大脑中、晚期的电活动，即可评价枕叶初级视皮质的功能，也可反映大脑联合区的电位变化，可对视觉传导通路以及大脑认知整体过程进行检测。另外，ERP 的 P_3 成分不受刺激图像物理属性的影响，检测结果相对稳定。同时，在进行 ERP 检测时要求被检者按键，通过是否引出 P_3 波以及对行为数据进行分析还可以判断其配合程度。

二、视觉电生理技术在法医学鉴定中的研究进展

随着视觉电生理作为客观视觉功能评估的主要方法运用于临床眼科及法医学鉴定实践以来，广大的法医鉴定人致力于深入研究视觉电生理与客观视力之间的关系。鉴于 P-VEP 的相对稳定性和可以反映整个视路的特点，对 P-VEP 与主观视力之间关系的研究最为广泛。

夏文涛等[1]研究发现大多数能够引出 P-VEP 波形的受检眼的远视力均大于或等于

0.1，即能够诱发出完整 P-VEP 波形的受检眼的视力水平应该在 0.1 以上，所有 P-VEP 未引出波形而 F-VEP 可引出波形的受检眼，其视力水平大多在 0.1 以下。所有 P-VEP 与 F-VEP 均未引出波形的受检眼，其视力水平大多在弱光感以下。F-VEP 主要用于判断是否有光感，而不能用于具体的视力测定。P-VEP 测定视力的基本原理是根据不同空间频率的 P-VEP 反应波形，测定可以记录出 P-VEP 反应的最高空间频率对应的视角，并换算成视力。P-VEP 测定视力有两种方法，一种是直接测量法，另一种是外推计算法。直接测量法测定视力是由低到高记录多个空间频率的 P-VEP 反应，直到记录不到 P-VEP 反应为止，此时能观察到明显 P-VEP 中最小图形所对应的视角即为测定的视力。外推计算法测定视力是根据不同空间频率下的 P-VEP 反应，建立 P-VEP 振幅空间频率曲线及回归方程，进而推算视力，空间频率视力可以通过扫描 VEP（sweep VEP）实现稳定且有效评估。虽然 P-VEP 结果的可信度受诸多因素影响，尤其是被检者的注视程度，但目前其相对仍是一种较为客观的好的选择。

徐娅等[2]发现，15′空间频率的振幅和视力有显著相关性，据此评估客观视力对于伪盲鉴别是非常有意义的。梁光宇等研究发现，在较高的空间频率，一眼视力下降甚至可以导致双眼 P-VEP 的潜伏期延长和振幅降低。檀思蕾等[3]研究发现，单眼视力下降可引起双眼视力一定程度的下降，依据这个发现，单眼的视力下降可与双眼 P-VEP 振幅之间存在较好的相关性。

VEP 反映的是从视网膜视神经至枕区初级视皮质的电位活动，是大脑对视觉刺激的早期反应，并不完全适用于脑损伤后视觉功能异常者。陈溪萍等[4]通过对 ERP 分析评估视力的应用价值，研究发现阈上视敏度水平一致刺激的 P_1 振幅明显高于阈值、阈下视敏度水平，提示 P_1 成分可能反映了大脑对于早期视觉信息摄入量的觉察。通过对 340~500 ms 潜伏期内不同视敏度水平 ERP 成分的统计分析，发现阈上和阈值视敏度水平的一致刺激与冲突刺激的 ERP 成分差异有统计学意义，阈下视敏度水平的一致刺激与冲突刺激的 ERP 成分差异无统计学意义。在阈上和阈值视敏度水平的 ERP 波形中出现 P_{300} 成分，是由于被检者能够在主动情况下辨认出这两种视敏度大小的视标朝向，并且能够提取朝向信息进行存储记忆。相反，由于大脑无法看清视标朝向，阈下视敏度水平无法引出 P_{300} 成分。

司法鉴定科学研究院近年来在原有 P-VEP 技术的基础上研发了以虚拟现实图像作为刺激源的虚拟现实技术图像视觉诱发电位仪，开发了双眼同时不同步刺激模式和单眼分别刺激模式。采用虚拟现实（VR）眼镜作为刺激野，可对双眼独立地输出黑白棋盘格刺激图像。佩戴 VR 眼镜后，可避免受检眼受周围景象的干扰。法医学鉴定实践中，仍以单眼损伤多见，往往需要通过对伤眼和健眼 P-VEP 的比较来判断视功能障碍程度；但由于受注视或固定等因素影响，被检者往往在检查健眼时会高度注意并保持良好的固视，从而可获得理想的波形，而在检查伤眼时会发生故意增加眼动、故意分散注意力或注视不良等情况，这使得 VEP 的结果不甚理想。但人眼具有协同作用，在双眼同时注视的前提下，当一眼高度注意或注视时，另一眼也必然会注视良好。正是基于这一原理，研究者在同一次检查中分别给予单眼不同步的图形刺激，使得枕叶中枢能交替接受分别来自左、右眼的视觉信号，并分别记录电生理波形。从理论上讲，为了使伤眼呈现较好的波形，必然需要健眼的高度配合，而在双眼模式下，由于被检者无法获悉刺激的眼别，双眼的协同作用使所谓存在视力损害的被检眼也不得不高度注视，从而可以获得更加接近真实情况的伤眼 P-VEP 波形。通过研究最终也证实，VR-VEP 确实有助于克服被检者注视不良的干扰，增加 P-VEP 评估结果的可信度，并有效缩短 P-VEP 的检查时间，提高检查效率。

三、视觉功能评定结果的分析

在法医学鉴定实践中，有时需要综合应用多种电生理技术以取长补短。眼电生理检查操作在实验室之间尚无完全统一的标准和规范，正常值范围在实验室之间也存在一定差异。刺激设施和电极安放的细微差异对检查结果都有一定影响，对于结果的解释及不同实验室检查结果的比对要谨慎。对于电生理结果的解读需要具备一定的临床经验和电生理检查知识，并且应尽量了解检查操作中的详细环节，结合临床病史、眼科检查及电生理检查结果综合做出判断，单纯依靠检测到的电位曲线进行视觉功能判断是存在一定风险的。另外，应用电生理评估视觉功能时，也并不是总能客观地反映视功能。ERG 可以反映视网膜的功能，但视网膜功能与视力并不是完全一致的。VEP 也只是在一定条件下才能反映视力障碍的程度。视路损害时，ERG 正常但 VEP 可能发现异常。

另外，眼外伤后早期进行电生理检查对于后期功能评价的意义并不大。VEP 检查需要考虑屈光不正、屈光介质混浊及固视不良等因素的影响。在应用电生理检查小儿时，需要注意 VEP 波幅在 2 岁以后才形成。眼电生理检查仅可反映视觉信号形成功能的状况，不能反映确切的病因，需要结合其他相关检查。不同的电生理技术有各自的适用范围和局限性，对病因学诊断方面帮助不大。对电生理结果的解读也需要慎重，检查结果正常有可能是所选的检查项目不够灵敏，检查结果异常也需要排除检查中的误差及人为因素。

法医学司法鉴定遵循适当的技术规范与标准，应用相应合理的科学技术和方法，可得出视觉功能评定结果。一般视觉功能评定过程可以粗略地分为主观视功能检验、眼球结构检查和客观视功能检验，即视觉电生理三个阶段。理论上来说，三个步骤的检验结果应当达到高度一致甚至吻合。然而，实际鉴定中，由于鉴定时机、夸大或伪装等，主客观检验经常存在一定的矛盾。

对于主观视功能与其他检查结果不相符合的情形，如在鉴定中发现，被鉴定人伤眼主观视力欠佳，但眼球结构检查未发现足以导致该主观视力的损伤基础，并且视觉电生理检验也提示存在较好的视力。此时鉴定人应摒弃主观视力，通过分析判断合理地采用客观视力检验结果，或者放弃以主观视力鉴定损伤程度和评定伤残等级。当然，在目前的研究下，视觉电生理检验结果并不能非常准确地反映被鉴定人实际视力水平，仅是一种粗略的视力范围的估计，故直接以客观视力检验结果作为鉴定依据尚需谨慎。

对于主、客观视功能检验结果相符而与眼球检查结果不相符的情形，如在鉴定过程中，被鉴定人伤眼主观视力差，视觉电生理检验结果也提示视力不佳，但眼球结构却未发现明显的足以导致该视力损害的损伤基础。此时，鉴定人应注意复查主、客观视力，并注意观察结果的可重复性，避免人为误差或检查合作性的问题。另外，需要关注损伤后临床诊疗期间的视力检验情况，若复查结果重复性良好且与临床诊疗情况一致，在民事赔偿案件中，可在一定条件下酌情使用视力检验结果作为评定依据，但在刑事案件中，应注意高估损伤程度的情况出现。

第四节 眼外伤鉴定典型案例分析

眼外伤是交通事故、工伤、打架斗殴和故意伤害等民事和刑事纠纷中最常见的损伤之一，为了合理公正地量刑和确定赔偿，必须对伤眼进行损伤程度及伤残等级的鉴定。在鉴定中，了解案情、熟悉病史和全面的眼科检查必不可少。电生理作为客观的视功能检查方法，是眼外伤鉴定案件中最重要的检查方法之一。现举例说明其在典型案例中的应用。

案例一

1. 案情摘要

被鉴定人张某，男，34岁。2017年1月25日，张某被他人打伤。案件发生后，办案单位曾委托相关机构对其进行过三次鉴定。2017年2月20日，某市公安局刑事技术支队鉴定书鉴定意见为：右眼损伤目前属轻微伤，择期复查评定最终损伤程度。2017年7月26日，某市公安局刑事技术支队鉴定书鉴定意见为：右眼损伤不宜评定损伤程度。2017年8月15日，某省公安厅刑事技术总队鉴定书鉴定意见为：右眼损伤程度属重伤二级；建议办案单位进一步调查既往右眼健康状况。为正确评定其眼部伤情，办案单位再次委托本鉴定机构对张某的损伤程度进行法医学鉴定。

2. 病历摘要

某医科大学附属第一医院门急诊病历：

2017年1月25日，主诉：头、颜面部外伤2小时伴头痛、恶心。2小时前被人打伤，伤及头及颜面部，右侧眼睑、鼻腔出血。查体：意识清，言语尚流利，右侧上眼睑靠近眉弓处皮肤裂伤深1 cm，伴肿胀，颜面部血迹，肢体活动可。头颅CT：顶部头皮软组织肿胀。眼CT：右眼球周围多发条索影，右眼视神经密度略低伴毛糙，右眼周软组织肿胀。诊断：多发伤，头部外伤，颌面外伤等。处置：眼科会诊，清创缝合。

2017年1月26日，自述右眼无光感。查体：右眼皮肤下淤血，KP（+），虹膜纹理欠佳，瞳孔4 mm×4 mm，尚圆，网膜反光弱。诊断：右眼钝挫伤，右眼葡萄膜炎。

2017年1月26日，B超：右眼球后壁增厚，右眼球后壁与球后脂肪间见无回声暗区。

2017年2月4日至2月10日某医科大学附属第一医院住院病历：

主诉：右眼拳击伤10天。查体：右眼无光感，左眼0.8，右眼睑肿胀淤血减轻，右眼结膜充血淤血，角膜透明，前房常深，瞳孔大，直径5 mm，对光反射（-），虹膜纹理清，晶状体透明，眼底视神经略淡。左眼结膜无充血，角膜透明，前房常深，瞳孔圆，直径3 mm，对光反射（+），虹膜纹理清，晶状体透明，眼底网膜色正，黄斑中心凹反光（+）。诊疗经过：营养神经，改善循环，营养网膜，激素治疗。诊断：右眼视神经挫伤，右眼钝挫伤。2017年2月6日OCT报告：网膜平伏，部分前膜。

2017年7月20日某医科大学第二医院门诊病历：

查体：右眼外斜，右眼瞳孔直径5 mm，右眼底视乳头淡白。诊断：右眼外伤，视神经萎缩。

3. 法医学眼科检查

右眉内隐约可见线状皮肤瘢痕。右眼第一眼位略外斜，双眼球各方向运动无受限。

非接触眼压计测量双眼压：右21.2 mmHg；左21.5 mmHg。

视力表投影仪检查主观远视力：右无光感，−0.50 DS−0.75 DC×84°→无提高；左1.2。

裂隙灯检查：右眼角膜明，前房中深，虹膜纹理清，瞳孔圆，直径4 mm，瞳孔缘尚完整，9点处略见一小切迹，直接对光反射消失，间接对光反射存在，晶状体明；左眼角膜明，前房中深，虹膜纹理清，瞳孔圆，直径2 mm，瞳孔缘完整，直接对光反射灵敏，间接对光反射消失，晶状体明。

直接眼底镜检查（包括眼底照相）：右眼底视盘边界清，色苍白，黄斑区中心凹对光反射消失；左眼底视盘边界清，色可，黄斑区中心凹对光反射可见。

光学相干断层扫描（OCT）：右眼网膜萎缩，黄斑中心凹浅，正常形态、结构消失；左眼黄斑形态、结构正常。右眼视盘周围RNFL层厚度降低，左眼视盘周围RNFL层厚度在正常范围内（图2-9）。

图像视觉诱发电位（P-VEP）：右眼P_{100}波呈熄灭型，左眼P_{100}波分化良好，振幅、潜伏期均在正常范围（图2-10）。

闪光视觉诱发电位（F-VEP）：右眼未引出明确波形（图2-11）。

4. 阅片所见

2017年1月25日、2017年1月26日眼部CT示：右眼睑高度肿胀伴眼球突出，球壁增厚，球后结构紊乱，可见条索、斑片状高密度影，视神经迂曲、密度不均，提示球壁、球后血肿伴视神经挫伤。

2017年2月6日、2月7日眼部CT示：右眼睑肿胀吸收，右眼球后血肿吸收，右视神经毛糙。

2019年10月23日眼部CT示：右眼球后血肿吸收。

5. 分析与结论

被鉴定人张某被他人打伤，其右眼部外伤史明确。审阅送鉴的张某伤后系列影像学资料见其右眼睑高度肿胀伴眼球突出，球壁增厚，球后结构紊乱，可见条索、斑片状高密度影，视神经迂曲、密度不均，提示球壁损伤、球后血肿伴视神经挫伤等，且存在球后血肿吸收的动态变化。上述影像学征象提示张某右眼视神经损伤等新鲜损伤成立，且具有致严重视力障碍的损伤基础。目前检见张某右眼外斜，右眼瞳孔直接对光反射迟钝，眼底视盘色苍白，右眼网膜萎缩，黄斑中心凹浅，黄斑正常形态、结构消失，视盘周围RNFL层厚度降低等，上述眼球结构异常符合其视神经损伤等的临床转归。目前张某右眼视力无光感，已属于盲目5级范围，客观电生理检查提示其右眼未引出明确波形，其视力障碍与眼球外伤性结构异常、客观电生理检查之间可以相互印证。就现有材料，本次外伤是其目前右眼视力障碍的主要因素。依照《人体损伤程度鉴定标准》第5.4.2a 条之规定，其右眼外伤后遗盲目已构成重伤二级。

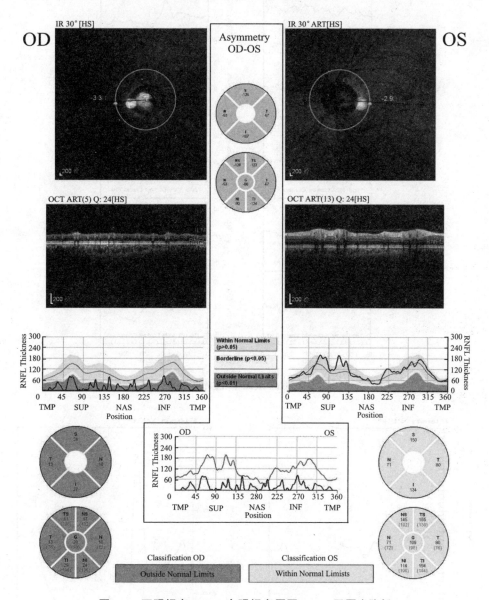

图 2-9　双眼视盘 OCT：右眼视盘周围 RNFL 层厚度降低

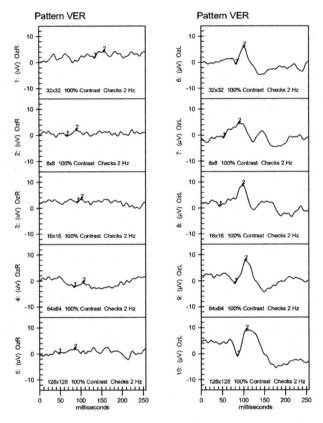

图 2-10 双眼 P-VEP 波形

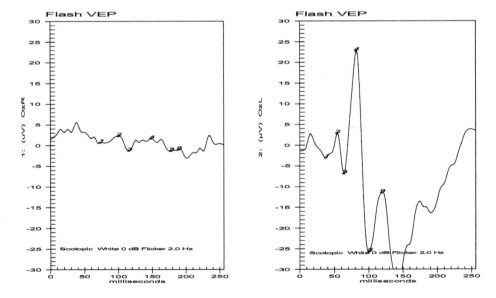

图 2-11 双眼 F-VEP 波形

案例二

1. 案情摘要

被鉴定人秦某，男，45岁。2019年1月25日，秦某被他人打伤。办案单位委托相关机构对秦某的损伤程度进行法医学鉴定。

2. 病例摘要

2019年1月25日至1月30日住院病历：

主诉：左眼外伤后肿胀，疼痛伴视物不清3小时。查体：查视力（配合欠佳），右眼0.6，左眼0.06，均矫正不应，左眼睑轻度肿胀，结膜不充血，角膜透明光滑，房水清，前房深度正常，瞳孔圆，直径约2.5 mm，对光反射尚可。眼底：双眼视盘界清不充血，黄斑中心凹反光不清，左眼视盘鼻上方可见一约1/2 PD大小的羽毛状黄白色改变，周边部视网膜未见异常。眼压：右眼20.6 mmHg，左眼21.4 mmHg。眼球各方向运动尚可，复视检查阴性。左侧顶部可触及软组织肿胀，局部触痛。诊疗经过：给予改善微循环、减轻肿胀及营养神经细胞代谢等对症治疗。出院情况：右眼0.6，左眼0.2。诊断：左眼睑、眼球钝挫伤，左眼见有髓神经纤维，外伤后头痛，头皮血肿。

2019年1月28日视觉电生理测试报告单：

右眼P_{100}振幅低，潜伏期正常。左眼P_{100}振幅低，潜伏期延长。

2019年5月7日门诊病历：

主诉：双眼视力下降3月余（外伤后）。查体：右眼视力0.4，左眼视力0.3。双眼结膜无明显充血，角膜透明，前房深可，闪辉（-），KP（-），晶状体透明。双眼眼底：后极部网膜平伏，视盘红、界清，左眼鼻上方可见有髓神经纤维。诊断：双眼视力差待查。

3. 法医学眼科检查

双眼第一眼位正，眼球各方向运动可。

非接触眼压计测量双眼压：右13.8 mmHg；左15.2 mmHg。

视力表投影仪检查主观远视力：右0.5，+0.75 DS-0.50 DC×98°→矫正不提高；左0.4-2，+0.50 DS-0.25 DC×95°→矫正不提高。

裂隙灯检查：右眼角膜明，前房中深，虹膜纹理清，瞳孔圆，瞳孔直径2.5 mm，瞳孔缘完整，直接、间接对光反射存在，晶状体轻度混浊；左眼角膜明，前房中深，虹膜纹理清，瞳孔圆，瞳孔直径2.5 mm，瞳孔缘完整，直接、间接对光反射存在，晶状体轻度混浊。

直接眼底镜检查（包括眼底照相）：右眼底视盘边界清，色形正常，黄斑区中心凹对光反射可见；左眼底视盘边界清，色形正常，黄斑区中心凹对光反射可见，鼻上方可见有髓视神经纤维。

光学相干断层扫描（OCT）：双眼黄斑区形态结构正常。双眼视盘周围RNFL层厚度在正常范围（图2-12、图2-13）。

图像视觉诱发电位（P-VEP）：双眼P_{100}波分化良好，波形基本对称（图2-14）。

4. 分析与结论

被鉴定人秦某被他人打伤,根据病史,其左眼部挫伤、头皮挫伤明确。目前本院检见秦某左眼视力0.4-,右眼视力0.5。根据现有送鉴病历材料及本院查体结果,未见其左眼球存在可明显影响视力的外伤性结构改变,加之客观电生理检查提示其双眼P_{100}波分化良好,波形基本对称。据此,不宜依据其目前左眼视力评定损伤程度。另外,秦某左眼底鼻上方有髓鞘视神经纤维与自身发育有关,与本次外伤之间存在因果关系的依据不足。综上,依照《人体损伤程度鉴定标准》第5.1.5b条、第5.2.5e条之规定,秦某头皮挫伤、左眼部挫伤已构成轻微伤。

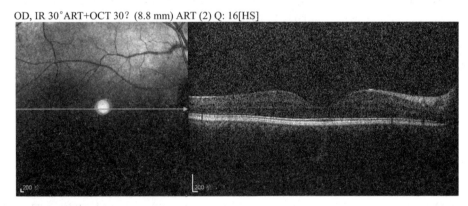

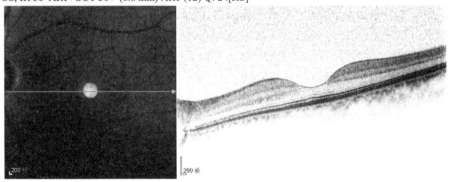

图2-12 双眼视盘OCT检查图像

第二章 电生理在视觉功能鉴定中的运用

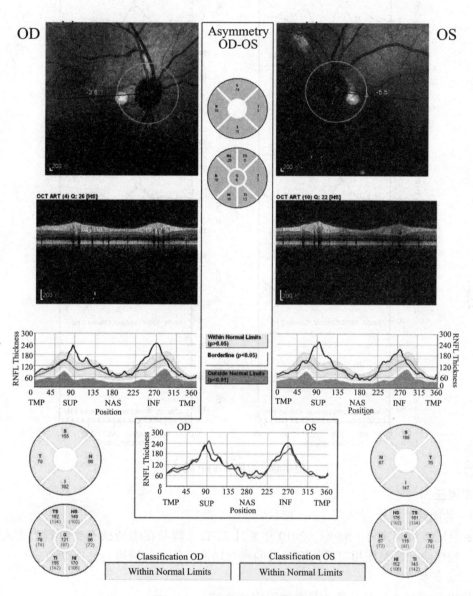

图 2-13 双眼黄斑 OCT 检查图像

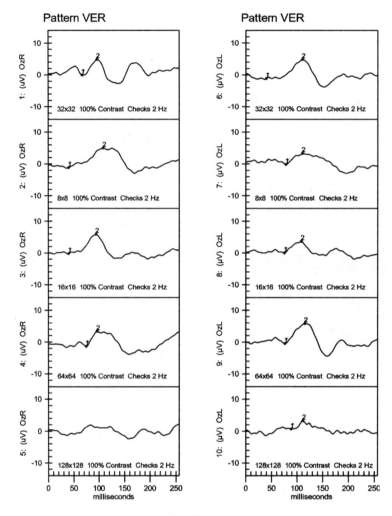

图 2-14 双眼 P-VEP 图像

案例三

1. 案情摘要

被鉴定人鲜某，男，58 岁。2019 年 8 月 31 日，鲜某在工地破石头时石头飞入眼睛致伤。现保险公司委托相关机构对鲜某的视觉功能及伤残等级进行法医学鉴定。

2. 病历摘要

2019 年 9 月 2 日至 9 月 4 日某医院出院小结：

主诉：石头弹伤左眼 2 天。查体：右眼视力 1.2，左眼视力手动/眼前，左眼结膜混合充血，角膜混浊水肿，前房深度可，房水清，Tyn（+），瞳孔直径约 3.5 mm，对光反射存在，晶状体稍混浊，玻璃体见大量血性混浊，眼底窥不清，右眼未见明显异常。诊疗经过：治疗上予止血、抗感染、抗炎消肿等对症支持治疗。出院情况：左眼结膜混合充血，角膜混浊水肿，隐见 9 点钟方向虹膜裂口，前房深度可，可见积脓，液平 5 至 7 点钟方向，Tyndall（+++），瞳孔直径约 3.5 mm，对光反射存在，晶状体稍混浊，玻璃体见大量血性混浊，眼底窥不清，右眼未见明显异常。患者左眼球内异物，转上级医院手术治疗。诊断：左眼球内异物，左眼眼内炎，左眼角膜裂伤，左眼虹膜裂伤，左眼玻璃体积血。

2019年9月4日至9月16日某市人民医院出院小结：

查体：左眼眼睑痉挛（+），结膜混合充血（++），角膜9点位角巩膜缘可见一全层穿通伤道，总长约3 mm，伤道已自闭，余角膜混浊水肿（+），前房深度可，Tyn（+++），cell（+++），下方可见积脓液平约3 mm，9点位虹膜周边部可见裂伤，瞳孔圆，直径约4 mm，对光反射消失，晶状体不规则、混浊，隐见玻璃体血性混浊，余眼内结构窥视不清。眼眶CT：左侧眼球异物，左眼环挫伤可疑。诊疗经过：2019年9月4日行显微镜下左眼前房穿刺冲洗+晶状体切除+玻璃体切除+球内异物取出+硅油填充+眼内探查术，术中全周视网膜可见散在出血灶，视网膜血管呈白线样改变，6点位视网膜平坦部可见一铁屑样异物附着等。术后予全身、局部抗感染治疗。诊断：左眼球穿通伤，左眼角膜穿通伤，左眼球内异物，左眼眼内炎，左眼外伤性白内障，左眼虹膜裂伤，左眼玻璃体积血，左眼视网膜裂伤，右眼白内障。

2019年12月16日至12月24日某市第一人民医院出院小结：

诊疗经过：2019年12月18日行显微镜下左眼硅油取出+二期人工晶体植入+前房穿刺+前房成形术。出院情况：左眼视力0.02。

2019年12月26日复诊病历：

左眼二期IOL植入+硅油取油术后复查。诊断：人工晶体眼。右眼1.0，左眼0.02。

2020年5月18日某眼视光眼科医院门诊病历：

查体：右眼1.0，左眼指数/10 cm（试片无助），左眼结膜不充血，9至10点位角膜缘有一横形穿通疤痕，仍可见金属样可疑反光，余上方及鼻上方手术尚可、闭合佳，KP（+++），Tyn（-），瞳孔近圆，直径3 mm，对光反射好，10点位虹膜可见一裂形穿孔，局部基本愈合，晶体前后表面可见色素颗粒及小团状纤维膜，人工晶体在位，玻璃体可见絮状混浊。OCT：左眼黄斑内表面光滑，中心凹处可见无反射暗腔，椭圆体带中心凹处不连续。左眼周边视网膜可见散在出血灶。诊断：左眼玻切联合白内障术后（人工晶体状态），左眼黄斑水肿，左眼底周边视网膜出血，左眼黄斑前膜，双眼底动脉硬化。

3. 法医学眼科检查

随机视力表投影仪检查双眼远视力：右1.0；左0.02，-1.50 DS-0.50 DC×52°→0.03。

非接触眼压计测量双眼眼压：右13.1 mmHg，左眼16.2 mmHg。

裂隙灯检查：右眼角膜明，前房中深，虹膜纹理清，瞳孔圆，直径3 mm，直接、间接对光反射存在，晶状体轻混。左眼角膜鼻上方可见线条状瘢痕，瘢痕未累及瞳孔区，KP（+），前房中深，虹膜9点位可见条形瘢痕，瞳孔圆，直径3 mm，瞳孔缘完整，直接、间接对光反射存在，人工晶体在位，前表面可见色素沉着及小团块状纤维。

眼底照相及眼底镜检查：右眼底视盘界清，色可，黄斑区中心凹对光反射存在；左眼底视盘界清，色可，黄斑区中心凹对光反射消失，视网膜后极部可见大片前膜牵拉样改变。

光学相干断层扫描（OCT）：右眼黄斑区形态、结构正常；左眼后极部网膜局部不连续，凹凸不平，黄斑前膜形成，中心凹牵拉变浅；双眼视盘周围视网膜神经纤维层厚度基本对称，在正常范围（图2-15）。

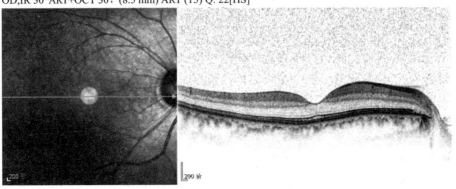

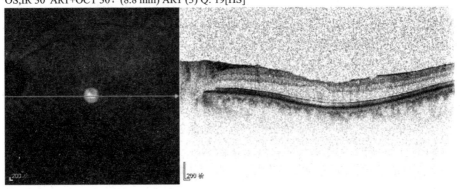

图2-15 双眼黄斑OCT（OD右眼，OS左眼）

图像视觉诱发电位（P-VEP）：右眼P_{100}波形分化良好，右眼P_{100}波潜伏期及振幅在正常范围；左眼P_{100}波振幅下降（图2-16）。

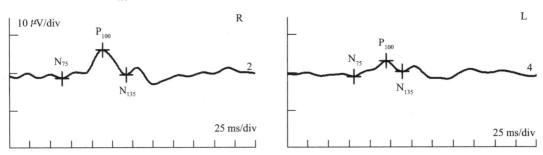

图2-16 双眼15'P-VEP

4. 分析与结论

被鉴定人鲜某在工地破石头时石头飞入眼睛。就鲜某伤后症状、体征，其左眼角膜穿通伤、虹膜裂伤、外伤性白内障、玻璃体出血、视网膜损伤等明确，具有后遗视力障碍的损伤基础。目前本院检见鲜某左眼视力0.03，属盲目3级范围，左眼角膜可见线条状瘢痕，KP（+），虹膜9点位可见条形瘢痕，人工晶体在位，前表面可见色素沉着及小团块状纤维，视网膜后极部可见大片前膜牵拉样改变，黄斑中心凹变浅。依照《人体损伤致残程度分级》第5.9.2.11、5.10.2.14之规定，鲜某损伤后遗左眼盲目3级、外伤性白内障行人工晶体植入术分别评定为人体损伤致九级、十级残疾。

（陈捷敏　张运阁）

参考文献

[1] 夏文涛，董大安，沈彦，等. 视觉诱发电位在客观视力检测中的应用 [J]. 中国司法鉴定，2002（2）：28-33.

[2] 徐娅，李双，周晓芳，等. 图形视觉诱发电位鉴别伪盲的临床应用研究 [J]. 眼科新进展，2016，36（12）：1125-1128.

[3] 檀思蕾，陈捷敏，王萌，等. 单眼视力下降对双眼对比敏感度的影响 [J]. 中华眼视光学与视觉科学杂志，2019，21（7）：527-533.

[4] 孟欢欢，罗斌，特拉提·赛依提，等. 不同注意状态对视敏度ERP检测的影响 [J]. 法医学杂志，2017，33（2）：125-128.

第三章

电生理在听觉功能鉴定中的运用

第一节 听觉系统的解剖与生理

对于听觉系统的解剖及生理机制的了解是正确理解和掌握各种神经电生理测试方法及其在法医学中应用的必要条件，故本节对听觉系统的解剖和生理机制的基本知识做简要介绍，若需详尽了解可参阅其他专著。

整个听觉系统由外耳、中耳、内耳、听神经及听觉中枢组成（图3-1），听觉过程包括机械、电化学、神经冲动、中枢信息加工等环节，以上任何部位损伤均会导致相应环节出现异常，从而引起听觉功能障碍。

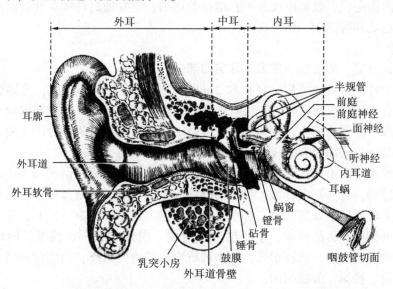

图 3-1 耳的解剖及相互关系图

一、外耳及中耳的解剖与功能

（一）外耳

外耳由耳廓和外耳道组成，主要起集中作用。

耳廓借韧带、肌肉、软骨和皮肤附着于头颅侧面，耳廓分为前面和后面，前面凹凸不平（图3-2），后面较平整且稍隆起（图3-3）。人类耳廓的形状很不规则，但大体上呈浅漏斗状或喇叭状，这使得耳廓能够放大频率在1 500 Hz至7 000 Hz之间的声音，耳廓中对于声音放大的主要结构是耳廓外面的耳甲腔，一般情况下声源在头颅前方与头颅正中矢状面呈45°时，耳廓的集声作用最大。

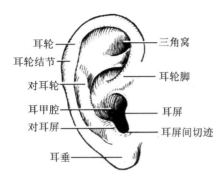

图 3-2 耳廓前面　　　　　图 3-3 耳廓后面

声音经耳廓初步滤波和放大后,进入外耳道。外耳道起于耳甲腔底,向内止于鼓膜,长约 2.5~3.5 cm,由外侧 1/3 的软骨部和内侧 2/3 的骨部组成,外耳道呈"S"形弯曲,外耳道这样一个一端封闭的盲管相当于声学共振器,对于一定波长的声音具有共振作用。

外耳有声源定位、收集声波及声音增益的作用,声音通过耳廓及外耳道后得到放大与增强,增益之和可达 15 dB 左右。

(二) 中耳

中耳包括鼓室、咽鼓管、鼓窦及乳突四部分。

鼓室是中耳最主要的结构,容积约 2 mL,位于鼓膜和内耳之间,是颞骨岩部内的一个不规则含气小腔。鼓室内有 3 块听小骨和 2 块听小骨肌。鼓室上部即位于鼓膜上缘水平以上的部分,较为狭小,称为上鼓室或鼓上隐窝,是容纳听小骨的主要部位。鼓室壁内表面和听小骨表面都有黏膜覆盖。

鼓室有 6 个壁。上壁又称盖壁,即鼓室盖,为一层薄骨板,借此与颅中窝分隔。下壁又称颈静脉壁,为一层薄骨板,与颈内静脉起始部相邻。前壁又称颈动脉壁,与颈动脉管相邻,上部有咽鼓管的开口。后壁又称乳突壁,此壁下部有一突起,称锥隆起,内藏镫骨肌。外侧壁又称鼓膜壁,主要由鼓膜构成。内侧壁又称迷路壁,即内耳的外侧壁。内侧壁的后上方有一卵圆形孔,称为前庭窗,被镫骨封闭;内侧壁的后下方有一圆孔,称为蜗窗,被第二鼓膜封闭。

鼓膜是具有一定弹性和张力的半透明膜性结构,呈椭圆形漏斗状,漏斗的尖端向内(图 3-4)。鼓膜的主要部分富有张力,称为"紧张部",由中间的纤维层和内、外的上皮质构成。鼓膜上部有一小部分区域比较松软,没有纤维层,为"松弛部"。

听小骨包括锤骨、砧骨和镫骨(图 3-4)。三骨依次借关节相连,构成一条听骨链。锤骨居外侧,借锤骨柄附着于鼓膜脐;砧骨居中;镫骨居内侧,镫骨底借韧带连于前庭窗的周边,封闭前庭窗。当声波振动鼓膜时,振动通过听骨链的传导,使镫骨在前庭窗上来回摆动,最后将声波的振动传至内耳。当炎症引起听小骨粘连、韧带硬化等问题时,听骨链的活动受到限制,可使听力减弱。

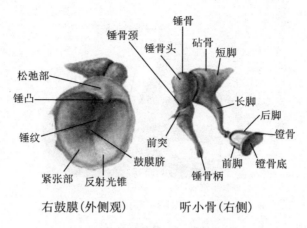

图 3-4 鼓膜和听小骨结构

咽鼓管是鼻咽与鼓室相连通的管道，其内衬以黏膜并与鼻咽及鼓室黏膜相延续。其作用是调节鼓室内的气压，维持鼓膜内外两侧气压的平衡，有利于鼓膜的振动。小儿咽鼓管粗短，接近水平位，故咽部感染易经咽鼓管波及鼓室，引起中耳炎。咽鼓管闭塞将会影响中耳的正常功能。

乳突窦又称鼓窦，是介于鼓室与乳突小房之间的腔隙，向前借鼓窦口开口于鼓室后壁上部，向后、下与乳突小房相连通。乳突小房为颞骨乳突内许多互相连通的含气小腔，腔内衬以黏膜，并与乳突窦及鼓室内的黏膜相延续，故中耳炎可经乳突窦侵犯乳突小房，并发乳突炎。

中耳在听觉中的作用是将外界的声音传递到内耳。鼓膜是一个相当好的声音接收器，外耳道非常微小的声压变化就可引起鼓膜的振动。鼓膜各处的振动形式和幅度并不一致，比较复杂，但起主要作用的是紧张部，紧张部的振动通过锤骨柄带动整个听骨链的振动，最后由镫骨直接推动耳蜗前庭阶的外淋巴液，引起耳蜗内的液波振动。内耳充满淋巴液，当声音从低阻抗的空气传导到高阻抗的液体时，由于阻抗不匹配，大部分声能将在这两种介质的界面上被反射而损失掉。中耳的作用就是对声能的传递起阻抗匹配作用，使声波从空气中传导至内耳淋巴液时的能量损失减少到最低。

二、内耳的解剖与功能

（一）骨迷路

骨迷路由前内向后外沿颞骨岩部的长轴排列，依次分为耳蜗、前庭和骨半规管三部分，它们相互连通（图3-5）。

骨半规管为3个半环形骨性小管，相互垂直。根据它们的位置，分别称为前骨半规管、外骨半规管和后骨半规管。每个骨半规管都有2个骨脚连于前庭，其中都有1个骨脚在接近前庭处膨大，称为骨壶腹。

前庭是骨迷路的中间部分，为一近似椭圆形的腔室，前部较窄通耳蜗；后部较宽，与3个骨半规管相通。

耳蜗位于前庭的内前方，形如蜗牛壳，由蜗轴和环绕其外周的蜗螺旋管构成。耳蜗的顶端称蜗顶，蜗顶到蜗底之间的锥体形骨质为蜗轴，其内有蜗神经和血管穿行。

图 3-5　骨迷路结构

蜗螺旋管是中空的螺旋状骨管，围绕蜗轴旋转两圈半终止于窝顶。自蜗轴向蜗螺旋管内伸出一螺旋状骨板，称为骨螺旋板，其游离缘借蜗管附着于蜗螺旋管的外侧壁。骨螺旋板和蜗管将蜗螺旋管完全分隔成上、下两部分。上部的管腔称为前庭阶；下部的管腔称为鼓阶。前庭阶与鼓阶在蜗顶处借蜗孔相通。

（二）膜迷路

膜迷路套在骨迷路内，借纤维束固定于骨迷路的壁上，由膜半规管、椭圆囊和球囊、蜗管组成，它们之间相互连通。膜半规管位于骨半规管内，椭圆囊和球囊位于前庭内，蜗管位于耳蜗的蜗螺旋管内（图3-6）。

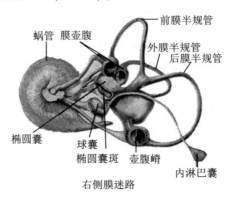

图 3-6　膜迷路结构

膜半规管套于同名骨半规管内，分别称前、后、外膜半规管。各膜半规管也有相应的膨大部分，称为膜壶腹。壶腹壁上有隆起的壶腹嵴，是位觉感受器，能感受头部旋转变速运动的刺激。

椭圆囊和球囊是前庭内两个相互连通的膜性小囊。在椭圆囊和球囊的壁内各有一斑状隆起，分别称椭圆囊斑和球囊斑，是位觉感受器，能感受直线变速运动的刺激。

蜗管位于蜗螺旋管内，介于骨螺旋板和蜗螺旋管外侧壁之间。一端在前庭内借细管与球囊相连；另一端至蜗顶，为盲端。在横断面上，蜗管呈三角形。其上壁为前庭壁，又称前庭膜；外侧壁为蜗螺旋管内表面骨膜的增厚部分，一般认为与内淋巴的产生有关；下壁为螺旋膜，又称基底膜，其上有突向蜗管的隆起，称螺旋器，为听觉感受器，能感受声波的刺激（图3-7）。

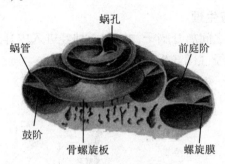

耳蜗（通过蜗轴的剖面）

图3-7 耳蜗结构

（三）耳蜗的听觉功能

耳蜗的听觉过程包括了从机械到神经冲动的环节，是决定听敏度的关键。耳蜗作为听觉系统的外周感受器官，若无法提供精细的频率、强度、相位、时间等信息，中枢对听觉信息的一系列精细处理就无从谈起。

耳蜗具有传音、感音、平衡功能。耳蜗位于前庭的前内方，形似蜗牛壳，为螺旋形骨管，是内耳的一部分，与前庭和半规管组成内耳，又称迷路。耳蜗的蜗管内含淋巴，是耳蜗的传音结构；耳蜗的螺旋器是听觉感受器，内有多种听觉感受细胞，如毛细胞、支柱细胞等；耳蜗的神经有第八脑神经（位听神经）分支蜗神经，为听觉通路的一部分；蜗神经与前庭神经是并行的，耳蜗受损直接影响前庭神经，因此耳蜗除了听觉功能外还有平衡功能。

耳蜗的传音生理机制：声波振动通过镫骨足板传到外淋巴时，迅即传到整个耳蜗系统。镫骨内移时，蜗窗膜外突，导致前庭阶与鼓阶之间产生压力差，随之引起基底膜的振动，振动乃以波的形式沿着基底膜向前传播。声波在基底膜上的传播方式，是按物理学中的行波原理进行的，亦即行波学说（travelling wave theory）。基底膜的最大振幅部位与声波的频率有关，即每一种频率的声波在基底膜上不同位置有一相应的最大振幅部位，高频声波引起的最大振幅部位在蜗底靠近前庭窗处，低频声波的最大振幅部位靠近蜗顶，中频声波则在基底膜的中间部分发生共振。由此可知，高频声波仅引起前庭窗附近基底膜的振动；而低频声波从蜗底传播到蜗顶的过程中，会导致较大部分的基底膜发生位移，但在其共振点部位的振幅最大，亦即底周的基底膜对各种频率的声波均产生波动，而顶周的基底膜只对低频声波产生反应。基底膜的不同部位感受不同的声波频率：蜗底区感受高频声，蜗顶区感受低频声。

耳蜗的感音生理机制：基底膜的内缘附着于骨螺旋板上，而盖膜的内缘则与螺旋板缘连接。因二膜的附着点不在同一轴上，故当行波引起基底膜向上或向下移位时，盖膜与基底膜各沿不同的轴上下移动；因而，盖膜与网状板之间便发生交错的移行运动，即剪切运动（shearing motion），两膜之间产生了剪切力（shearing force）。在剪切力的作用下，毛细胞的纤毛发生弯曲或偏转，引起毛细胞兴奋，并将机械能转变为生物电能，而使附着于毛细胞底部的蜗神经末梢产生神经冲动，经蜗神经及其中枢传导径路上传到听皮质，产生听觉。

三、听神经的解剖与生理

听神经于延髓和脑桥之间离开脑干，协同面神经进入内耳道即分为前、后支，前支为蜗神经，后支为前庭神经（图3-8）。

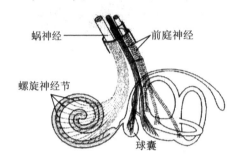

图3-8　听神经在内耳的分布

（一）蜗神经

蜗神经起自内耳螺旋器毛细胞，中枢突进入内听道组成蜗神经，终止于脑桥尾端的蜗神经前后核（Ⅱ级神经元），发出的纤维一部分经斜方体至对侧，一部分在同侧上行，形成外侧丘系，终止于四叠体的下丘（听反射中枢）及内侧膝状体（Ⅲ级神经元），内侧膝状体发出纤维经内囊后肢形成听辐射，终止于颞横回皮质听觉中枢（图3-9）。蜗神经的功能主要是传导听觉。

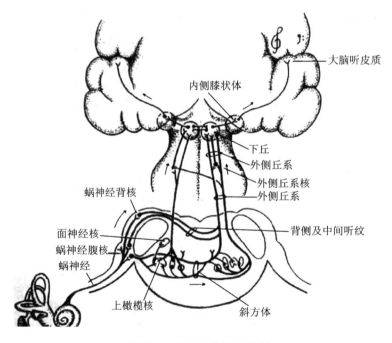

图3-9　蜗神经的传导路径

(二) 前庭神经

前庭神经起自内耳前庭经节的双极细胞（Ⅰ级神经元），其周围突分布于三个半规管的壶腹、椭圆囊和球囊，作用是感受身体和头部的空间移动。中枢突组成前庭神经，和蜗神经一起经内耳孔入颅腔，终止于脑桥和延髓的前庭神经核群——内侧核、外侧核、上核、脊髓核（Ⅱ级神经元）——发出的纤维一小部分经过小脑下脚，止于小脑的绒球及小结；由前庭外侧核发出的纤维构成前庭脊髓束，止于同侧前角细胞，调节躯体平衡；来自其他前庭神经核的纤维加入内侧纵束，参与眼球运动神经核和上部颈肌反射性活动。前庭神经的功能是反射性调节机体的平衡，以及调节机体对各种加速度的反应（图3-10）。

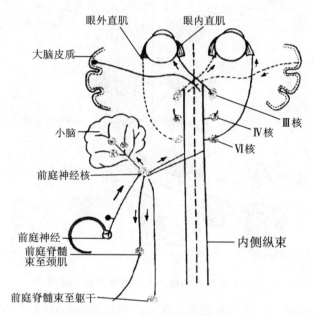

图 3-10 前庭神经的传导路径

(三) 听神经的电生理活动

在安静时听神经有自发的动作电位产生，表现为数秒一次至每秒数次的放电。目前认为听神经自发电活动是内毛细胞随机释放神经递质的结果。听神经自发电活动并不产生听觉，其生理意义可能在于维持神经一定的兴奋性。自发放电率高的纤维其反应阈值高；而且听神经纤维的阈值分布范围很广，这可能是实现强度编码的一种机制。

听神经对声刺激的反应都是兴奋型的，表现为放电率的增高。听神经对声音的反应是以神经冲动的形式实现的，不像耳蜗微音器电位那样模仿刺激声的波形。所有动作电位的波形几乎完全一致，因此波形和波幅不具有信息编码的意义。听神经对声音信息的传递是以单根纤维的放电率随时间的变化，以及一簇神经纤维放电的空间分布的形式来实现的。对单根纤维来说，可观察到频率编码的锁相现象和频率调谐，以及强度变低的放电率增高及饱和。所有听神经纤维的上述编码特性的有序组合与神经纤维放电的时间空间分布相结合，才能完成将声音的频率、强度、时程、相位等信息如实地向听觉中枢传递的任务。由于听神经对声刺激反应的上述特点，在用粗电极记录整根听神经的动作电位时，必须使用时程极短的刺激声，如短声使所有听神经纤维同时放电（同步排放），才能记录到可辨认的动作电位。

四、听觉中枢的解剖与生理

听觉中枢纵跨脑干、中脑、丘脑的大脑皮质，是感觉系统中最长的中枢通路之一。听觉中枢自下向上主要包括：耳蜗核、上橄榄复合体、外侧丘系、下丘、丘脑的内侧膝状体及大脑皮质颞叶的听皮质（图3-11）。

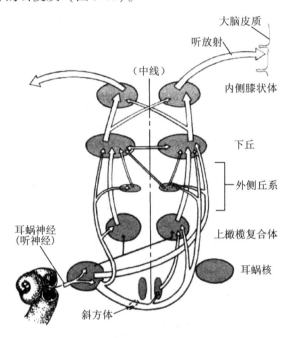

图3-11　听觉中枢的上行通路及有关核团

与听觉中枢相对应，位于中枢以下的听觉传导通路叫周围听觉系统。声音信息自周围听觉系统传导至中枢听觉系统，中枢听觉系统对声音有加工、分析的作用，如感觉声音的音色、音调、音强、判断方位等；还有专门分化的细胞，对声音的开始和结束分别产生反应。传到大脑皮质的听觉信息还与大脑中管理"读""写""说"的语言中枢相联系，有效完成我们经常用到的读书、写字、说话等功能。另外，借助于听觉中枢，机体还能完成各种听觉反射，如镫骨肌反射等，在受高声刺激时此反射可保护内耳免于伤害。

第二节　听觉系统损伤的特点及法医学鉴定

一、外耳损伤

（一）损伤原因及机制

外耳损伤是指各种暴力作用于外耳，导致外耳结构破坏，严重的可导致外耳的缺损，甚至离断。外耳损伤包括耳廓损伤和外耳道损伤。

1. 耳廓损伤

耳廓损伤包括耳廓挫伤和耳廓撕裂伤。耳廓挫伤多由钝性暴力挤压或打击所致，也可见于用力拧外耳，轻则出现皮下淤血、肿胀、瘀斑、触痛等，重则出现皮下及软骨膜下出血，形成血肿，使耳廓肿胀变形，呈紫红色，触痛明显，触之发热。此时，如处理不及时或继发感染可致耳廓缺损变形。耳廓撕裂伤多由锐器切割、强暴力撕拉、口咬等所致，轻则可见一裂口，重则有组织缺损，甚至耳廓撕裂或全部撕脱，有明显出血。伤后可能遗留耳廓的畸形或缺损，而导致容貌毁损。

2. 外耳道损伤

轻度的外耳道损伤多由挖耳或器械操作粗暴所致，严重的外耳道损伤多由锐器、火器、烧伤、化学物质腐蚀等所致，但不太多见。轻度损伤可见外耳道皮肤擦挫伤，局部肿胀及疼痛。严重损伤可见外耳道皮肤裂伤，外耳道出血及积血，如处理不当可继发感染，在愈合期因纤维组织增生，纤维隔形成或外耳骨组织增生，可致外耳道狭窄，影响听力。

（二）法医学鉴定

1. 损伤的认定

损伤的认定一般根据外伤史、伤后表现，并结合法医学检查来进行，不难确认有无外耳损伤。对于耳廓缺损的认定一般理解为永久性缺损，对于再植术后成活的情况则不能按照缺损认定，行人工耳廓的情况仍视为缺损。

2. 损伤及伤残程度

损伤评定中，耳廓缺损用于评价容貌毁损的程度，外耳道损伤根据损伤后狭窄或者闭锁程度确定损伤程度，外耳道狭窄或闭锁引起听力障碍则根据相关检查测试结果判定损伤程度；伤残评定中，须确定耳廓缺损或畸形的面积，外耳道损伤后根据狭窄或闭锁引起听力障碍的程度确定伤残等级。

二、中耳损伤

（一）损伤原因及机制

中耳损伤包括鼓膜、听骨链及乳突部损伤。

鼓膜损伤包括直接损伤和间接损伤。直接损伤如外耳道异物刺或戳伤、摘取异物或挖耳时的创伤、切削金属时的热金属或电焊火花溅入、误滴入腐蚀性药物及颞骨骨折等；间接损伤主要为气压伤，如手掌或木板的拍击伤、爆震伤、跳水时压力冲击等。在法医学鉴定中掴掌伤导致的鼓膜损伤最常见。

听骨链损伤多与严重的外耳道损伤或颞骨骨折同时发生，少数可由爆震伤及掌掴伤所致。听骨链损伤主要为听骨脱位、听骨骨折和听骨链中断，其中最常见的是砧镫关节脱位。此类损伤对耳蜗和前庭的危害较小，但可对中耳的传音结构造成严重的破坏。

乳突部损伤多由棍棒、石块等钝性物体打击或者遭到撞击（如交通事故）所致，有时火器和锐器也可导致乳突部损伤。

(二) 法医学鉴定

1. 损伤的认定

根据外伤史、临床表现，并借助辅助检查，中耳损伤确诊一般不难。外伤性鼓膜穿孔必须与中耳炎导致的鼓膜穿孔相鉴别，前者有明确的外伤史，最常见的损伤原因是掌击伤，穿孔部位多在紧张部，新鲜穿孔可呈不规则裂隙状或锐角状等，鼓膜充血或出血，有时有血痂附着。听骨链及乳突部位的损伤认定，需要有明确的外伤史，必要时行声导抗、颅脑 X 线及 CT 检查，特别是颞骨 CT 检查，对两侧分别行多平面重建（MPR）、最大密度投影（MIP）及容积再现重建（VRT），将多种处理技术有效结合可以提高诊断的准确性。

2. 损伤及伤残程度

在损伤程度评定过程中，外伤性鼓膜穿孔须根据鼓膜穿孔愈合情况来确定损伤程度，听骨链损伤可根据影像检查及声导抗检查结果评定损伤程度，若损伤引起听力障碍，则根据相关检查测试结果判定损伤程度；此类损伤在伤残评定过程中均依据听力障碍的程度进行评定。

三、内耳损伤

(一) 损伤原因及机制

内耳损伤极少单独发生，常与颅底骨折，特别是颞骨骨折伴发。此外，颅脑损伤、脑震荡等常会导致迷路震荡。迷路震荡分中枢性和周围性两种：中枢性迷路震荡是由于颅脑损伤后颅内血管扩张、淤血、脑水肿致脑脊液循环障碍，颅内压升高，使脑干的前庭核或耳蜗核受到刺激而产生症状；周围性迷路震荡是由于强烈的爆震或外伤造成迷路末梢损伤。

(二) 法医学鉴定

1. 损伤的认定

根据伤者当时的情况，以及伤后的临床表现及辅助检查，可以认定内耳有无损伤及相应的听力障碍的程度。但对于单纯的听力障碍应注意以下问题，包括有无听力障碍、伪聋鉴别、有无明确外伤史、外伤与听力障碍之间有无因果关系，同时应与自身性因素导致的听力障碍相鉴别，如生理性、药物性、突发性及功能性听力障碍等。

2. 损伤及伤残程度

内耳损伤可以出现听力和前庭两方面的临床表现，因此不管是在损伤程度评定还是伤残评定过程中，除需要考虑伤者听力障碍程度外，还需要考虑前庭平衡功能障碍的程度。

四、听神经损伤

（一）损伤原因及机制

听神经由蜗神经和前庭神经组成，两者一起经内耳道至内耳，故常可同时受损，表现出听觉与平衡觉两方面的症状。虽然两者为同一神经的两种不同组成部分，但对病因的反应不甚一致。直接损伤主要由头部、耳部受到钝挫伤，高坠、交通伤致颞骨骨折引起，或内耳手术直接损伤等。间接损伤如声损伤，可由突然而来的巨大声响引起，如燃放爆竹；或者是慢性噪声，如长时间在高噪声下工作，听觉不知不觉受到伤害。药物性损伤可由一些能损害听神经的常用抗生素引起，如链霉素、双氢链霉素、庆大霉素等。

（二）法医学鉴定

1. 损伤的认定

听神经损伤的认定须有颅脑损伤病史，可合并有面瘫症状。临床上还可发现颅中窝骨折的征象，如外耳道流血、脑脊液漏等。X线平片可提示岩骨骨折；CT或MRI提示乳突气房积血或面、听神经损伤的直接征象，而无其他颅内病变。

2. 损伤及伤残程度

听神经损伤与内耳损伤一样，均会出现听力和前庭两方面的临床表现，但损伤程度评定时除需要考虑伤者听力或前庭平衡功能障碍程度外，还需要考虑颅底骨折是否损伤听神经，因此听神经损伤的认定至关重要；伤残评定与内耳损伤一致。

五、听觉中枢的损伤

（一）损伤原因及机制

听觉中枢损伤主要由颅脑外伤导致脑干延髓或外侧丘系、下丘脑、丘脑及颞叶损伤等。脑干延髓损伤后对声信号的处理能力、空间定位及对耳蜗的生理活动调控能力下降，脑干外侧损伤后对复合声的处理能力减弱；下丘脑是双耳听觉信息整合的重要部位，在处理听觉空间信息中起至关重要的作用；丘脑是皮质下最高级的听觉中枢，背核可能参与听觉注意力的调节，内侧核的上行纤维投射更为弥散，包括所有听皮质、非听皮质等；原发听皮质位于颞叶，同时皮质听觉高级整合中枢亦位于颞叶，是听觉信息最高级的整合中枢，听皮质功能重组过度表达可能产生耳鸣。

（二）法医学鉴定

1. 损伤的认定

听觉中枢损伤的认定比较简单，即有颅脑损伤病史，损伤后出现听觉功能障碍的表现，颅脑CT或MRI显示脑干、丘脑及颞叶等部位的出血挫伤等。

2. 损伤及伤残程度

听觉中枢损伤后若出现听力障碍，应根据听力障碍的程度评定损伤程度及伤残程度；若未出现听力障碍，则根据颅脑损伤程度、相应部位损伤后产生神经系统后遗症及精神智力障碍的程度进行评定。

第三节 神经电生理检查在听觉功能障碍评定中的应用

在听觉功能障碍评定中,神经电生理检查主要采用听觉诱发电位技术来确定听觉障碍的原因及其程度。听觉诱发电位是由听觉神经系统的刺激引起的中枢神经系统的生物电反应。它的基本特征为:声诱发电位振幅很小,大多<1 μV,只有自发脑电的1%;反应是在受刺激并经一定潜伏期后出现的;呈现特定的波形;反应是在一瞬间出现的(自发脑电是长时间、周期性出现的);有相应的电位分布区,其分布位置与面积取决于有关组织的结构特征。听觉诱发电位是由一系列峰或波组成的,具有极性、次序、潜伏期、振幅、波形及分布等不同特征,有既定的描述方法。本节主要讨论几种常用的听觉诱发电位特点及其在听觉障碍司法鉴定中的应用。

一、听性脑干反应

(一)听性脑干反应的起源

听性脑干反应是一种听觉诱发电位,是记录声刺激后从内耳耳蜗到大脑皮质听觉中枢的听觉系统中潜伏期在10 ms之内的、不同平面所诱发产生的一系列神经源性电活动(图3-12),在诊断蜗后病变中具有重要意义。听性脑干反应起源于听神经及脑干各个核团,接受刺激后10 ms内产生5~7个波,其中Ⅰ~Ⅴ波分别由蜗神经(同侧)、蜗核(同侧)、上橄榄核(双侧)、外侧丘系核(双侧)和下丘核(双侧)所产生,Ⅵ和Ⅶ波可能分别来源于膝状体和听放射。其中,Ⅰ、Ⅲ、Ⅴ波最明显,Ⅴ波对于诊断听阈最重要,70 dB nHL正常人Ⅰ、Ⅲ、Ⅴ波出现为100%,ABR听阈在成人中为0~20 dB nHL,出生婴儿为30 dB nHL;对短声的脑干电反应阈在2~4 kHz,与纯音行为听阈最接近;正常情况下Ⅴ波在5.5~5.7 ms出现,两耳Ⅴ波潜伏期相差不大于0.40 ms,Ⅰ~Ⅴ波间期不大于4.6 ms。

(二)听性脑干反应的特点

1. ABR电位幅度低

因为ABR是远场记录的,所以较复合动作电位CAP的幅度低得多,Ⅴ波的幅度通常只有0.5 μV左右。按常规的方法记录(参考电极在耳垂,记录电极在颅顶),Ⅴ波的幅度大于其他各波,尤其比Ⅰ波要大。

2. ABR同步化反应

与CAP一样,ABR是神经纤维的同步化反应,因此ABR各波分化程度决定于神经冲动的同步效应。ABR适合用瞬态特性好的短声来诱发,故又可称为瞬态反应,以区别于听觉稳态反应(ASSR)。

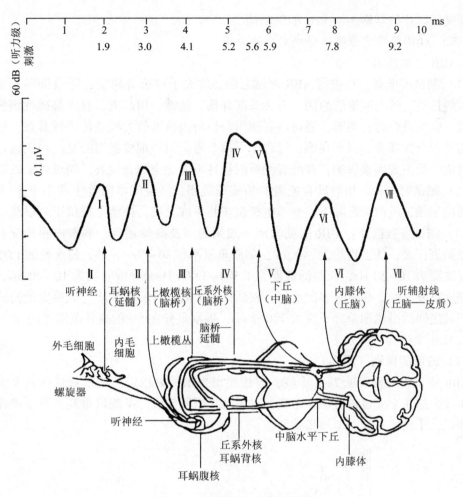

图 3-12 听性脑干反应示意图

3. ABR 无频率选择性

因为常用短声来诱发 ABR，而短声是一宽带噪声，但能量集中在 2~4 kHz，故 ABR 可粗略反映耳蜗 2~4 kHz 处的功能。尽管可用频率特性较好的短纯音来诱发 ABR，但在低频时，ABR 波形分化并不理想，在判断反应阈时会带来困难。

4. ABR 不受被检者状态的影响

被检者无论是睡眠还是清醒状态对 ABR 均无影响，故 ABR 可克服被检者状态对 40 Hz 相关电位的影响和弥补 ASSR 检测时被检者必须入睡的不足。但肌电会干扰 ABR 的记录，故被检者应尽量放松。

5. ABR 有稳定的潜伏期

不同年龄段正常人的 ABR 都具有可重复的各波潜伏期和相对潜伏期，病理因素、占位性病变或突触传递阻滞均会引起潜伏期的改变。因此，ABR 在神经外科、耳神经科诊断中枢病变时具有明确的诊断意义，可用来评估耳蜗至下丘各中枢核团的功能。

ABR 有真正的阈值，且 ABR 各位波出现率不同，V 波出现率最高，因此临床常用 ABR 的 V 波幅度变化来判断阈值，对其他哺乳类动物则以 I 波（豚鼠）或 II 波（小鼠）

来判断阈值以评估耳蜗 3~4 kHz 的听功能。

(三) ABR 在听觉功能障碍评定中的应用

1. ABR 测试技术

（1）测试前准备：在进行 ABR 测试之前，应先了解患者病史，通过询问病史，了解测试的目的、听力减退的原因，有无头部外伤、饮酒、用药史，有无基础性疾病；测试之前，应先进行纯音测听，通过纯音测听分析听力减退的类型是传导性耳聋、感音性耳聋还是混合性耳聋，以便在测试过程中予以参考。但特别要指出的是，司法鉴定中的被检者由于受主观因素影响，在纯音测听时往往不能完全配合检查，须对此予以鉴别。

（2）测试时准备：用磨砂膏或者酒精棉球脱脂，使极间电阻等于或小于 5 kΩ；记录电极位于颅顶或前额发际下，参考电极位于耳垂或乳突，接地电极位于鼻根部。

（3）测试参数选择：ABR 的刺激声一般用短声及高频短音，刺激声相位交替，同侧刺激同侧记录，伪迹剔除为±40 μV，刺激重复率在 30~50 次/秒，每次叠加 1 024 次，低频滤波器为 10~30 Hz，高频滤波器为 1 500~3 000 Hz，分析时间为 10~20 ms，每个刺激强度重复 1 次，必要时多次重复，直到得出 I 波、Ⅲ波、V 波（或确定他们消失），重复测试之间的潜伏期差异不应大于 0.2 ms，振幅最好在 5% 的变异范围之内。

2. ABR 测试结果的判定

（1）波形的识别（图 3-13）。

ABR 测试中通常可见 7~8 个波，但按照出现率，最稳定的波形依次为：V 波、Ⅲ波、I 波。这 3 个波也最有临床意义。对于估计听阈来说，V 波最重要；对于神经耳科检查来说，I 波、Ⅲ波、V 波最重要。

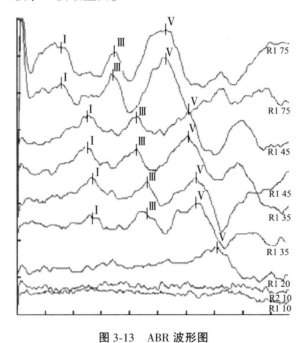

图 3-13 ABR 波形图

一般依靠潜伏期和某一波的前后有几个波来判定脑干反应的波形，最先找到 V 波，只要有反应，此波的出现率为 100%，潜伏期在 5.5~8.2 ms 之间，多数在 6.0 ms 左右，波峰后面有一个很深的切迹——波谷，且两次采样后重复性较好。

① Ⅰ 波：Ⅰ 波是计算其他各波的基准，因此辨认 Ⅰ 波尤为重要，但要注意与 CM 及刺激伪迹相鉴别。高频听力损失，特别是老年人的高频听力损失，对 Ⅰ 波的影响极其明显，可致 Ⅰ 波缺失，此时应增加刺激强度、降低刺激重复率或从外耳道中记录，使 Ⅰ 波振幅加大。一般情况下，Ⅰ-Ⅲ 波 Ⅰ 潜伏期在 1.9~2.3 ms 之间，确定 Ⅴ 波后向左侧找 Ⅲ 波、Ⅰ 波很容易，根据 Ⅰ-Ⅲ 波 Ⅰ 潜伏期和两次采样后的重复性，判断是否为 Ⅰ 波或 Ⅰ 波消失。

② Ⅲ 波：一般 Ⅲ 波的振幅高于 Ⅰ 波，最好比较同侧和对侧记录来辨认 Ⅲ 波，从 Ⅴ 波向左侧找 Ⅲ 波，Ⅲ-Ⅴ 波间期（Ⅰ 潜伏期）在 1.8~2.2 ms 之间，根据 Ⅲ-Ⅴ 波 Ⅰ 潜伏期和两次采样后的重复性，判断是否为 Ⅲ 波。

③ Ⅴ 波：Ⅴ 波通常是最高的一个峰，而且后面继以一明显的颅顶负波。改变给声重复率和降低声强，对 Ⅴ 波出现率影响较小。在其他波消失后 Ⅴ 波还可继续存在。Ⅴ 波和 Ⅳ 波常合成 Ⅳ-Ⅴ 复合波。Ⅴ 波或 Ⅳ-Ⅴ 复合波下降段仅呈一细小的曲折点时，可导致混淆。有时在较低的刺激强度时可将两个波分开。而在对侧记录中，Ⅴ 波绝大多数情况下是和 Ⅳ 波分开的。对侧记录 Ⅳ 波比同侧记录常迟 0.1~0.2 ms 出现。另一种可错认的模式是 Ⅴ 波发生在 Ⅴ 波的负波尚未达到谷底之前，这从对侧记录中只有 Ⅴ 波且多已衰减可辨认。一般情况 V_A-V_F 复合波有 6 种变化（图 3-14）。

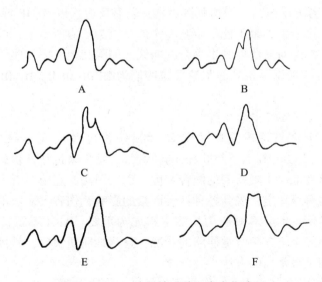

图 3-14　ABR 波 Ⅴ 的 6 种正常变化波形

（2）各波振幅及潜伏期的判定。

关于 ABR 的振幅，有人以颅顶正峰到后面的颅顶负谷间的振幅来计算，即计算从较高的 Ⅴ 波峰到后面波谷的最低点的幅度，不管这一最低谷在 Ⅴ、Ⅰ 波的前面还是后面；也有人采用对 Ⅰ 波和 Ⅴ 波计算正峰到负谷的振幅，Ⅰ、Ⅲ 及 Ⅴ 波计算负谷到正峰的振幅的量取方法（图 3-15）。无论哪一种量取方法均以各波的波峰为参考点，归结起来不外乎两种方法：① 从峰顶到前一个或随后一个波的波谷；② 从峰顶到基线。图 3-15 为两种方法的示意图。潜伏期的量取一般是从电脉冲给予转换器的时间算起，至电位的起始点为真正的潜伏期。作为研究性的工作则从声音到达鼓膜的时间算起。但电位的起始点很难确定，所以通常以各波的峰尖为电位的"起始"点，以此方法来量取的潜伏期为峰潜伏期。如果波峰不能重复，则取两个峰的均值，如果波峰是宽的、平滑的，则用延伸线的方法，取其两根斜线的交点。

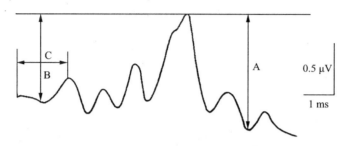

A. V 波的波峰至波谷的幅度；B. V 波的波峰至基线的幅度；C. I 波的波峰潜伏期。

图 3-15　ABR 各波振幅和潜伏期的量取方法

3. 阈值的判定

ABR 阈值主要根据 V 波反应阈来判断，记录 >0.1 μV 的可辨认的脑干反应波。检测必须用同一声强刺激，最少重复采样两次，重复性好才能确定为反应波。初始刺激声强为 80 dB nHL，若无反应，可增加刺激声强；若有反应，以 10 dB 或 5 dB 为一挡减弱刺激声强，直至无反应。如果不能确定某一个波是否为反应所产生，可增加采集操作次数，选取两条各波的绝对潜伏期基本吻合的曲线，删除其他无用的曲线。依次检测出该耳的阈值。如图 3-13 所示，该耳的 V 波反应阈值为 20 dB nHL，10 dB nHL 未引出明显可重复的 V 波。

（四）ABR 在司法鉴定中的应用

目前，司法鉴定现行标准对听力障碍者损伤程度及伤残等级主要是根据伤者 500 Hz、1 000 Hz、2 000 Hz 及 4 000 Hz 的纯音气导结果来进行评价的，但行为听力测试的准确性和可靠性取决于被检者的配合程度，而在司法鉴定中对听力障碍的伤者进行的损伤程度及伤残等级评定，受到各种社会因素的影响，伤者大多数不能主动配合，在有伪聋和夸大聋的情况时，客观听力检测显得尤为重要。ABR 不受被检者意识状态影响，能够反映听神经至下丘核听觉通路的状况，且测试简便快捷，是目前司法鉴定中用于客观听阈评估测试最常用的方法[1]。

传统的 ABR 使用短声（click）作为刺激信号。临床上使用 click-ABR 的 V 波阈值作为听阈测试指标。ABR 波形分化程度与刺激声的瞬态特性关系非常密切。短声时程仅数百微秒，因此具有良好的瞬态特性，声音能量可以迅速在短时间内达到峰值，诱发大量听觉神经元产生同步化非常好的神经反应，所以 click-ABR 波形分化明显，形态容易辨认。但短声的能量在 100 Hz 至 8 000 Hz 的频率上均有能量分布，因此无频率特异性，不能准确反映耳蜗各回功能，进而不能反映完整言语频段的听力。Folsom 研究发现，click-ABR 的反应阈与人耳 2 000～4 000 Hz 频率上的听力水平相关性最好。Bauch 等也证明click-ABR阈值主要体现2 000~4 000 Hz频率范围内的听力结果。这就有可能造成当听力损失主要发生在某一特定的频率范围时，click-ABR不能准确反映患者各频率的听力损失情况。当中低频听力损失较大时，click-ABR阈值可能过低估计听力损失；反之，当中低频听力尚好，而2 000~4 000 Hz频率范围内听力损伤程度严重时，click-ABR则可能过高估计听力损失。

为弥补click-ABR的不足之处，目前临床上还采用短纯音（tone burst）、短音（tone pip）及CE-chirp音等刺激声信号，它们同时具备频率特异性及瞬态性两个特点，综合了短声和纯音的特点，可在听神经同步化反应与频率特异性之间取得最佳平衡，实现了ABR频率特异性，可反映听力损失的频率分布。但其也存在不足之处，即检查很费时，且在波形辨别方面对操作者提出了更高的要求。

在应用ABR评估听觉功能障碍的过程中，分两个部分进行ABR反应阈值及损伤性质和部位的判断。阈值的判断在之前已阐述，不再重复。对于损伤性质及部位的判断，须了解ABR各波潜伏期、峰间期、振幅、两耳Ⅰ-Ⅴ峰间潜伏期及两耳Ⅴ波潜伏期差的正常参考值，但由于刺激声信号、刺激声强、刺激频率及测试环境等差异，正常参考值各有不同，故在司法鉴定实践过程中，每个实验室应建立属于本实验室测试环境下的正常参考值，若单耳损伤建议与健侧比较，若双耳损伤建议以本实验室的正常参考值为准（表3-1）。

表3-1 正常成年人ABR部分正常参考值

潜伏期/ms			峰间期/ms			Ⅴ波与Ⅰ波的振幅（μV）之比	Ⅲ-Ⅴ与Ⅰ-Ⅲ的峰间期（ms）之比
Ⅰ	Ⅱ	Ⅲ	Ⅰ-Ⅲ	Ⅲ-Ⅴ	Ⅰ-Ⅴ		
1.56~2.00	3.60~4.10	5.40~6.00	≤2.30	≤2.20	≤4.50	成人>1	成人<1

感音性聋（病变部位在耳蜗）：Ⅰ波或合并有Ⅲ波的潜伏期延长，或者消失仅见Ⅴ波，但各波峰间期均在正常范围，包括观察侧差，提示"某侧外周听敏度下降"；测试阈值时，高声强如80 dB nHL刺激下，各波分化良好，潜伏期均正常或轻延长，减弱5 dB或10 dB再次重复检测，波形消失，即阈值很好找，称为脑干听觉诱发电位中的"重振"现象，提示外周听敏度下降，有蜗性病变可能。

神经性聋（病变部位在听神经）：Ⅰ波潜伏期正常，Ⅲ波、Ⅴ波的潜伏期延长，与健侧差值增大，提示听神经脑干传导通路传导时间延长；或者各波的潜伏期均在正常范围，但Ⅰ-Ⅲ、Ⅲ-Ⅴ、Ⅰ-Ⅴ峰间期延长，与健侧差值增大，提示听神经脑干传导通路传导时间延长，可根据具体延长的某段峰间期考虑可能是周围的还是中枢的病变；神经科病患的Ⅰ-Ⅲ峰间期的延长较多见，尤其是TCD提示相同一侧有异常者，一般脑血管病变的Ⅰ-Ⅲ峰间期多在2.5 ms以内。中枢神经系统脱髓鞘病变（如多发性硬化）：病变侧Ⅴ波的波幅低平，Ⅴ/Ⅰ（μV）<1，或者是Ⅲ-Ⅴ峰间期延长，Ⅲ-Ⅴ/Ⅰ-Ⅲ（ms）>1，与健侧差值增大。当然，中枢神经系统脱髓鞘病变的病例中通常ABR异常较少见，但如果同时检测短潜伏期体感诱发电位（SLSEP）和模式翻转视觉诱发电位（PRVEP），其阳性率要高于ABR。小脑桥脑角占位性病变：病变侧Ⅰ-Ⅲ峰间期明显延长，可大于

2.5 ms，占位靠近耳蜗时Ⅰ波也会消失。如果除病变侧Ⅰ-Ⅲ峰间期明显延长外，对侧的Ⅲ-Ⅴ峰间期也见延长或是Ⅲ-Ⅴ／Ⅰ-Ⅲ（ms）>1，则说明瘤体较大引起了中线向对侧移位，或者是仅见Ⅰ波，而Ⅲ、Ⅴ波都消失，均提示小脑桥脑角占位性病变可能（图3-16），可建议临床结合内听道CT薄层扫描或MRI检查进行判断。

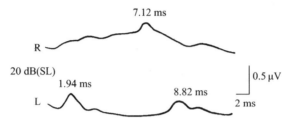

图3-16　听神经瘤ABR表现

患者，男，45岁，术前左耳听力下降，左侧ABRⅠ-Ⅴ=6.88 ms，与健耳（右）比较，ILD=1.70 ms，手术证实为3 cm（直径）的听神经瘤。

传导性聋（病变部位在外耳道或中耳）：典型的传导性聋（如鼓膜大穿孔、典型的分泌性中耳炎）在ABR检查时会发现波形分化尚可，但各波的潜伏期明显延长，Ⅰ波2.80~3.20 ms、Ⅲ波4.60~5.50 ms、Ⅴ波7.50~8.20 ms，与健侧差值非常明显。各峰间期均在正常范围，须注意波形的确认要准确，不要将Ⅵ波或Ⅶ波认为是Ⅴ波。较多见的是检测前未检查清洁外耳道，或鼓膜单纯增厚使活动度下降，都会直接影响波形的分化，也会使波幅下降，潜伏期有轻度延长，对于结果的判断有一定难度，但各峰间期均在正常范围，需要结合耳科检查和其他听力学检查，如纯音测听和声导抗的结果进行综合判断。

二、40 Hz-AERP

（一）40 Hz-AERP的起源

40 Hz-AERP是一种稳态的听觉诱发电位，因此又称为40 Hz稳态诱发电位，是一种特定条件下的中潜伏期反应，采用短纯音为刺激声源，40次/秒的刺激重复率，在100 ms的采样时间内记录到一组连续反应的波形，反应波形间期约25 ms，其形态类似于40 Hz正弦波，因此被命名为40 Hz-AERP。

目前有关40 Hz-AERP起源的解剖学基础尚无统一认识，争论的焦点主要集中在皮质或皮质下（中脑或丘脑），不少学者认为40 Hz-AERP起源于大脑皮质，Reyes等用正电子发射断层扫描成像（positron emission tomography，PET）研究正常人40 Hz-AERP的脑电地形图，发现在颞叶、小脑、顶叶、额叶和脑干均有电流密度峰，故认为40 Hz-AERP应有两个或两个以上起源。Picton等（2003）也认为听觉稳态反应起源于整个听觉神经系统，但对较低调制频率的反应而言，皮质区的贡献要大于脑干。Pratt提出脑干和原发听皮质主要贡献40 Hz-AERP中的高频成分，而低频成分则由其他皮质贡献。

（二）40 Hz-AERP的特点

波形稳定，振幅大，易于辨认；阈值非常接近实际听阈水平；临床应用中，40 Hz-AERP的刺激声既可用短声，也可用短纯音，后者诱发的40 Hz-AERP具有良好的频率特征性；能以1 000 Hz甚至500 Hz的低频短纯音诱发，有助于核对中、低频听力的判断；40 Hz-AERP 受睡眠、觉醒状态，镇静剂和全麻药物影响，这与听性脑干反应中潜伏期反应的性质相似。

（三）40 Hz-AERP 的应用

1. 40 Hz-AERP 的测试方法

测试环境：整个测试在隔声电屏蔽间内进行。被检者应安静地平卧于检查床。

电极：通常记录电极放于颅顶，参考电极和接地电极分别位于耳垂与额部。为了获得稳定可靠的电位，记录部位的皮肤须行脱脂处理并涂以导电膏。此外，电极固定要牢固，勿使其松动脱落。

刺激：刺激声为 0.1 ms 极性交替的短声，亦可用短纯音。刺激重复率为 40 次/秒，耳机给声。

记录：带通滤波 5~40 Hz。扫描时间 100 ms。增益 100 dB，叠加 512 次或 1 024 次，校准电压 0.5 μV，灵敏度 50~100 μV。

2. 40 Hz-AERP 测试结果的判定

40 Hz-AERP 技术中，最重要的内容之一是反应波形的辨认，它不仅关系到反应参量分析、测试的准确性，而且对临床诊断也产生直接影响。以反应波形出现先后命名，波峰为 Na、Nb、Nc、Nd，波谷为 Pa、Pb、Pc、Pd。反应波的潜伏期是指从刺激开始到波峰出现的时间，反应波幅是指反应波与波之间振幅的差，反应阈值是指能引起 40 Hz-AERP 的最小声刺激强度，阈值是临床常用的判断指标（图 3-17、图 3-18）。

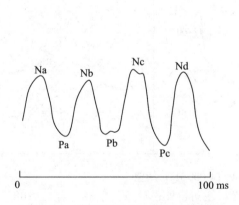

图 3-17　典型的 40 Hz-AERP 波形图

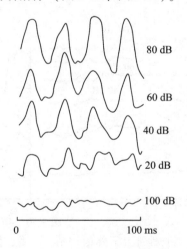

图 3-18　40 Hz-AERP 阈值测试图

（四）40 Hz-AERP 在听觉功能障碍评定中的应用

40 Hz-AERP 的反应阈值接近纯音听阈，有利于判断行为听阈，特别是对中、低频听阈的测定，有利于对 ABR 未引出的听力进行评估[2]。短纯音诱发的 40 Hz-AERP 具有频率特征性，可弥补 ABR 不能反映低频听敏度的不足。对 ABR 无反应者，不可贸然诊断为全聋，其中不少人经 40 Hz-AERP 检测，显示仍有低频听力存在。40 Hz-AERP 与 ABR 的结合应用，有助于脑干病变的定位诊断，如上脑干病变 ABR 可以正常，但 40 Hz-AERP 异常。图 3-19 和图 3-20 为 40 Hz-AERP 在听觉功能障碍评定中的应用案例。

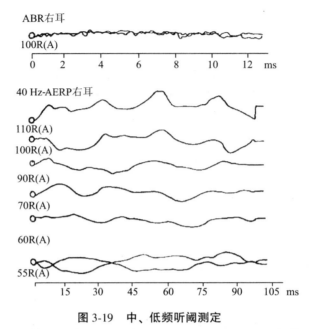

图 3-19 中、低频听阈测定

患者，男，3 岁。右侧 ABR 未引出，右侧 40 Hz-AERP（1 000 Hz）阈值为 60 dB nHL。

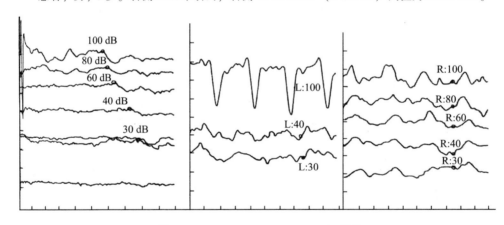

图 3-20 40 Hz-AERP（1 000 Hz）阈值

外伤性听力下降的评估。患者，男，25 岁。主诉：外伤后听力下降（右），ABR（click）右侧 30 dB nHL。40 Hz-AERP 阈值左侧 30 dB nHL，右侧 30 dB nHL。

三、听觉稳态反应

（一）听觉稳态反应的起源

听觉稳态反应（auditory steady state response，ASSR）一般指多频听觉稳态诱发反应，是由多个频率持续即稳态的声音刺激信号诱发而产生的通过头皮记录到的电位反应。听觉稳态诱发反应是由调制声信号引起的，反应相位与刺激相位具有稳定关系的听觉诱发反应，由于其频率成分稳定而被称为"稳态诱发反应"。

目前关于 ASSR 的起源尚无定论。各项研究结果显示，ASSR 源于颅内多个位点，听神经元、蜗核、下丘脑和皮质的神经元都参与了 ASSR 的形成。此外，ASSR 的起源与调制频率有关，与载波频率无关。低调制频率（30~60 Hz）的反应潜伏期约为 30 ms，类似于中潜伏期反应，反映的是听皮质的活动。高调制频率（70 Hz 以上）的反应潜伏期约为 10 ms，类似于 ABR，反映的是听觉脑干的活动。也有学者认为 80 Hz 的 ASSR 相当于 ABR 的 V 波。当调制频率为 30~60 Hz 时，包括 40 Hz 相关电位，ASSR 起源于中脑水平及初级听皮质；当调制频率小于 20 Hz 时，ASSR 起源于大脑颞叶听皮质区。ASSR 的起源部位越高，受意识状态、镇静剂、麻醉的影响越大。

（二）听觉稳态反应的特点

（1）客观性：因为 ASSR 的检测和结果的统计学分析均是由计算机程序自动进行的，弥补了其他客观听力检查手段，如 ABR 和 40 Hz-AERP 依赖主观判断等方法的不足。

（2）频率特异性好。

（3）与行为听阈相关性好：二者之差在 10~20 dB。

（4）最大声输出高：ASSR 测试信号可给出 120 dB HL 的声刺激，能够测定重度，甚至极重度听力损失者的残余听力。

（5）不受睡眠和镇静药物的影响：ASSR 是叠加在 EEG 波上的很小的诱发电位，睡眠时 EEG 波形稳定，从而可增加信噪比，使得 ASSR 容易检出。实验证明当调制频率大于 70 Hz 时，麻醉、昏迷等不影响检查结果。Aoyagi 等证明在不同年龄的儿童包括新生儿中，用 ASSR 进行听力检测都可得到可靠的结果，这使得 ASSR 能很好地应用于不能配合的婴幼儿和智力障碍被检者的听力检查。

（6）快速简便：ASSR 的测定由测试仪自动完成，因而比 ABR 和纯音测听更快速。

（三）听觉稳态反应的临床应用

1. ASSR 的测试方法

多频稳态诱发反应的记录技术要求滤波带通设置为 10~300 Hz（6 dB/oct），放大器的增益为 1×10^6，CMRR 为 100~120 dB，16 位 A/D，电极连接同 ABR，极间电阻小于 5 kΩ。记录电极置于额头，眉心连接地电极，双耳垂分别接参考电极。初始音根据 ABR 是否引出而定。每一次记录扫描包含 1 024 调制周期，将放大器输出的模数转换设定为每调制周期得到 8 个分析样本，一次扫描得到的样本（8 192）分为 16 个亚均数，由电脑进行快速傅里叶变换，将反应波由时域信息转换成频域信息，此时得到一既有振幅又有相位的矢量值时域；反应波振幅作为时间的函数发生变化。

2. ASSR 测试结果的判定

ASSR 结果的判定是由电脑自动完成的。取调制频率处的信号与脑电的背景噪声相比较，置信区间为 95%，$P=0.05$ 时信噪比为统计学标准。如采样点的信噪比大于该标准，说明两者的差异具有显著性，判定为有反应；反之则为无反应。其反应阈通常高于行为听阈 10~20 dB。在感音神经性听力损失中，随着听力损失的加重，二者的差异减小，这可能为重振的原因。短声刺激不具频率特性，由于耳蜗机制的非对称性，短声所诱发的脑干反应主要来自 2~4 kHz 之间的高频区域。因此，我们只能用该技术估计听力图上一点处的听阈。近年来，调幅率为 75~110 Hz 的听觉稳态反应已被作为客观听力测试的有效方法，用该技术在正常成年人、健康婴儿及听力异常者中获得了具特定频率的反应阈值比。

（四）听觉稳态反应在听觉功能评定中的应用

多频听觉稳态反应被证明是一种可靠方法，在客观测听中占据重要的地位，可以对听力损害者进行有频率特性的客观测听[3]。使用该技术，我们能够同时估计多个频率外的听觉阈值。因此，测试时间大大减少，精确度能够保证。多频听觉稳态反应在正常听力组，多个实验室得到的反应阈值略有差异，除500 Hz外，基本在10~20 dB，婴幼儿要高一些。由于调幅音在声学上与纯音相近，所以计量单位有用HL的，也有用SPL的。载频音为持续音，所以刺激强度要大于100 dB，分频测试可得到比ABR高的阳性反应率。当正确的相关因素被应用时，稳态测听具有频率特性的阈值和实际的阈值误差在10 dB之内，而且误差随着听力损失的加重而减少。多频稳态测听的阈值同行为测听的阈值之间的差异在低频和听力正常者中是最大的，在高频和重度耳聋者中的差异较小。当调频大于70 Hz时，线性回归分析可以用来描述听觉稳态诱发电位测定的阈值结果和行为测听的阈值结果之间的关系。多频稳态测听的阈值结果和行为测听的阈值结果的关系也可以从不同载频的回归直线中发现：多频稳态测听的阈值结果和行为测听的阈值结果在高频载频中比低频载频中匹配程度好。这一点证明了多频稳态测听的阈值和行为测听的阈值在载频越高的情况下，差值越小。但ASSR也受多种因素影响，如调制频率、年龄因素、觉醒状态及多刺激同步给声等，测试过程中应加以注意。

四、耳声发射

（一）耳声发射的起源

耳声发射是一种产生于耳蜗，经听骨链及鼓膜传导释放入外耳道的音频能量。声发射是指材料内部迅速释放能量所产生的瞬态弹性波，源自声学。耳声发射，即指这种从外耳道记录的来自耳蜗内的弹性波能量。

耳声发射以机械振动的形式起源于耳蜗。普遍认为这些振动能量来自外毛细胞的主动运动。外毛细胞的这种运动可以是自发的，也可以是对外来刺激的反应，其运动通过Corti器中与其相邻结构的机械联系使基底膜发生机械振动，这种振动在内耳淋巴中以压力变化的形式传导，并通过卵圆窗推动听骨链及鼓膜振动，最终引起外耳道内空气振动。由于这一振动的频率多在数百到数千赫兹，属声频范围（20~20 000 Hz），因而称为耳声发射。顾名思义，就是由耳内发出的声音，其实质是耳蜗内产生的音频能量经过中耳传至外耳道的逆过程，以空气振动的形式释放出来。耳声发射反映出耳蜗不仅能被动地感受声音信号，而且还具有主动产生音频能量的功能。

（二）耳声发射的分类

按是否由外界刺激所诱发，耳声发射可以分为诱发性耳声发射和自发性耳声发射。诱发性耳声发射依据由何种刺激诱发，又可进一步分为：瞬态声诱发耳声发射、畸变产物耳声发射、刺激频率耳声发射和电诱发耳声发射。如上所述，耳声发射是内耳能量的发射（外泄）。自发性耳声发射是耳蜗在不需任何外界刺激的情况下持续向外发射机械能量，在外耳道内表现为单频或多频的窄带谱峰，其形式极似纯音。

瞬态声诱发耳声发射系指耳蜗受到外界短暂脉冲声刺激后经过一定潜伏期，以一定形式释放出声频能量，其形式由刺激声的特点决定。由于这种形式的耳声发射具有一定潜伏期，有人也称之为延迟性诱发耳声发射。此外，由于它能重复刺激声的内容，类似回声，又是 Kemp 最早报告的耳声发射形式，因此也有人称之为"Kemp 回声"。

畸变产物耳声发射是一种特殊形式的耳声发射。任何非线性系统在由外界输入时，其输出可以有两种形式的畸变（失真），谐波畸变和调制畸变。其中调制畸变出现在当输入含有两个以上频率时。由于耳蜗功能系统为一非线性生物系统，因此当其受到两个具有一定频率比关系的纯音（称为原始音，primary tone，以 f_1 和 f_2 表示）作用时，由于其主动机制的非线性，其释放的声频中出现具有 $2f_1-f_2$ 和 f_1-f_2 等关系的畸变频率，称为畸变产物耳声发射。

（三）耳声发射的测试方法

由于耳声发射是外耳道内的空气振动产生的声音信号，故其极易与耳道内的噪声相混淆或被掩盖；其强度很低，多在 5~20 dB SPL 之间，过强的环境噪声将影响耳声发射的记录。为了最大限度地减少噪声的影响，在记录耳声发射时，有如下要求。

（1）控制环境噪声：记录耳声发射时的环境噪声尽量控制在 40 dB（A）以下，一般来说测试最好在隔声室进行。

（2）被检者状态：被检者取舒适体位，尽量保持安静和平静呼吸，避免活动和吞咽等动作。对不合作的小儿可使用镇静催眠剂，此操作不会影响测试结果。

（3）防止摩擦噪声：对连接探头的电缆应注意避免与被检者身体或其他物体摩擦产生噪声。

（4）排除电、声干扰：首先应注意去除电干扰，注意仪器的电屏蔽和机壳接地；其次采用带通滤波、平均叠加和锁相放大等技术进一步处理信号。

（5）正确摆放探头：测试过程中，探头应密闭地置于外耳道，其尖端小孔正对鼓膜。注意不要使麦克风或扬声器的孔道堵塞。常规的耳声发射记录设备一般带有探头检查程序，应在开始检查前运行该程序，确保探头在耳道内耦合正确。检查测试中间也应间断重复使用该程序以检查探头位置是否发生变化，防止因探头移位影响记录结果的准确性。

（四）耳声发射测试结果的判定

几乎所有耳蜗功能正常的人均可以记录到诱发性耳声发射。耳声发射的反应幅度和检出率随年龄增大而减小，婴幼儿的诱发性耳声发射反应幅度明显高于老年人，且自发性耳声发射的频数多、幅度大、检出率比较高。耳声发射反应强度十分低，人耳的反应平均值多在 5~20 dB SPL，频率集中在 1~4 kHz，听阈大于 50 dB HL 时耳声发射通常消失。耳声发射在个体自身具有良好的重复性和稳定性。

瞬态诱发耳声发射（TEOAE）：耳蜗受到外界短暂脉冲刺激后，经过一定潜伏期，以一定形式释放出的声频能量，其形式由刺激声的特点决定。通常使用短声或短音作为刺激声，在耳蜗接受刺激声后 20 ms 内从外耳道内记录声频能量。典型的 TEOAE 信号为时域显示，瞬态诱发性耳声发射波相对于刺激的延迟时间为 2~5 ms，持续时间为 2~5 ms。TEOAE 反应客观、敏感且速度快。

畸变产物耳声发射（DPOAE）：两个具有一定频率比和强度关系的纯音同时刺激耳

蜗后，由耳蜗产生并在外耳道中记录到的、频率与刺激声有关的音频能量。通常 DPOAE 的反应出现于与 2 个刺激音有关的固定频率上，表现为纯音样的窄带谱峰，强度以高于本底噪声为反应的确认标准（图 3-21、图 3-22）。DPOAE 具有显著的频率特异性。

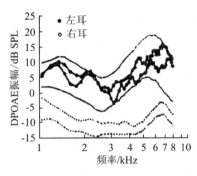

图 3-21　DPOAE 听力图

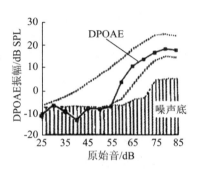

图 3-22　DPOAE 输入/输出函数图

（五）耳声发射的临床应用

在听觉基础研究中，耳声发射是了解耳蜗放大器工作状态的重要指标。在临床上，耳声发射是检测耳蜗功能的一个重要手段，有助于鉴别耳蜗的内、外毛细胞功能异常及蜗性和蜗后病变。近年来发现，对侧声刺激可兴奋耳蜗传出神经的内侧橄榄耳蜗系统，从而抑制外毛细胞的主动运动。因此，通过观察对侧声刺激对耳声发射的抑制情况，能够了解内侧橄榄耳蜗系统的功能。耳声发射可用于新生儿听力筛查与老年人听觉检测、梅尼埃病的诊断、突发性耳聋动态监测、耳蜗性耳鸣诊断等。耳声发射还可以用于感音神经性听力损失的定位诊断、听神经病的辅助诊断、听觉有害因素的听力学检测、职业病防护及成年病研究等，对司法鉴定有重要意义[4-5]。

五、耳蜗电图

耳蜗电图属于快反应，是在刺激后 0~4 ms 出现的一组反应波，产生于耳蜗，包括耳蜗微音电位（cochlear microphonics，CM）、总和电位（summating potentials，SP）和动作电位（action potentials，AP）。

（一）耳蜗电图的来源与特点

1. 微音电位的来源与特点

微音电位由耳蜗外毛细胞产生，是神经前电位，没有潜伏期，振幅随声刺激强度增大而增大，其波形与刺激声的波形一致。

2. 总和电位的来源与特点

关于 SP 的来源仍在研究中，目前认为与耳蜗隔部的不对称性有关，在高强度刺激下，基底膜围绕其中点不对称地振动，向鼓阶过度偏移产生的连续直流电成分是多种电位之总和，所以称之为总和电位。SP 也为神经前电位，没有真正的潜伏期，但根据刺激信号不同，记录电极的位置不同，可表现出正、负不同的极性。短声刺激记录的多为 -SP。

3. 动作电位的来源与特点

动作电位产生于蜗神经，是声刺激诱发的若干神经纤维同步放电的结果，随刺激强度增加振幅增大，潜伏期缩短，阈值从 4 ms 左右到 1.5 ms 左右。

(二) 耳蜗电图的测试方法

1. 记录电极的位置

耳蜗电图是近场记录，记录电极接近电位发生源，根据记录电极的位置分为经鼓室 (transtympanic) 和鼓室外 (extratympanic) 两种。由于记录电极的位置对所获得的参数影响较大，无论是经鼓室法还是鼓室外法，都应尽可能保持记录电极的位置固定。

(1) 经鼓室法：将记录用的针电极穿过鼓膜抵在鼓岬上，一般自鼓膜脐部与鼓环 7 点连线的中点穿过鼓膜抵于鼓岬上，这个位置比较安全，不会将电极插入变异的圆窗或卵圆窗（迄今未见经鼓室电极损伤的报道）。

(2) 鼓室外法：根据电极所置的位置又可分为鼓膜电极、鼓环电极、外耳道电极、耳垂电极（效果很差）。

2. 记录电极

记录电极包括针形电极、球形电极、别针式电极、夹式电极等。参考电极和地电极一般用盘形电极。

3. 声刺激的种类

记录耳蜗电图声刺激信号可用短声、短音、短纯音、滤波短声等。短声的能量分布较广，其实际的频谱依赖于换能器的特性和外耳、中耳的特性。来自对人的这种短声兴奋分布的研究提示，低强度信号在 2~4 kHz 区域引起最大兴奋，在高强度这个范围被扩大到 2~8 kHz 或更多。其优点是提供了最好的单个纤维的同步活动，测试时间短，但缺乏频率特性。理论上讲，短音、滤波短声和短纯音有较好的频率特性，但也各有不足。

由于 CM 的临床应用价值仍在研究中，在临床记录耳蜗电图时多采用极性正负交替的信号，诱发的反应经过平均叠加，消除了 CM，而获得了 SP-AP 的复合波形。

4. 给声方法

耳蜗电图可经耳机或扬声器给声。

5. 重复速率

一些学者对不同重复速率声刺激诱发的耳蜗电图结果进行比较，发现记录耳蜗电图声刺激的重复速率不应超过 10 次/秒，超过 10 次/秒会引起 AP 的降低，从而引起-SP/AP 比值的改变。

6. 分析时间

耳蜗电图的分析时间一般为 10 ms，也有为 20 ms 的。

7. 平均叠加的次数

根据平均计算机提高信噪比的公式，增加平均叠加的次数可提高反应幅度，但这种效果也是有一定限度的，而且，过多的叠加次数必然引起测试时间的延长。因此，我们选取一定的叠加次数以既能获得满意的反应又不至于引起反应参量的改变为原则。经鼓室法叠加 250~500 次，鼓室外法一般为 1 000 次。

(三) 耳蜗电图的结果分析

临床通过分析耳蜗电图的波形、反应阈、波宽、振幅、-SP/AP 振幅之比、AP 的输入/输出曲线和潜伏期/强度曲线为临床提供资料。

1. 正常的耳蜗电图波形

当用极性交替的短声刺激时，诱发的 SP-AP 复合波形随刺激强度的增加，振幅逐渐增大，潜伏期缩短。在高刺激强度时，AP 波由一个或几个负波组成，依其出现的顺序分别命名为 N_1、N_2、N_3，所有强度下绝大多数波的振幅为 $N_1>N_2>N_3$。个别情况下，当短声强度为 20~60 dB SPL 时，$N_1<N_2$，随强度增大，二者合成一较宽的负波，继而出现新的 N_2（图 3-23）。另有少数耳，在短声强度为 40~60 dB 时，在原 N_1 前出现一个新的单独的小负波，强度增加时，该小波很快变得大于原 N_1，使原 N_1 成了 N_2。在某些测试耳中，高刺激强度诱发的 N_1 可呈双峰。在短声强度为 30~80 dB（平均约50 dB）时，在 N_1 前出现 -SP，-SP 振幅也随刺激强度增加而增大，90 dB SPL 以上增长减缓。

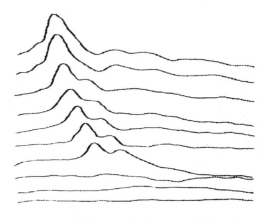

图 3-23　典型的耳蜗电图 -SP-AP 复合波形

2. 反应阈

耳蜗电图的反应阈确定为刚可引出 AP N_1 的最小刺激强度，我们用经鼓室的鼓岬电极记录的 32 耳的平均反应阈为 (17.18±7.28) dB nHL，鼓室外的鼓膜电极记录的 83 耳的平均反应阈为 (24.8±5.65) dB nHL。

3. 潜伏期

将从给声到 AP N_1 峰所需的时间确定为 AP N_1 的潜伏期，我们用鼓岬和鼓膜电极记录的反应阈和 90 dB nHL 时的潜伏期列于表 3-2。

表 3-2　鼓岬和鼓膜电极记录的耳蜗电图主要结果

电极位置	潜伏期/ms		振幅/μV	-SP/AP	波宽
	反应阈时	90 dB nHL 时	APN_1（90 dB nHL）	（80 dB nHL）	（80 dB nHL）
鼓岬 x	4.24	1.62	10.50	0.24	0.96
SD	0.64	0.10	5.16	0.07	0.16
鼓膜 x	4.16	1.39	3.09	0.31	0.98
	0.52	0.12	1.52	0.07	0.23

4. 振幅

一般自反应图形的基线到 N_1 峰测量 AP 的振幅，自基线到 -SP 与 N_1 降支的交点测量-SP 振幅（图 3-24）。我们用这种测量方法的鼓岬和鼓膜电极记录的-SP 与 AP 的振幅列于表 3-2。另外，还有一些不同的测量方法，如测量 AP 振幅，有从-SP 与 AP 交点到 AP 峰来测量的，也有从 AP 峰到后面的波谷来测量的。测量-SP 振幅，从-SP 起始处最低点到-SP 与 N_1 降支的交点来进行。

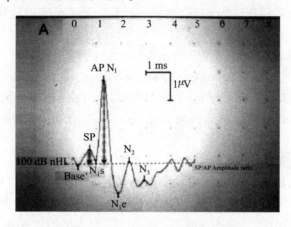

图 3-24　-SP 和 AP 振幅测量示意图

5. -SP/AP 比值

因为 80 dB nHL 时-SP 和 AP 振幅均较稳定，所以我们计算此强度时的-SP/AP 比值，也列于表 3-2。值得注意的是测量的方法直接影响这一比值。

6. 波宽

因为 80 dB nHL 时-SP 和 AP 振幅均较稳定，所以我们测量此强度时从基线到 N_1 峰中点处的波宽，结果见表 3-2。也可测量从基线到 N_1 峰中下三分之一交点处的波宽。

7. AP N_1 的输入-输出曲线

以短声强度为横坐标，N_1 振幅的百分比为纵坐标，作出 AP N_1 的输入-输出曲线，在 40~70 dB 之间有一个平台，40 dB 以下为浅部，70 dB 以上为陡部（图 3-25）。

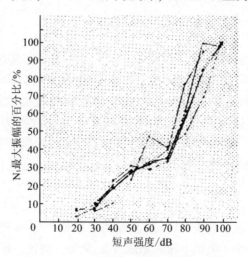

图 3-25　耳蜗电图 AP 输入-输出曲线

(四) 耳蜗电图的临床应用

在临床应用方面,耳蜗电图主要用于梅尼埃病诊断、PLH 诊断、蜗后病变诊断、桥小脑角手术中监测 Ⅴ、Ⅷ 颅神经的活动等。在法医学鉴定过程中,可通过耳蜗电图及 ABR 的综合检测,根据上述六个波的改变情况,并结合 ABR 的 V 波反应阈值,来判断耳蜗的功能、听力损失的程度及损伤定位,使听力受损程度的法医学鉴定更加准确、科学[6]。

六、前庭诱发肌电位

前庭诱发肌电位(vestibular evoked myogenic potentials,VEMPs)是由强声刺激在处于紧张状态的胸锁乳突肌表面记录到的短潜伏期双向(p13-n23)肌电图。VEMPs 可用于测试反映前庭—颈肌反射通路,VEMPs 已被证明是可以依赖的临床用于评价前庭功能的电生理测试手段[7]。

(一) VEMPs 的来源

VEMPs 起源于前庭球囊斑这一假说不断地被动物试验及临床试验所证实,争议是耳蜗的成分是否参与 VEMPs 的形成。Tsutsumi 等发现一些起源于前庭下神经的听神经瘤患者的 VEMPs 可被引出(约占 30%),且术后听力水平的保存也与 VEMPs 相关,术前听力正常的患者术后的 VEMPs 倾向于无变化。某些患者在听力下降的同时伴 VEMPs 潜伏期延长的现象,这亦可用蜗神经纤维与前庭神经元有联系来解释,使得 VEMPs 的起源难以判断。Wu 等发现在突发性耳聋患者的患耳侧均能引出正常的 VEMPs,这提示并没有耳蜗成分参与形成 VEMPs。Takegoshi 等在白噪声对 VEMPs 的影响的研究中指出 VEMPs 是独立于蜗神经的,耳蜗成分对 VEMPs 的影响只存在于镫骨肌反射中。在这项试验中,他们发现正常人在同侧或对侧耳暴露在 95 dB nHL 的白噪声下时,VEMPs 的波幅明显下降,而在 75 dB nHL 的白噪声下虽然有 ABR 的 V 波波幅的降低,但 VEMPs 的波幅下降并不明显。95 dB nHL 的白噪声对单侧面瘫患者患侧的 VEMPs 没有影响。Ozeki 等发现在第Ⅷ颅神经中的蜗神经萎缩的有重度感音神经性聋的患者还能引出 VEMPs,这提示 VEMPs 反应与耳蜗无关。

(二) VEMPs 的特点

1. 传导通路特点

VEMPs 传导通路包括球囊斑、前庭下神经、前庭侧核、前庭丘脑束及同侧胸锁乳突肌运动神经元。Murofushi 等在用短纯音和短声在单耳给刺激声,双侧同时记录胸锁乳突肌中上分电位时发现,大多数被检者仅在同侧胸锁乳突肌记录到 VEMPs,这提示 VEMPs 传导通路是以单侧为主的,Akin 等在试验中使被检者头偏向一侧,并在这一侧给声,分别记录紧张的一侧胸锁乳突肌和松弛的一侧胸锁乳突肌表面的 VEMPs,发现只在刺激声同侧紧张的胸锁乳突肌表面能记录到 VEMPs,这支持了 VEMPs 单侧传导的特性。

2. 波幅和潜伏期特点

Akin 等在观察刺激强度和 VEMPs 的波幅和潜伏期的影响时,发现波幅会随着刺激强度的增加而增加,而潜伏期却不随刺激强度而改变。而且,短纯音的频率和潜伏期有反向相关关系。这一观点得到学者们一致同意。

（三）VEMPs 的采集方式

1. 单侧记录

采取仰卧去枕抬头位，头偏向对侧以兴奋同侧胸锁乳突肌而获得单侧的 VEMPs 的记录，前庭系统有病变者不能长时间承受。Brantberg 和 Fransson 报道了双耳同时给声刺激时可在双侧胸锁乳突肌获得对称的 VEMPs。在测试过程中，患者取仰卧位，头向上抬起。Wang 等尝试了在健康被检者和梅尼埃病患者中采用双侧同时记录 VEMPs 的方法，并且和单侧记录进行了比较，结果指出采用双侧同时记录 VEMPs 有着相等的刺激率、潜伏期和耳间振幅差别率（interaural amplitude difference ratio，IAD ratio）。和单侧记录一样，双侧记录同样能够反映出球囊单侧传导通路的病变信息，而且双侧记录可以节省时间，减少因为持续保持胸锁乳突肌张力而给患者带来的不适。

2. 双侧记录

Young 等在比较双侧同时测试 VEMPs 左右两侧差异时，对两耳分别采用（R-L）95-95、85-95、95-85 和 85-85 dB HL 的短纯音刺激，发现刺激率（provocation rate）和 p13 及 n23 的平均潜伏期左右耳没有明显的差别，在部分被检者中左右耳的绝对波幅 p13-n23 却有差别，但是相对双耳刺激信号（R-L）95-95、85-95、95-85 和 85-85 dB HL 而言，其相对波幅并无明显的左右差异。同时，在有绝对波幅左右差异和无差异被检者之间，其相对波幅和 IAD ratio 并无明显差异。因此，可以使用相对波幅和 IAD ratio（即左右耳绝对波幅 p13-n23 之差除以左右耳绝对波幅之和：R-L/R+L）来调整左右耳绝对波幅 p13-n23 的差异，以在临床应用中取得更好的效果，在双侧胸锁乳突肌同时收缩的条件下采用双耳给声获得双侧的 VEMPs。

3. 刺激信号

常用的刺激信号为短声和短纯音，Akin 等认为刺激强度为 95~100 dB nHL 时，500~750 Hz 的短纯音得到的 VEMPs 波形最大，潜伏期最恒定。Cheng 等在探讨短纯音刺激平台期的上升下降时间及刺激频率时发现，上升下降时间为 1 ms，平台期为 2 ms，刺激频率为 5 Hz 时 VEMPs 耳间差异最小，波形的变异度最小，所用检查时间较短而且可以获得满意的信噪比。他们建议将短纯音刺激信号的参数设置为：频率 500 Hz，刺激频率 5 Hz，上升下降时间 1 ms，平台期 2 ms。在这样的参数下波形的形态是最稳定和明显的。Sheykholeslami 等建议将骨导的刺激信号设置为：频率 200~400 Hz，强度 70 dB nHL，上升/下降时间 1 ms，平台期 8 ms，刺激频率 10 Hz。

第四节 案例解析

案例一 精神癔症性聋的鉴定

1. 案情摘要

2016年2月,王某入职某噪声作业公司,工作岗位周围噪声监测8 h等效声强为79.6~80.6 dB。2016年10月,其开始出现听力障碍,2017年1月被调离噪声作业岗位后听力仍逐渐下降,出现明显的交流障碍,需要用笔书写文字与他人进行交流。为查明听力障碍的原因,公司方及王某共同委托我所对其听力障碍的原因进行鉴定。

2. 病史摘要

王某入职时健康检查显示其双耳各频点听力均为20 dB,2016年6月健康体检显示其双耳听力除右耳6 000 Hz为30 dB外,其余各频点均为25 dB,多次职业病诊断证明书均显示其无职业性噪声聋、无职业性爆震聋。

3. 法医听力学检测

(1)纯音听力测定:最大输出声强均无反应。

(2)声导抗测试:双耳鼓室图呈A型,双侧、同侧镫骨肌反射均引出。

(3)听性脑干反应(图3-26):各波潜伏期、波幅及峰间期基本正常,V波反应阈左耳25 dB nHL,右耳30 dB nHL。

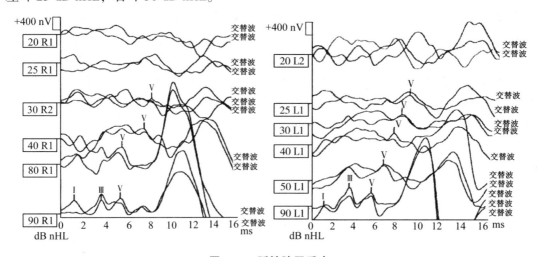

图3-26 听性脑干反应

（4）40 Hz 多频稳态反应阈 500 Hz、1 000 Hz、2 000 Hz、4 000 Hz（图 3-27）：左耳分别为 45 dB nHL、50 dB nHL、25 dB nHL、20 dB nHL，右耳分别为 45 dB nHL、45 dB nHL、25 dB nHL、20 dB nHL。

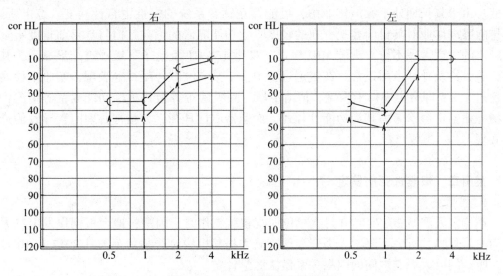

图 3-27　40 Hz 多频稳态反应阈

（5）畸变产物耳声发射（图 3-28、图 3-29）：双耳部分频率通过测试。

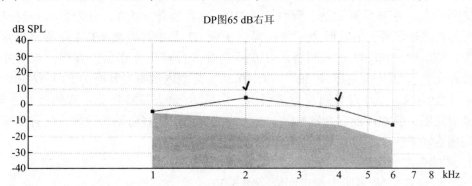

图 3-28　畸变产物耳声发射（右耳）

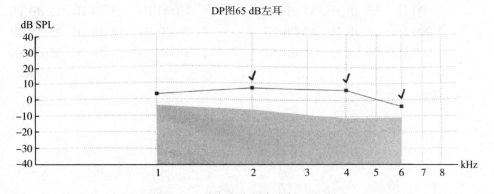

图 3-29　畸变产物耳声发射（左耳）

4. 分析与评析

根据案情,结合检验分析认为,从客观听力测试结果来看,王某确实存在轻度听觉功能障碍,但其声导抗、听觉诱发电位、颅内、听骨链及外耳道均正常,未发现器质性病变。由于其长期处于噪声作业中,可能存在感音系统的慢性退行性病变。综上所述,不排除噪声作业对其目前客观存在的轻度听觉功能障碍的影响,但与其目前重度听觉功能障碍的主观表现不符。头颅 MRI 检查、双耳乳突 CT 及电子耳镜检查结果显示,其颅内、听骨链及外耳道均正常。在鉴定过程中,王某有缄默、凝视等表现,实验室检测过程超过 5 min 即会出现口干舌燥、情绪不稳、呼吸困难等植物神经功能紊乱等情况,法医精神病鉴定会诊考虑其为功能性耳聋,而非器质性耳聋,为精神心理因素导致的癔症性表现。

案例二 爆震性聋的鉴定

1. 案情摘要

被鉴定人严某 2017 年 10 月在单位巡视包装工作时,因塑料地台板倒塌发出巨大声响而左耳耳鸣、听力下降。人力资源保障局委托某机构对严某耳聋与其 2017 年 10 月工作时听到的巨大声响之间的因果关系做法医学评定。

2. 病史摘要

当日左耳耳鸣、听力下降半天。半天前遇巨大噪声,无眩晕、恶心、呕吐、耳漏。PE:左外耳畅,左耳鼓膜完整,听力差。IMP:感音性聋(左)。电测听+声导抗检查:左耳听力高频区下降,右耳听力正常;当日头颅 CT 及中耳乳突 CT 未见明显异常。伤后 2 天住院治疗,住院期间电测听示:左耳全聋,右耳听力正常。查体:双侧外耳道畅,鼓膜完整。ABR 示左耳 50 dB,右耳 40 dB。复测电测听左耳听力 PTA 97 dB。声导抗提示 A 型曲线,左耳镫骨肌反射未引出。伤后 20 余天镜检所见:双侧外耳道通畅,双侧鼓膜完整、质地浑浊、光锥弥散、标志尚清晰。职业病防治医院多次纯音测听示左耳重度感音性聋。

3. 法医听力学检测

(1) 纯音气导/骨导听力测定阈值(图 3-30)。

左耳　　500 Hz　70 dB HL/40 dB HL　　　右耳　　500 Hz　20 dB HL/30 dB HL
　　　1 000 Hz　85 dB HL/35 dB HL　　　　　　1 000 Hz　25 dB HL/45 dB HL
　　　2 000 Hz　75 dB HL/40 dB HL　　　　　　2 000 Hz　15 dB HL/35 dB HL
　　　4 000 Hz　90 dB HL/25 dB HL　　　　　　4 000 Hz　10 dB HL/25 dB HL

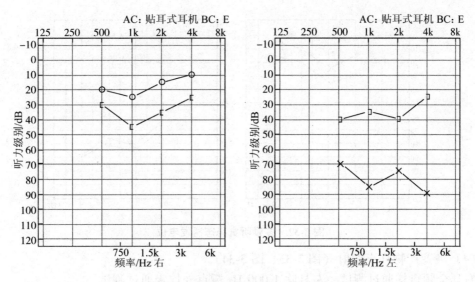

图 3-30　纯音气导/骨导听力测定阈值

（2）脑干听觉诱发电位（图 3-31）。

描述：左侧Ⅰ、Ⅲ波未引出，Ⅴ波潜伏期延长，右侧Ⅰ、Ⅲ、Ⅴ波潜伏期在正常范围，波形分化可。提示：左侧听觉传导通路障碍。Ⅴ波反应阈值左耳 90 dB nHL，右耳 20 dB nHL。

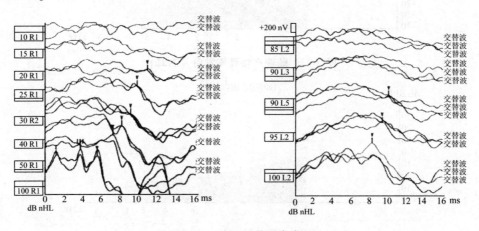

图 3-31　脑干听觉诱发电位

（3）多频听觉稳态诱发电位（图 3-32）。

左耳	500 Hz	70 dB nHL	右耳	500 Hz	30 dB nHL
	1 000 Hz	85 dB nHL		1 000 Hz	35 dB nHL
	2 000 Hz	80 dB nHL		2 000 Hz	20 dB nHL
	4 000 Hz	90 dB nHL		4 000 Hz	15 dB nHL

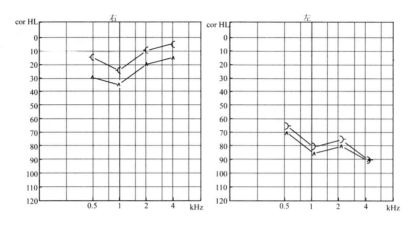

图3-32 多频听觉稳态诱发电位

（4）畸变产物耳声发射（图3-33、图3-34）。

右耳全频点均通过测试，左耳除1 000 Hz频点外均未通过测试。

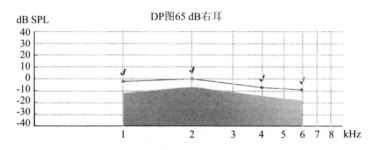

图3-33 畸变产物耳声发射（右耳）

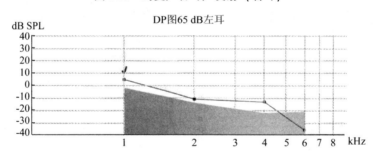

图3-34 畸变产物耳声发射（左耳）

（5）声阻抗。

双耳鼓室图呈A型，左耳镫骨肌反射异常，右耳镫骨肌反射正常。

4. 分析与评析

听力学检查结果显示，被鉴定人目前左耳属混合性耳聋，检查结果减去年龄修正值平均听阈大于61 dB HL，小于81 dB HL，属中等重度听力障碍。首先，由于被鉴定人出现听力障碍之前受到巨大噪声影响，高强度的噪声可引起强烈的迷路内液体流动，螺旋器剪式运动的范围加大，造成不同程度的盖膜—毛细胞的机械性损伤及前庭窗破裂、网状层穿孔、毛细血管出血，甚至螺旋器从基底膜上剥离等，导致听敏度下降、听阈增高；其次，被鉴定人 2015 年 4 月体检显示听力正常，2017 年 10 月在听到巨大噪声后即刻出现耳鸣、听力下降，其出现听力下降与工作中所接触的巨大噪声在时间上存在高度关联性，且为单侧发病；同时，被鉴定人头颅及中耳乳突 CT、电子耳镜检查未见明显异常。综上所述，被鉴定人有明确的巨大噪声接触史，存在导致听力下降的病理基础，且听力下降急剧，相关检查未发现导致其他听力障碍的器质性病变，考虑为爆震伤所致的周围性迷路震荡引起的听力障碍，故不能排除被鉴定人 2017 年 10 月巨大的噪声接触史与其左耳中等重度混合性耳聋之间存在因果关系。

案例三 听神经后耳聋的鉴定

1. 案情摘要

2018 年 10 月被鉴定人周某因交通事故致颅脑损伤，伤后出现左耳听力下降，委托方要求对其左耳听力下降的伤残等级做法医学评定。

2. 病史摘要

事故当日被鉴定人因颅面骨多发骨折、颅底骨折、耳内损伤等住院治疗，病程中出现左外耳道流血及听力下降等情况，经五官科会诊后予以营养神经及对症治疗。头颅CT 示颅内未见明显异常，左侧上颌窦壁、左侧鼻骨、颧骨、纸板骨折，左侧颞骨骨折累及乳突。

3. 法医听力学检测

(1) 纯音气导听力测定阈值（图 3-35）。

左耳	500 Hz	80 dB HL	右耳	500 Hz	25 dB HL
	1 000 Hz	80 dB HL		1 000 Hz	20 dB HL
	2 000 Hz	80 dB HL		2 000 Hz	20 dB HL
	4 000 Hz	75 dB HL		4 000 Hz	40 dB HL

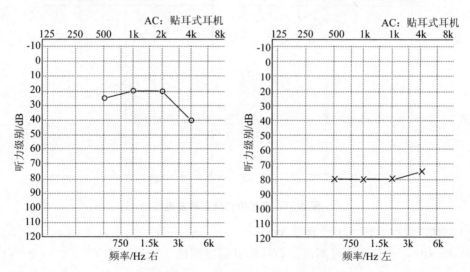

图 3-35　纯音气导听力测定阈值

（2）听觉脑干诱发电位（图3-36）。

左耳I波、Ⅲ波、V波潜伏期稍延长，波形分化尚可。V波反应阈值：左耳 65 dB nHL，右耳 20 dB nHL。

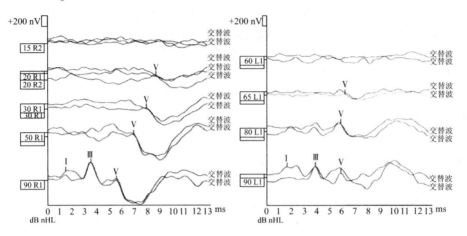

图 3-36　听觉脑干诱发电位

（3）多频听觉稳态诱发电位（图3-37）。

左耳	500 Hz	70 dB nHL	右耳	500 Hz	15 dB nHL
	1 000 Hz	60 dB nHL		1 000 Hz	10 dB nHL
	2 000 Hz	65 dB nHL		2 000 Hz	20 dB nHL
	4 000 Hz	65 dB nHL		4 000 Hz	30 dB nHL

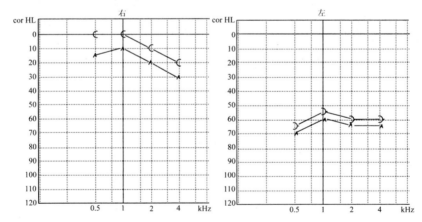

图 3-37　多频听觉稳态诱发电位

（4）耳声发射（图3-38、图3-39）。

65 dB SPL：左耳未通过测试，右耳部分通过测试。

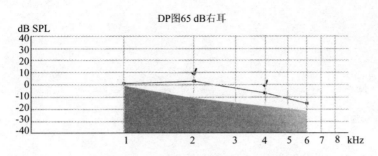

图 3-38　畸变产物耳声发射（右耳）

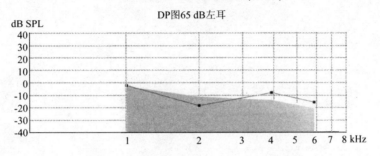

图 3-39　畸变产物耳声发射（左耳）

4. 分析与评析

CT 显示，被鉴定人左侧颞骨骨折累及乳突，伤后出现左耳流血及听力下降，考虑其存在左侧听神经损伤的病理基础，听力学检查结果显示其目前左耳中度神经感音性耳聋。综合各项检查结果减去年龄修正值平均听阈小于 61 dB HL，对照《人体损伤致残程度分级》标准第 5.10.2 条 18 款，被鉴定人左耳听力障碍尚未构成残疾等级。

（程荷英　张运阁　宋祥和）

参考文献

[1] 朱广友. 法医临床司法鉴定实务 [M]. 北京：法律出版社，2008.

[2] 郑周数，陈淑飞，李倩，等. ABR、40 Hz-AERP 和 ASSR 与主观纯音听阈测定的相关性研究 [J]. 中国中西医结合耳鼻咽喉科杂志，2019，27（3）：165-167，177.

[3] 程荷英，李春晓，张运阁，等. NBCE-chirp 40 Hz ASSR 反应阈与纯音听阈的比较研究及在司法鉴定中的应用分析 [J]. 中国司法鉴定，2019（2）：32-36.

[4] 刘文丽，石艳荣，王宝珍. TEOAE 联合 AABR 在 0~6 月龄婴儿听力复筛中的应用 [J]. 中国妇幼保健，2021，36（2）：332-334.

[5] 舒博，叶胜难，陈希杭，等. 耳蜗微音电位在婴幼儿听神经病诊断中的应用价值 [J]. 听力学及言语疾病杂志，2020，28（6）：624-626.

[6] 何白慧，张帆，孙夏雨，等. 外耳道耳蜗电图对梅尼埃病患者的诊断价值 [J]. 山东大学耳鼻喉眼学报，2020，34（5）：20-26.

[7] 傅新星，刘刚，刘博，等. 不同频率短纯音刺激声对颈肌前庭诱发肌源性电位的影响 [J]. 中国耳鼻咽喉头颈外科，2020，27（8）：434-437.

第四章

电生理在周围神经功能鉴定中的运用

第一节 脑 神 经

一、嗅神经

嗅神经是第一对颅神经,为特殊内脏感觉纤维,由上鼻甲以上和鼻中隔上部黏膜内的嗅细胞中枢突聚集而成,包括 20 多条嗅丝。嗅神经的主要功能是将对气味的感觉传递给大脑半球的嗅球。嗅神经穿过筛孔进入颅前窝,把嗅觉冲动传至嗅球,再经嗅三角、前穿质、透明隔传至嗅觉中枢。正常嗅觉功能的建立和维持,有赖于嗅觉传导通路解剖形态的完整性和正常的生理功能。颅前窝骨折累及筛板时,可撕脱嗅丝和脑膜,造成嗅觉障碍。其他情况如化学物质破坏、病毒感染、肿瘤压迫或先天因素均可能造成嗅觉障碍,甚至嗅觉丧失。

根据病变与损伤部位的不同,嗅觉功能障碍可分为外周传导性嗅觉障碍和中枢神经性嗅觉障碍。外周传导性嗅觉障碍指嗅束传导受阻不能到达嗅区,致使其不能感受气味或者敏感度下降,如上呼吸道病毒性感染、鼻窦疾病、鼻腔气道阻塞和损伤、鼻黏膜的病理学改变;或者外伤导致前颅窝损伤累及筛板而损伤嗅神经纤维。中枢神经性嗅觉障碍为中枢结构受损,虽有气流到达嗅区,但嗅觉中枢由于损伤或者病变,丧失了对嗅觉信号整合及感知的能力,多见于颅内肿瘤、颅脑外伤、神经系统变性疾病等。头颅 CT、MRI 等医学影像学检查是鉴别嗅觉障碍病因的重要手段之一。另外,嗅觉功能与年龄也存在一定的相关性,一般来说,年龄越大,嗅觉功能越差。

嗅觉功能的鉴定应该以主观检查和客观检查相结合的方法综合分析,才能保证对被鉴定人评估的客观性。主观检查主要是 T&T 嗅觉计测试、嗅棒测试(Sniffin' Sticks Test,SST),此类检查需要被鉴定人主观配合,打分评定主观性较强,在实际鉴定中只能作为辅助参考。刺激性物质如醋酸、酒精、福尔马林等可刺激三叉神经末梢,故不建议用于嗅觉检查。嗅觉功能的客观检查方法包括嗅觉事件相关电位(olfactory event-related potentials,OERPs)、嗅觉脑磁图、嗅觉系统结构成像(CT、MRI)和嗅觉功能成像(FMRI、PFT、SPECT),其中 OERPs 和 MRI 成像技术相对成熟可靠。

在对嗅觉的实际鉴定过程中,由于受索赔心理的影响,大部分被鉴定人对主观检查都存在一定的伪装或夸大表现,CT、MRI 检查对确定损伤的病理基础提供了影像学的证据,有利于鉴别伤者是否存在其他引起嗅觉功能障碍的自身疾病,如鼻窦炎、上呼吸道感染等。OERPs 是一项客观、准确的电生理检查,它反映的是嗅觉信号产生、传导及整合的电生理过程,可对嗅觉进行定性、定量分析。其原理为用气味刺激黏膜,通过计算机叠加技术,在头皮特定部位记录特异性脑电位,对 N_1、P_2、N_2 波的振幅及潜伏期做定量分析。嗅觉中枢的破坏导致中枢性嗅觉丧失者难以引出 OERPs 波,而呈杂乱无章的波形。而外周传导性嗅觉障碍，则是主观嗅觉功能检查显示嗅觉功能丧失，但OERPs存在，各波N_1、P_2的潜伏期延长，振幅下降[1]。此项检查对最终鉴定意见的出具具有举足轻重的作用。

二、视神经

视神经是第二对颅神经，由特殊躯体感觉纤维组成，传导视觉冲动。其由视网膜节细胞的轴突在视神经盘处聚集后穿过巩膜筛板构成。视神经在眶内长2.5～3 cm，行向后内穿经视神经管入颅中窝，颅内段长1～1.2 cm，经视交叉后，与对侧眼球视网膜颞侧一半的纤维结合，形成视束，终止于外侧膝状体，在此处换神经元后发出纤维经内囊后肢后部形成视辐射，终止于枕叶距状裂两侧楔回和舌回的中枢皮质，即纹状区。由于视神经是胚胎发生时间脑向外突出形成视器中的一部分，因此，视神经外面有三层由脑膜延续而来的被膜，脑的蛛网膜下隙也随之延伸至视神经周围，故在颅内压增高时，常常会出现视乳头水肿等症状。

视觉信号从视网膜光感受器开始到大脑枕叶视觉中枢的传导途径称为视路，视神经属于中枢性传导束，视神经损害系某种病因所致的视神经传导功能障碍。引起视神经损害的病因甚多，常见的病因有外伤、缺血、中毒、脱髓鞘、肿瘤压迫、炎症、梅毒等。视神经按照行经区域不同，可分为眼内段、眶内段、管内段和颅内段。任何区域的损伤都可能造成视觉障碍。

视力下降是视神经损伤的最常见主诉之一。有文献报道，在眼外伤的法医学鉴定中，接近70%的成年被鉴定人存在夸大或者企图夸大视力下降程度的心理。因此，如何对视觉功能进行客观的评定是司法鉴定中的难点。视觉电生理是临床眼科学与视觉生理学的重要分支内容，在法医学鉴定实践中，鉴定人采用视觉电生理的原理与方法，评价被鉴定人视觉功能检验结果的可靠性，对最终鉴定意见的形成起到十分重要的辅助与支持作用。目前常用的视觉电生理方法主要是视觉诱发电位（visual evoked potential，VEP），按照刺激形式的不同，VEP可分为闪光VEP（flash VEP，F-VEP）和图像VEP（pattern VEP，P-VEP），两者在诊断视神经损害方面各有优缺点：P-VEP能反映黄斑形觉功能，对视力大于或等于0.1者能提供大量的视信息；F-VEP反映光觉功能，能提供视路的传导信息[2]。需要注意的是，某些正常人由于不配合固视、未有效矫正屈光不正或故意压抑情绪也可能产生异常VEP，而这些因素对P-VEP影响明显，对F-VEP影响小。因此，鉴定人在选择用何种VEP对伤者进行检查时，需要结合伤者的实际外伤情况，建议同时进行P-VEP和F-VEP两项检测，以便能提供更多、更确切的有关视功能信息的证据，这为鉴别视路损伤及其严重程度、鉴别伪盲、估算视力值提供了有力的客观证据。

案例：被鉴定人刘某，男，50岁，因交通事故致左颞骨骨折，左眼眶壁多发骨折。损伤当时查体见左侧额面部、左眼眶部、左侧颌面部青紫肿胀，左侧瞳孔对光反射迟钝。入院后视力进行性下降，经对症治疗后无好转。出院时左侧瞳孔直接对光反射消失，间接对光反射存在，视力粗测为眼前手动。伤后6个月法医临床查体：左眼无光感，瞬目反射消失，瞳孔散大，直接对光反射消失，间接对光反射存在，眼底视乳头苍白，边界尚清。VEP检查未引出可靠波形，提示左侧视觉传导通路受损。眼部OCT检查示左侧视神经纤维层厚度大部分变薄，提示视神经萎缩（图4-1）。此次检查中，VEP具有举足轻重的作用，为最后的鉴定意见提供了可靠的客观证据。

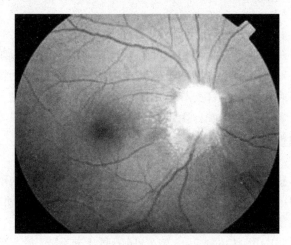

图4-1 视神经萎缩视乳头苍白表现

三、动眼神经

动眼神经是第三对颅神经，为运动神经，含有一般躯体运动和一般内脏运动两种纤维。动眼神经自中脑腹侧脚间窝出脑，紧贴小脑幕切迹缘和蝶鞍后床突侧方前行，穿行于海绵窦外侧壁上部继续前行，经眶上裂入眶，分为上、下支。上支较细小，分布于上睑提肌和上直肌；下支粗大，分布于下直肌、内直肌、下斜肌。动眼神经中的内脏运动纤维由下斜肌支单独以小支分出，称睫状神经节短根，进入视神经后段外侧的睫状神经节交换神经元后，节后纤维进入眼球，分布于睫状肌和瞳孔括约肌，参与调节反射和瞳孔对光反射。动眼神经损伤后可出现上睑下垂、瞳孔斜向外下方、瞳孔扩大及对光反射消失等症状。

当动眼神经损伤时，临床上会出现眼肌麻痹、复视、瞳孔大小及瞳孔反射改变。患者最主要的症状是双眼同时看东西时会出现复视，会感到头晕、恶心，总习惯闭着一只眼睛看东西。患者瞳孔散大，瞳孔的对光反射消失、调节反射消失，眼球还会轻度突出。患者眼位会出现向一方偏斜，常见向外偏斜，眼球向内、向上转动不到位，或者完全受限。动眼神经损伤多由外伤或者颅内占位性病变、缺血性疾病引起，所以鉴定时应行颅脑的MRI、CT检查及全身的相关检查，以排除自身疾病干扰。

四、滑车神经

滑车神经是第四对颅神经，为运动神经，自中脑背侧下丘下方出脑，向前绕过大脑脚，于后床突后方穿硬脑膜，入海绵窦的外侧壁，最后经眶上裂入眶，在眶内进入上斜肌的眶面，并支配该肌，使眼球向外下方转动。

动眼神经和滑车神经损伤时，鉴定人主要通过观察伤者的眼球位置及运动来进行判断。眼位的观察可以用聚光手电置于伤者正前方，通过观察双眼角膜映光点的位置判断伤者是否存在斜视，也可以通过交替遮盖试验来判断是否存在隐性斜视。检查眼球运动时可以要求伤者向内侧、外侧、上方、下方及内上方、内下方、外上方、外下方八个方向注视，观察两眼球活动是否对称，眼球各方向转动有无障碍。眼球运动受限的伤者，一般都存在复视的情况。此类检查主要还是依靠鉴定人的实际经验，必要时可借助专科医生的会诊。

五、三叉神经

三叉神经是第五对颅神经，为最粗大的混合性脑神经，含一般躯体感觉和特殊内脏运动两种纤维。其特殊内脏运动纤维起于脑桥中段的三叉神经运动核，纤维组成三叉神经运动根，由脑桥基底部与脑桥臂交界处出脑，位于感觉根下内侧，最后进入三叉神经第三支下颌神经中，经卵圆孔出颅，随下颌神经分支分布于咀嚼肌等。三叉神经由眼神经、上颌神经、下颌神经组成。

（一）眼神经

眼神经仅含躯体感觉纤维，穿行于海绵窦外侧壁，位于伴行的动眼神经、滑车神经下方，继而经眶上裂入眶，分支分布于眶、眼球、泪腺、结膜、硬脑膜、部分鼻黏膜、额顶部及上睑和鼻根部的皮肤。眼神经分支包括额神经、泪腺神经、鼻睫神经。额神经较粗大，位于上睑提肌的上方，分2~3支，其中眶上神经较大，经眶上切迹，分支分布于额顶部皮肤。泪腺神经细小，沿眶外侧壁、外直肌上缘前行至泪腺，分布于泪腺和上睑的皮肤。鼻睫神经在上直肌的深面，越过视神经上方达眶内侧壁。此神经分出许多分支，分别分布于眼球、蝶窦、筛窦、下睑、泪囊、鼻腔黏膜和鼻背皮肤。

（二）上颌神经

上颌神经仅含躯体感觉纤维，进入海绵窦外侧壁，沿其下部向前经圆孔出颅，进入翼腭窝上部，继续前行经眶下裂入眶，延续为眶下神经。主要分布于上颌牙齿、口腔和鼻腔黏膜、硬脑膜及睑裂与口齿之间的皮肤。主要分支为眶下神经、颧神经、上牙槽神经、翼腭神经。

（三）下颌神经

下颌神经为三叉神经三大分支中最粗大的一支，是混合性神经。其由特殊内脏运动纤维和一般躯体感觉纤维组成，穿卵圆孔出颅，发出耳颞神经、颊神经、舌神经、下牙槽神经及咀嚼肌神经。其运动纤维支配咀嚼肌等；感觉纤维管理颞部、口裂以下的皮肤，舌前2/3黏膜及下颌牙、牙龈的一般感觉。一侧三叉神经损伤时出现同侧面部皮肤及眼、口和鼻黏膜一般感觉丧失，角膜反射因角膜感觉丧失而消失，一侧咀嚼肌瘫痪和萎缩，张口时下颌偏向患侧。

三叉神经体感诱发电位是由电刺激或者物理刺激神经纤维后所引发的，可在头皮或躯干记录到信号，该诱发电位反映了大脑皮质和皮质下对刺激进行的处理，与刺激具有时间同步的关系。当三叉神经被刺激时，其所产生的诱发电位称作三叉神经体感诱发电位。临床上体感诱发电位由于检测方法和技术上的差别，在图形和相关数据上尚未有统一结论。一般认为，记录到的波形根据时程长短分为"早成分"和"晚成分"："早成分"为前50 ms内记录的波形，"晚成分"为50 ms以后直到500 ms内记录的波形。在12 ms内的"早成分"波形，因潜伏期极短、电位极低（说明它起源于远离皮质的脑干），所以称为"远场电位"，目前应用较为广泛。结合伤者的损伤病理基础，通过有针对性的体格检查，鉴定人可以做出较准确的判断，以支持自己的法医学诊断。

六、外展神经

外展神经是第六对颅神经，属于躯体运动神经，起于脑桥被盖部的展神经核，纤维向腹侧自脑桥延髓沟中线两侧出脑，前行至颞骨岩部尖端，自后壁穿入海绵窦，在窦内沿颈内动脉外下方前行，经眶上裂入眶，分布于外直肌，损伤可引起外直肌瘫痪，产生内斜视。

外展神经损伤特点比较明显，一般临床表现突出，主要表现为伤眼内斜视。

案例：李某，12岁，因交通事故致左侧外展神经损伤，经医院对症治疗后，预后恢复不佳。伤后6个月鉴定，法医临床检验发现其左眼球内收位，瞳孔已经接近内眦部，外展完全不能，眼球运动受限严重，因此无法进行眼底检查，也无法进行视觉诱发电位检查，仅鼻侧象限有光感，其余各象限均无光感，属于盲目4级，根据《人体损伤致残程度分级》第5.8.2.7条，评定为八级伤残。此案例比较特殊，外展神经损伤严重，而且恢复不佳，导致眼球内收，不能活动，尽管没有明显证据证明被鉴定人视神经损伤，但其表现和法医临床体检基本一致，由于其视力已经属于盲目4级，故在评定伤残时候，就不存在眼球运动障碍引起斜视或者复视的伤残评定。

七、面神经

面神经是第七对颅神经，为混合性脑神经，含有4种纤维成分：特殊内脏运动纤维主要支配面肌的运动；一般内脏运动纤维分布于泪腺、下颌下腺、舌下腺及鼻、腭的黏膜腺，控制上述腺体分泌；特殊内脏感觉纤维即味觉纤维，分布于舌前2/3黏膜的味蕾；一般躯体感觉纤维传导耳部皮肤的躯体感觉和表情肌的本体感觉。

面神经由两个根组成：一个是较大的运动根，自脑桥小脑角区、脑桥延髓沟外侧部出脑；另一个是较小的混合根，称为中间神经，自运动根的外侧出脑，两根进入内耳门合成一干，穿内耳道底进入与中耳鼓室相邻的面神经管，先水平走行，后垂直下行由茎乳突出颅，向前穿过腮腺到达面部。面神经管内有膨大的膝神经节。

面神经管内分支：① 鼓索，鼓索含两种纤维，味觉纤维随舌神经分布于舌前2/3的味蕾，传导味觉冲动；副交感纤维进入舌神经下方的下颌下神经节，换元后节后纤维分布于下颌下腺和舌下腺，支配腺体分泌。② 岩大神经含有副交感的分泌纤维，自膝神经节处分出后，经颞岩部前面的岩大神经裂孔穿出前行，穿破裂孔至颅底，与来自颈内动脉交感丛的岩深神经合成翼管神经，穿翼管前行至翼腭窝，进入翼腭神经节。副交感纤维在此节换元后，随神经节的一些分支及三叉神经的分支到达泪腺、腭及鼻黏膜的腺体，支配其分泌。③ 镫骨肌神经支配鼓室内的镫骨肌。

颅外分支：面神经出茎乳孔后即发出3小支，支配枕肌、耳周围肌、二腹肌后腹和茎突舌骨肌。面神经主干前行进入腮腺实质，在腺内分支组成腮腺内丛，由丛发分支至腮腺前缘，呈辐射状穿出，分布于诸表情肌。具体分支如下：① 颞支，支配额肌和眼轮匝肌等。② 颧支，支配眼轮匝肌及颧肌等。③ 颊支，在腮腺导管上、下方走行，至颊肌、口轮匝肌及其他口周围肌。④ 下颌缘支，沿下颌缘向前，分布于下唇诸肌。⑤ 颈支，在下颌角附近下行于颈阔肌深面，支配该肌。

面神经最常见的损伤部位为鼓室段和乳突段，常见于颞骨骨折、面部外伤、产伤及中耳乳突或颞骨部位手术引起的医源性损伤，面神经管内出血、神经鞘膜挫伤和神经水肿，以及因碎骨片或听骨嵌入骨管，或骨折处骨管移位等。

面瘫又称为面神经麻痹，是一组由多种原因造成面神经损伤，以面部表情功能部分或全部丧失及组织营养障碍为主要表现的综合征。面神经行程长，损伤部分不同，可呈现不同的临床表现：① 中枢性面瘫（图4-2），为核上组织（包括皮质、皮质脑干纤维、内囊、脑桥等）受损所引起，可出现病灶对侧颜面下部肌肉麻痹，从上到下表现为鼻唇沟变浅，露齿时口角下垂（或称口角歪向病灶侧，即瘫痪面肌对侧），不能吹口哨和鼓腮等。该表现多见于脑血管病变、脑肿瘤和脑炎等。② 周围性面瘫（图4-3），为面神经核或面神经受损所引起，可出现病灶同侧全部面肌瘫痪，从上到下表现为不能皱额、皱眉、闭目、角膜反射消失，鼻唇沟变浅，不能露齿、鼓腮、吹口哨，口角下垂（或称口角歪向病灶对侧，即瘫痪面肌对侧）。该表现多见于受寒、耳部或脑膜感染、神经纤维瘤引起的周围型面神经麻痹。此外，周围性面瘫还可出现舌前2/3味觉障碍。

图4-2　中枢性面瘫　　　　图4-3　周围性面瘫

针对面神经损伤的被鉴定人，原始就诊病历资料中基本都会有明确诊断，会有明确的损伤病历基础，面神经损伤还可伴有外耳道出血和脑脊液耳漏。鉴定查体时，结果应与损伤及病历资料记载相符合，尽量排除一些在事故后由伤者自身疾病引起的面神经损伤的情形，以避免鉴定失误。面肌检查要先观察两侧额纹有无消失，眼裂有无增宽，鼻唇沟有无变浅，然后请患者做皱额、皱眉、闭眼、露齿、鼓腮、吹口哨等动作，观察两侧运动是否对称，口角是否下垂或歪向了一侧。检查味觉时，嘱患者伸舌，用棉签蘸不同味觉的物质涂于一侧2/3舌面，两侧对比检查。

电生理检查须观察两侧面神经运动传导的潜伏期、峰值振幅及面部两侧瞬目反射的情况。患侧面神经运动传导的潜伏期长于健侧面神经运动传导的潜伏期，患侧面神经运动传导的峰值振幅小于健侧面神经运动传导的峰值振幅。伤者面部两侧均出现瞬目反射传出异常，其面部患侧未引出 R_1 波、R_2 波或引出的 R_1 波、R_2 波的潜伏期延长；其面部患侧引出的 R_2' 波正常；其面部健侧引出的 R_1 波及 R_2 波均正常；其面部健侧未引出 R_2' 波或引出的 R_2' 波的潜伏期延长。这样可以较客观地对伤者的面神经损伤进行印证。

八、前庭蜗神经

前庭蜗神经是第八对颅神经，为特殊感觉性脑神经，含有传导平衡觉和传导听觉的特殊躯体感觉纤维，包括前庭神经和蜗神经。前庭神经传导平衡觉：其双极感觉神经元胞体在内耳道底聚集成前庭神经节；其周围突穿内耳道底分布于内耳球囊斑、椭圆囊斑和壶腹嵴中的毛细胞，中枢突组成前庭神经，经内耳门入颅，在脑桥小脑角处经脑桥延髓沟外侧部入脑，止于前庭神经核群和小脑等部。蜗神经传导听觉：其双极感觉神经元胞体在内耳部耳蜗的蜗轴内，聚集成蜗神经节；其周围突分布于内耳螺旋器上的毛细胞，中枢突集成蜗神经，经内耳门入颅，于脑桥小脑角处，经脑桥延髓沟外侧部入脑，止于附近的蜗神经腹侧、背侧核。前庭蜗神经损伤后表现为伤侧耳聋、平衡功能障碍、眼球震颤，同时多伴有呕吐等症状。

前庭平衡功能障碍表现为平衡障碍、眩晕、眼球震颤。在实际鉴定中，单独出现前庭感受器损伤的情况较少见，一般见于头部外伤中，往往合并其他部位的损伤，伴有颅脑损伤或者听力损伤的情况较为多见。同时，前庭平衡功能的损害往往在损伤当时较为严重，但经过适当治疗及患者自身主动锻炼后，部分功能可以代偿，对日常生活及工作影响较小。

听力障碍的检查常规进行内容包括：① 纯音听阈测试，测试频率应包括 0.25 kHz、0.5 kHz、1 kHz、2 kHz、4 kHz 及 8 kHz，同时建议在相同条件下进行多次复查，以排除伪聋或夸大聋。② 声导抗测试，是客观测试中耳传音系统的生物物理学方法，可以排除或确定传导性听力障碍、鉴别非器质性听力障碍，常规进行鼓室图和声反射阈测试，必要时增加声反射衰减试验。③ 听觉诱发电位测试，包括短声听性脑干反应、耳蜗电图描记、40 Hz 听觉相关电位、短音听性脑干反应、听性稳态反应、皮层诱发电位测试[3]。

案例：陈某，女，45 岁，因交通事故头部损伤入院。入院诊断：左颞叶脑挫裂伤伴血肿，左侧颞骨骨折，左侧听神经损伤。入院时嗜睡，GCS 为 12 分，左耳道见陈旧性血迹，双侧瞳孔等大等圆，对光反射灵敏；四肢肌张力可，肌力检查不合作，生理反射存在，病理反射未引出。入院后予止血、抗炎、营养脑神经治疗，住院期间患者诉左耳听力下降，查诱发电位提示左侧听神经损伤。伤后 8 个月临床体检发现其左耳听力障碍，诱发电位显示左耳未引出可靠波形，提示左耳传导通路障碍，纯音测定提示左耳听力丧失。对照《人体损伤致残程度分级》第 5.8.2.11 条，被鉴定人构成八级伤残。此类损伤首先要病理基础明确，有相关的病历记载，再结合其损伤部位与最终的检查结果是否一致，评定伤残等级。此类损伤对鉴定人的专业技术能力要求特别高，专业性比较强，同时还要排除伪聋的可能，因此须在客观检查的基础上，正确分析损伤情况，最终得出科学公正的意见。

九、舌咽神经

舌咽神经是第九对颅神经，为混合性脑神经，含有 5 种纤维成分：① 特殊内脏运动纤维，支配茎突咽肌；② 副交感纤维，支配腮腺分泌；③ 一般内脏感觉纤维，周围突分布于咽、舌后 1/3，咽鼓管和鼓室等处黏膜，以及颈动脉窦和颈动脉小球，中枢突传导一般内脏感觉；④ 特殊内脏感觉纤维，周围突分布于舌后 1/3 的味蕾，中枢突终止于孤束核上部；⑤ 一般躯体感觉纤维很少，周围突分布于耳后皮肤，中枢突止于三叉神经脊束核。舌咽神经主管咽喉部黏膜的感觉、一部分唾液腺的分泌和舌后 1/3 的味觉，与第十对迷走神经一起主管咽喉部肌肉的运动。其主要控制茎突咽肌、腮腺体、部分味蕾并收集来自耳部后部的感觉等。

颈动脉手术、颈椎前入路手术、甲状腺手术等常可误伤舌咽神经颅外段；颅后窝颈静脉孔区手术可误伤舌咽神经的颅内段及颈静脉孔段。外伤造成颅底骨折时，骨折线经枕骨髁累及颈静脉孔，挫伤或挤压舌咽神经。舌咽神经常与后组颅神经同时受累，单独的舌咽神经损伤临床上极为少见。一侧舌咽神经损伤表现为同侧舌后1/3味觉消失，舌根及咽峡区痛觉消失，同侧咽肌无力。

十、迷走神经

迷走神经是第十对颅神经，为混合性神经，是行程最长、分布最广的脑神经，含有4种纤维成分：① 躯体运动纤维，支配咽喉的骨骼肌，可随意运动；② 内脏运动副交感纤维，为迷走神经的主要成分，分布于胸腔内脏器（如气管、支气管、肺、心脏等）和腹腔内脏器（如肝、胰、脾、肾、肾上腺以及胃至横结肠间的消化管等），调节这些器官的活动；③ 内脏感觉纤维，传导胸、腹腔内脏器的感觉冲动；④ 躯体感觉纤维，传导耳廓、外耳道及胸膜的一般感觉。迷走神经主干损伤时表现为心率加快、恶心、呕吐、呼吸深慢等，由于咽喉肌瘫痪，机体可出现声音嘶哑、言语困难、吞咽障碍等。

迷走神经沿途发出许多分支，其中较重要的分支如下。

（一）颈部的分支

（1）喉上神经，在舌骨大角水平分成内、外支。外支细小，含躯体运动纤维伴甲状腺上动脉下行，支配环甲肌；内支为感觉支，伴喉上动脉穿甲状舌骨膜入喉腔，分布于咽、会厌、舌根及声门裂以上的喉黏膜，传导一般内脏感觉及味觉。

（2）颈心支，有上、下两支。上支有一分支称为主动脉神经或减压神经，分布于主动脉弓壁内，感受血压变化和化学刺激。

（3）耳支，发自迷走神经上神经节，含躯体感觉纤维，向后走行分布于耳廓后面及外耳道皮肤。

（4）咽支，分布于咽缩肌、软腭的肌肉及咽部黏膜。

（5）脑膜支，分布于颅后窝硬脑膜，传导一般感觉冲动。

（二）胸部的分支

（1）喉返神经，左、右喉返神经的起点和行程有所不同。右喉返神经在迷走神经干经右锁骨下动脉前方处发出后，由下方沟绕此动脉上行，返回颈部；左喉返神经发起点稍低，在左迷走神经干跨过主动脉弓前方时发出，继而绕主动脉弓下后方上行，返回颈部。

（2）支气管支和食管支，是左右迷走神经在胸部发出的若干小支，与交感神经的分支共同构成肺丛和食管丛，然后再发出细支分布于气管、支气管、肺及食管。其主要含内脏感觉纤维和内脏运动纤维，传导脏器和胸膜感觉的同时支配器官的平滑肌及腺体。

（三）腹部的分支

（1）胃前支，分布于胃前壁，其终支以"鸦爪"形分布于幽门部前壁。

（2）肝支，由迷走神经前干在贲门附近分出，向右行于小网膜内，参加构成肝丛，随肝固有动脉分支分布于肝、胆囊等处。

(3) 胃后支，由迷走神经后干在贲门附近发出，沿胃小弯后面走行，沿途分支分布于胃后壁。终支与胃前支相似，也似"鸦爪"形，分支分布于幽门窦及幽门管后壁。

(4) 腹腔支，为迷走神经后干的终支，向右行至腹腔干附近，与交感神经一起构成腹腔丛，伴腹腔干、肠系膜上动脉及肾动脉等血管分支分布于肝、胆、胰、脾、肾及结肠左曲以上的腹部消化管。

迷走神经主干损伤后，内脏活动障碍表现为脉速、心悸、恶心、呕吐、呼吸深慢和窒息等症状，由于咽喉感觉障碍和肌肉瘫痪，机体可出现声音嘶哑、言语和吞咽困难，腭垂偏向一侧等症状。

十一、副神经

副神经是第十一对颅神经，为运动性脑神经，由脑根和脊髓根两部分组成。脑根的纤维为特殊内脏运动纤维，起自疑核，自迷走神经根下方出脑后与脊髓根同行，经颈静脉孔出颅，此后加入迷走神经，支配咽喉肌。脊髓根的纤维为特殊内脏运动纤维，起自脊髓颈部的副神经脊髓核，由脊神经前后根之间出脊髓，在椎管内上行，经枕骨大孔入颅腔，与颅根会合一起出颅腔；出颅腔后，又与颅根分开，绕颈内静脉行向外下，经胸锁乳突肌深面继续向外下斜行进入斜方肌深面，分支支配此二肌。

一侧副神经脊髓支的单独损伤或其脊髓核损害时，同侧胸锁乳突肌及斜方肌瘫痪，并有萎缩。因对侧胸锁乳突肌占优势，故平静时下颌转向患侧，而在用力时向对侧转头无力，患侧肩下垂，不能耸肩，肩胛骨位置偏斜，以及其所支配的肌肉萎缩。因肩胛骨移位，臂丛神经受到慢性牵拉，患侧上肢上举和外展受限制。晚期由于瘢痕刺激，机体可发生痉挛性挛缩（斜颈）畸形。双侧损害时，患者头颈后仰及前屈无力。颅底骨折或枪弹伤引起的副神经损伤、颈静脉孔区病变、枕骨大孔区病变、脑桥小脑角巨大病变、颅底广泛性病变引起的副神经损害及延髓核性瘫痪，常与后组脑神经及其他脑神经损害同时出现。

十二、舌下神经

舌下神经是第十二对颅神经，为运动性脑神经，主要由一般躯体运动纤维组成。该神经由延髓的舌下神经核发出后，以若干根丝自延髓前外侧沟出脑，向外侧经舌下神经管出颅，继而在颈内动、静脉之间弓形向前下走行，达舌骨舌肌浅面，在舌神经和下颌下腺管下方穿颏舌肌入舌内，支配全部舌肌和大部舌外肌。

一侧舌下神经完全损伤时，患侧半舌肌瘫痪，伸舌时舌尖偏向患侧，舌肌瘫痪时间过长可造成舌肌萎缩。舌下神经只接受对侧皮质延髓束支配。舌下神经的中枢性损害引起对侧中枢性舌下神经麻痹，舌肌无萎缩，常伴有偏瘫，多见于脑血管意外。周围性舌下神经麻痹时，舌显著萎缩。舌下神经核的进行性变性疾病还可伴有肌肉震颤。

第九至十二对后组颅神经损伤在实际鉴定过程中比较少见，除去自身疾病所致外，以火器伤、骨折和手术误伤为主，鉴定过程中仍以临床体格检查为主，结合原发性损伤的基础及就诊病历资料，根据各自的不同表现进行认定。

第二节 脊神经

周围神经系统（peripheral nervous system）一端连于中枢神经系统的脑或脊髓，另一端借各种末梢装置连于身体各系统、器官。其中与脊髓相连的为脊神经[4]。脊神经损伤在司法鉴定中较为常见，对脊神经损伤做出科学公正的司法鉴定离不开神经电生理检查。

一、脊神经的解剖结构

脊神经（spinal nerves）共 31 对，每对脊神经连于一个脊髓节段，每对脊神经借前根连于脊髓前外侧沟，借后根连于脊髓后外侧沟。前、后根均由许多根丝构成，一般前根属于运动性的，后根属于感觉性的，两者在椎间孔处合成一条脊神经，因此脊神经既含感觉纤维又含运动纤维，为混合性的[2]。脊神经后根在椎间孔附近有椭圆形的膨大，称为脊神经节，其中含假单极的感觉神经元，其中枢突构成了脊神经后根。31 对脊神经分 5 部分：8 对颈神经（cervical nerves），12 对胸神经（thoracic nerves），5 对腰神经（lumbar nerves），5 对骶神经（sacral nerves）和 1 对尾神经（coccygeal nerves）。第 1 颈神经干经寰椎于枕骨之间穿出椎管，第 2—7 颈神经干均经同序数颈椎上方的椎间孔穿出，而第 8 颈神经干经第 7 颈椎下方的椎间孔穿出。12 对胸神经干和 5 对腰神经干都经同序数椎骨下方的椎间孔穿出。第 1—4 骶神经由同序数的骶前孔、骶后孔穿出，第 5 骶神经和尾神经则经骶管裂孔穿出。由于椎管比脊髓长，各部椎体高度和椎间盘厚度不同，因此，脊神经前、后根在椎管内走行的方向和长度也各异。颈神经根最短，行程近于水平位；胸神经根则较长，斜行向下；而腰、骶神经根较长，近似垂直下行，构成了马尾（cauda equina）。在椎间孔处，脊神经有如下重要毗邻结构：前方为椎体及椎间盘，后方为关节突和黄韧带；上方为上位椎弓的椎下切迹，下方为下位椎弓的椎上切迹。因此脊柱的病变如椎间盘脱出、椎骨骨折、骨质或韧带增生都会累及脊神经，使其出现感觉和运动障碍。另外，伴脊神经穿经椎间孔的还有脊髓的动脉、静脉和脊神经的脊膜支。混合性脊神经中含有躯体感觉纤维、内脏传入纤维、躯体运动纤维、内脏运动纤维 4 种纤维成分。脊神经干很短，出椎间孔后立即分为 4 支，即脊膜支、交通支和后支、前支。脊膜支（meningeal branch）也称窦椎神经（sinuvertebral nerves）。每条脊膜支都接受来自邻近交通支或胸交感神经节的分支，然后再经椎间孔返入椎管，分成横支、升支和降支，分布于脊髓被膜、血管壁、骨膜、韧带、椎间盘等处。上 3 对颈神经脊膜支的升支较大，分布于颅后窝的硬脑膜。交通支（communicating branch）为连于脊神经与交感干之间的细支。其中，发自脊神经连于交感干的为白交通支，因由髓纤维构成而得名；而发自交感干连于脊神经的为灰交通支，因由无髓纤维构成而得名。后支

(posterior branch)为混合性，较细，经相邻椎骨横突之间或骶后孔向后走行。除骶神经外，一般脊神经后支绕上关节突外侧向后行至相邻横突之间再分为内侧支和外侧支，它们又都分成肌支和皮支，肌支分布于项、背、腰骶部深层肌，皮支分布于枕、项、背、腰、骶、臀部的皮肤。其中，第1颈神经后支较粗大，称为枕下神经（suboccipital nerve），穿经寰椎后弓上方和椎动脉下方，分布于椎枕肌。第2颈神经后支的皮支粗大，称为枕大神经（greater occipital nerve），穿斜方肌腱达皮下，分布于枕项部皮肤。第3颈神经后支的内侧支也穿过斜方肌，称为第3枕神经（third occipital nerve），分布于枕下区皮肤。腰神经后支及其分出的内侧支和外侧支在各自行程中，都分别经过横突、关节突和韧带构成的骨纤维孔，以及腰椎乳突与副突间的骨纤维管，或穿过胸腰筋膜裂隙。在正常情况下，这些孔管或裂隙对通行其内的血管、神经有保护作用，但若孔、管周围骨质增生或韧带硬化则造成对腰神经后支的压迫，这常是造成腰腿痛的重要原因，可通过压迫缓解术治疗。第1—3腰神经后支的外侧支较粗大，分布于臀上部皮肤，称为臀上皮神经（superior gluteal nerves）。第1—3骶神经后支的皮支分布于臀中区皮肤，称为臀中皮神经（middle gluteal nerves）。前支（anterior branch）粗大，为混合性，分布于躯干前外侧及四肢的肌肉和皮肤。人类胸神经前支保持原有的节段性走行和分布，其余各部脊神经前支分别交织成丛形成4个脊神经丛，即颈丛、臂丛、腰丛和骶丛，由各丛再发出分支。

脊神经走行分布具有4个规律：① 较大的神经干多与血管伴行，行于同一个结缔组织鞘内，构成血管神经束，也如血管一样多行于关节屈侧，分浅部分支和深部分支。② 较大神经的分支一般分为皮支、肌支和关节支。皮支从深面穿过深筋膜浅出于皮下，可与浅静脉伴行分布，主要含躯体感觉纤维和内脏运动纤维（后者支配血管平滑肌、竖毛肌及汗腺）。肌支多从肌的近侧端、起点附近发出并伴血管一起入肌，主要含躯体运动和躯体感觉纤维。关节支在关节附近发出，为一条行程较长的神经，沿途往往发出多条支，达数个关节。同样，一个关节可同时接受几条神经的关节支，关节支主要由躯体感觉纤维组成。③ 胚胎发育过程中，某些大神经的伴行血管可因退化而不显著，如成人坐骨神经无伴行血管。④ 分布区有一定的节段性和重叠性。

（一）颈丛

1. 颈丛的组成和位置

颈丛（cervical plexus）第1—4颈神经前支交织构成位于胸锁乳突肌上部深面中斜角肌和肩胛提肌起端的前方。

颈丛分支包括行向表浅的皮支、分布至深层肌内的肌支和与其他神经的交通支。浅皮支较集中于胸锁乳突肌后缘中点附近浅出后，再散开向各方，其浅出位置是颈部浅层结构浸润麻醉的一个阻滞点。主要分支如下：① 枕小神经（lesser occipital nerve）（C_2）沿胸锁乳突肌后缘上行，分布于枕部及耳廓背面上部的皮肤。② 耳大神经（great auricular nerve）（C_2、C_3）沿胸锁乳突肌表面向耳垂方向上行，分布于耳廓及附近皮肤。耳大神经干长度达 5.5~7.4 cm，横径在 2~4 mm，受枕、耳后动脉分支供应，是可供移植的神经干之一。③ 颈横神经（transverse nerve of neck）（C_2、C_3）也称颈皮神经，发出后横过胸锁乳突肌表面向前行，分布于颈部皮肤，常与面神经有交通支。④ 锁骨上神经（supraclavicular nerves）（C_3、C_4）有 2~4 支辐射状行向下、外方，分布于颈侧区、胸壁上部和肩部的皮肤。

2. 颈丛的分支

颈丛肌支主要支配颈部深层肌、肩胛提肌、舌骨下肌群和膈。膈神经（phrenic nerve）（C_3~C_5）是颈丛中最重要的分支，先位于前斜角肌上端外侧，继而沿该肌前面下降至肌内侧，在锁骨下动、静脉之间经胸廓上口进入胸腔，此后与心包膈血管伴行，经肺根前方在纵隔胸膜与心包之间下行达膈，于中心腱附近穿入膈肌，膈神经中的运动纤维支配膈肌，感觉纤维分布于胸膜和心包及膈下面的部分腹膜。一般认为右膈神经的感觉纤维分布到肝、胆囊和肝外胆道的浆膜。

膈神经损伤的主要表现是同侧半膈肌瘫痪，腹式呼吸减弱或消失，严重者可有窒息感。膈神经受刺激时可产生呃逆。

副膈神经（accessory phrenic nerve）出现率约为 48%，常见于一侧，可发自第 4、5 或第 6 颈神经，多位于膈神经外侧下行，于锁骨下静脉上、下方加入膈神经内。颈丛与其他神经之间还存在一些交通支，包括颈丛与副神经、迷走神经和交感神经之间的交通支等。其中最重要的是颈丛与舌下神经之间的交通联系。其由第 1 颈神经部分纤维加入舌下神经内并随舌下神经下行，分出颏舌骨支和甲状舌骨肌支后，余部纤维继续下行构成舌下神经降支（实为第 1 颈神经纤维），与第 2、3 颈神经部分纤维组成的神经降支在环状软骨水平结合成颈袢（ansa cervicalis）（也称舌下神经袢），由袢发出分支支配舌骨下肌群。

（二）臂丛

1. 臂丛的组成和位置

臂丛（brachial plexus）由第 5—8 颈神经前支和第 1 胸神经前支大部分纤维组成，先经斜角肌间隙穿出，位于锁骨下动脉的后上方，继而经锁骨后方进入腋窝。臂丛的五个来源反复分支、组合后，最后形成三个束。在腋窝内，三个束分别从内侧、后方、外侧包围腋动脉中段，因而分别称为臂丛内侧束、后束和外侧束。

2. 臂丛的分支

臂丛的分支可依据其发出的局部位置分为锁骨上部分支和锁骨下部分支。

（1）锁骨上部分支：锁骨上部分支多为短肌支，分布于颈深肌、背部浅层肌（斜方肌除外）、部分胸上肢肌及上肢带肌。其主要长分支有胸长神经、肩胛背神经、肩胛上神经。

① 胸长神经（long thoracic nerve）（C_5—C_7）起自神经根，经臂丛后方进入腋窝，沿胸侧壁前锯肌表面伴随胸外侧动脉下行，分布于前锯肌和乳房。此神经损伤可引起前锯肌瘫痪，肩胛骨脊柱缘翘起出现"翼状肩"体征。

② 肩胛背神经（dorsal scapular nerve）（C_4、C_5）起自神经根，穿中斜角肌向后越过肩胛提肌，在肩胛骨与脊柱间伴肩胛背动脉下行，分布于菱形肌和肩胛提肌。

③ 肩胛上神经（suprascapular nerve）（C_5、C_6）起自臂丛的上干，向后经肩胛上切迹进入冈上窝，再伴肩胛上动脉一起绕肩胛冈外侧缘转入冈下窝，分布于冈上肌、冈下肌和肩关节。肩胛上切迹处神经最易受损伤，表现为冈上肌、冈下肌无力，肩关节疼痛

等症状。

(2) 锁骨下部分支：锁骨下部分支分别发自三个束，多为长支，分布于肩部、胸部、臂部、前臂部及手部的肌肉、关节和皮肤。

① 肩胛下神经（subscapular nerve）（C_5—C_7）发自臂丛后束，常分为上、下两支，在上、下两处进入肩胛下肌及大圆肌。

② 胸内侧神经（medial pectoral nerve）（C_8—T_1）发自臂丛内侧束，在腋动、静脉之间弯曲向前，在腋动脉前方与胸外侧神经一支联合，自深面进入并支配胸小肌，部分纤维穿出该肌或在其下缘分布于胸大肌。

③ 胸外侧神经（lateral pectoral nerve）（C_5—C_7）发自臂丛外侧束，跨过腋血管前面，穿过锁胸筋膜行于胸大肌深面并分布于该肌，同时发出分支与胸内侧神经分支联合，分布于胸小肌。

④ 胸背神经（thoracodorsal nerve）（C_6—C_8）起自臂丛后束，沿肩胛骨外侧缘伴肩胛下血管下行，分布于背阔肌。乳癌根治术清除淋巴结时，注意勿伤此神经。

⑤ 腋神经（axillary nerve）（C_5、C_6）发自臂丛后束，与旋肱后血管伴行向后外，穿过腋窝后壁的四边孔，绕肱骨外科颈至三角肌深面，发支分布于三角肌、小圆肌，余部纤维称为臂外侧上皮神经，自三角肌后缘穿出，分布于肩部、臂外侧区上部皮肤。

肱骨外科颈骨折、肩关节脱位或被腋杖压迫，都可造成腋神经损伤而导致三角肌瘫痪，臂不能外展，肩部、臂外上部感觉障碍。由于三角肌萎缩，肩部失去圆隆的外形。

⑥ 肌皮神经（musculocuteneous nerve）（C_5—C_7）自臂丛外侧束发出后，向外侧斜穿喙肱肌，经肱二头肌与肱肌间下行，发支分布于这三块肌。其余纤维在肘关节稍下方，经肱二头肌下端外侧穿出深筋膜，称为前臂外侧皮神经，分布于前臂外侧皮肤。单纯肌皮神经损伤少见，多于肩关节损伤、肱骨骨折时一并受累，此时屈肘无力及前臂外侧感觉减弱。

⑦ 正中神经（median nerve）（C_6—T_1）有分别发自臂丛内、外侧束的内、外侧两根，两根神经夹持腋动脉向下呈锐角会合成正中神经干。如果正中神经外侧根很小，在臂部常有部分肌皮神经纤维加入正中神经干。在臂部，正中神经沿肱二头肌内侧沟下行，并由外侧向内侧跨过腋动脉与血管一起行至肘窝；从肘窝向下穿旋前圆肌及指浅屈肌腱弓，继续在前臂正中下行，于指浅、深屈肌间达腕部；继而在桡侧腕屈肌腱和掌长肌腱之间进入屈肌支持带深面的腕管，在掌腱膜深面达手掌。

正中神经在臂部一般无分支，在肘部及前臂发出许多肌支和沿前臂骨间膜前面下行的骨间前神经，分布于除肱桡肌、尺侧腕屈肌和指深屈肌尺侧半以外的所有前臂屈肌和旋前肌以及附近关节。在手区屈肌支持带下方由正中神经外侧缘发出一粗短的返支，行于桡动脉掌浅支外侧，并向外侧进入鱼际，分布于拇收肌以外的鱼际肌。在手掌区，正中神经发出数支指掌侧总神经，每一指掌侧总神经下行至掌骨头附近又分成两支指掌侧固有神经，沿手指的相对缘行至指尖。手区正中神经分布于第1、2蚓状肌及鱼际肌（拇收肌除外），以及掌心、桡侧三个半手指掌面及其中节、远节指背的皮肤。

正中神经的体表投影：从肱二头肌内侧沟上端肱动脉搏动点开始，向下至肱骨内、外上髁间线中点稍内侧，继而循前臂正中向下，达腕部桡侧腕屈肌腱和掌长肌腱之间的连线为正中神经投影线。

正中神经损伤易发生于前臂和腕部。在前臂，正中神经因穿旋前圆肌及指浅屈肌起点腱弓处而易受压迫，造成正中神经支配肌全部无力，手掌感觉受损，即所谓旋前圆肌综合征（pronator syndrome）。在腕管内正中神经也易因周围结构炎症、肿胀或关节变化而受压，形成腕管综合征（carpal tunnel syndrome）。其表现为鱼际肌萎缩，手掌平坦（也称"猿掌"），以及拇指、食指、中指掌面感觉障碍。

⑧ 尺神经（ulnar nerve）（C_8、T_1）发自臂丛内侧束，在腋动、静脉之间出腋窝后，沿肱动脉内侧、肱二头肌内侧沟下行至臂中份，穿内侧肌间隔至臂后区内侧，下行至肱骨内上髁后方的尺神经沟，继而向下穿过尺侧腕屈肌起端又转至前臂前内侧，继续在尺侧腕屈肌和指深屈肌间、尺动脉内侧下行，至桡腕关节上方发出手背支后，本干在豌豆骨桡侧，经屈肌支持带浅面分浅、深两支，经掌腱膜深面腕管的浅面进入手掌。

尺神经在臂部未发分支，在前臂上部发出分支支配尺侧腕屈肌和指深屈肌尺侧半。桡腕关节上方发出的手背支转向手背侧，分布于手背尺侧半和小指、环指及中指尺侧半背面皮肤。浅支分布于小鱼际、小指和环指尺侧半掌面皮肤。深支分布于小鱼际肌、拇收肌、骨间掌侧肌、骨间背侧肌及第3、4蚓状肌。

尺神经的表面投影：自胸大肌下缘肱动脉始端搏动点开始，向下内侧到肱骨内上髁与鹰嘴之间，继续经前臂尺侧达豌豆骨外侧的连线为尺神经投影线。肱骨内上髁后方尺神经位置浅，是常用检查尺神经的部位。

尺神经易受损伤部位在肘部肱骨内上髁后方、尺侧腕屈肌两起点之间或豌豆骨外侧。前两部位尺神经干受损时，运动障碍表现为屈腕力减弱，环指和小指远节指关节不能屈曲，小鱼际萎缩，拇指不能内收，骨间肌萎缩，各指不能互相靠拢，各掌指关节过伸，出现"爪形手"，手掌、手背内侧缘皮肤感觉丧失。若豌豆骨处受压，手的感觉支早已发出，所以手的皮肤感觉不受影响，主要表现为骨间肌运动障碍。

⑨ 桡神经（radial nerve）（C_5—T_1）是臂丛后束发出的粗大神经。在腋窝内位于腋动脉后方，并伴肱动脉向下外行，先经肱三头肌长头与内侧头之间，继而沿桡神经沟绕肱骨中段后面，旋向下外行，在肱骨外上髁上方穿过外侧肌间隔至肱桡肌与肱肌之间，继而下行于肱肌与桡侧腕长伸肌之间。桡神经在肱骨外上髁前方分为浅、深两终支。

桡神经在臂部发出的分支有：① 皮支有三，在腋窝处发出臂后皮神经，较小，分布于臂后区皮肤；臂外侧下皮神经，在三角肌止点远侧浅出，分布于臂下外侧部皮肤；前臂后皮神经，也自臂中份外侧浅出下行，继而在前臂后面下行至腕部，沿途分支分布于前臂后面皮肤。② 肌支分布于肱三头肌、肘肌、肱桡肌和桡侧腕长伸肌。③ 肘关节支分布于关节。终支之一桡神经浅支（superficial branch）也为皮支，自肱骨外上髁前外侧向下沿桡动脉外侧下行，在前臂中、下1/3交界处转向背侧，并下行至手背区，分成4~5支指背神经，分布于手背桡侧半和桡侧三个半手指近节背面的皮肤及关节。另一终支桡神经深支（deep branch）较粗大，主要为肌支，经桡骨颈外侧穿过旋后肌至前臂后面，在前臂浅、深伸肌之间下行，在拇短伸肌远侧逐渐变细，并沿前臂骨间膜后面下行达腕关节背面，因此深支也称骨间后神经（posterior interosseous nerve），沿途分支分布于前臂伸肌、尺桡远侧关节、腕关节和掌骨间关节。

桡神经表面投影：自腋后襞下缘外端与臂交点处，斜过肱骨后方，至肱骨外上髁的连线为桡神经干投影。

桡神经最易损伤的部位有两处，即在臂中段后部，贴肱骨桡神经沟处及穿旋后肌行于桡骨附近。肱骨中段或中、下 1/3 交界处骨折时容易合并桡神经损伤，主要是前臂伸肌瘫痪，表现为抬前臂时呈"垂腕"状，第 1、2 掌骨间背面皮肤感觉障碍明显。桡骨颈骨折时，可损伤桡神经深支，主要表现为伸腕力弱、不能伸指。

⑩ 臂内侧皮神经（medial brachial cutaneous nerve）（C_8、T_1）发自臂丛内侧束，于腋静脉内侧下行，继而沿肱动脉和贵要静脉内侧下行至臂中份附近浅出，分布于臂内侧、臂前面的皮肤。腋窝、壁内侧皮神经常与肋间臂神经之间有纤维交通。

⑪ 前臂内侧皮神经（medial antebrachial cutaneous nerve）（C_8、T_1）也发自臂丛内侧束，初行于腋动、静脉之间，继而沿肱动脉内侧下行至臂中份浅出与贵要静脉伴行，然后分前、后两支分布于前臂内侧区前、后面的皮肤，最远至腕部。

（三）胸神经前支

胸神经前支共 12 对，第 1—11 对各自位于相应肋间隙中，称为肋间神经（intercostal nerves），第 12 对胸神经前支位于第 12 肋下方，故名肋下神经（subcostal nerve）。肋间神经在肋间内、外肌之间，肋血管的下方，沿肋沟前行至腋前线附近离开肋骨下缘，完全行于肋间内、外肌之间。第 1 肋间神经分出一大支加入臂丛，一小支分布于第 1 肋间。第 2 至第 6 肋间神经行于相应肋间隙的肋间内、外肌之间，自肋角前方发出一侧支向前下行于肋间隙的下缘。上 6 对肋间神经的肌支分布于肋间肌、上后锯肌和胸横肌。皮支有二：其一为外侧皮支在肋角前分出，斜穿前锯肌后，复分成前、后两支分别向前、后走行，分布于胸侧壁和肩胛区皮肤；其二为前皮支，在近胸骨侧缘处穿出，分布于胸前壁皮肤，皮支还向内分布于胸膜壁层。其中，第 4—6 肋间神经的外侧皮支和第2—4 间神经的前皮支都分布到乳房。第 2 肋间神经的外侧皮支也称肋间臂神经（intercostobrachial nerve），可横过腋窝到达臂内侧与臂内侧皮神经间交通，分布于臂上部内侧面皮肤。

第 7—11 肋间神经及肋下神经沿相应肋间隙逐渐向前下行于腹横肌与内斜肌之间，继续前下行，在腹直肌外缘进入腹直肌鞘，分布于腹直肌。下 5 对肋间神经发出的肌支分布于肋间肌及腹肌前外侧群。皮支中的外侧皮支几乎沿一斜线分别自肋间肌、腹外斜肌穿出，而前皮支则在白线附近穿出。皮支除分布于胸腹部皮肤外，还分布到胸、腹膜的壁层。

胸神经前支在胸、腹壁皮肤的节段性分布最为明显，由上向下按顺序依次排列。例如，T_2 分布区相当于胸骨角平面，T_4 相当于乳头平面，T_6 相当于剑突平面，T_8 相当于肋弓平面，T_{10} 相当于脐平面，T_{12} 则分布于脐与耻骨联合连线中点平面。临床常以节段性分布区的感觉障碍来推断损伤平面位置。

（四）腰丛

1. 腰丛的组成和位置

腰丛（lumbar plexus）：由第 12 胸神经前支的一部分、第 1—3 腰神经前支及第 4 腰神经前支的一部分组成。腰丛位于腰大肌深面腰椎横突前方，除发出支配髂腰肌和腰方肌的肌支外，还发出许多分支，分布于腹股沟区、大腿前部和内侧部。

2. 腰丛的分支

(1) 髂腹下神经（iliohypogastric nerve）（T_{12}、L_1）自腰大肌外侧缘穿出后，经肾后面和腰方肌前面向外下行，经髂嵴上方进入腹横肌与腹内斜肌之间，继续向前行于腹内斜肌与腹外斜肌之间，最后约在腹股沟管浅环上方 3 cm 处穿腹外斜肌腱膜达皮下。其沿途发出分支分布于腹壁诸肌，并发出皮支分布于臀外侧区、腹股沟区及下腹部的皮肤。

(2) 髂腹股沟神经（ilioinguinal nerve）（L_1）自髂腹下神经下方出腰大肌外缘，比较细小，斜行跨过腰方肌和髂肌上部，在髂嵴前端附近穿过腹横肌，在该肌与腹内斜肌之间前行，继而穿经腹股沟管，伴精索（子宫圆韧带）下行，自腹股沟管浅环穿出。其肌支分布于腹壁肌；皮支分布于腹股沟部、阴囊或大阴唇皮肤。

(3) 股外侧皮神经（lateral femoral cutaneous nerve）（L_2—L_3）自腰大肌外侧缘穿出后，向前外侧走行，越过髂肌表面达髂前上棘内侧，经腹股沟韧带深面达股部，约在髂前上棘下方 5~6 cm 处穿出深筋膜分布于大腿前外侧部的皮肤。

(4) 股神经（femoral nerve）（L_2—L_4）是腰丛最大的分支，初自腰大肌外缘穿出，继而在腰大肌与髂肌之间下行，在腹股沟韧带中点稍外侧经韧带深面、股动脉外侧进入股三角区，随即分为数支。① 肌支：分布于髂肌、耻骨肌、股四头肌和缝匠肌。② 皮支：有数条较短的皮支，即股中间、股内侧皮神经，分布于大腿及膝关节前面的皮肤。最长的皮支为隐神经（saphenous nerve），伴随股动脉入内收肌管下行，穿出此管后至膝关节内侧下行，于缝匠肌下段后方浅出至皮下后，伴随大隐静脉沿小腿内侧面下行至足内侧缘，沿途分布于髌下、小腿内侧面及足内侧缘皮肤。另外，股神经也发出分支，分布于膝关节和股动脉及其分支。

股神经损伤后表现为：屈髋无力，坐位时不能伸膝，行走困难，膝跳反射消失，大腿前面和小腿内侧面皮肤感觉障碍。

(5) 闭孔神经（obturator nerve）（L_2—L_4）从腰丛发出后自腰大肌内侧缘穿出，贴小骨盆内侧壁前行，与闭孔血管伴行穿闭膜管出小骨盆，分前、后两支，分别至短收肌前、后面进入大腿区，分布于内收肌群。闭孔神经发肌支支配闭孔外肌及长、短、大收肌和股薄肌，也常发出分支分布于耻骨肌，皮支分布于大腿内侧面皮肤。闭孔神经也发细支分布于髋、膝关节。也可出现副闭孔神经（accessory obturator nerve）沿腰大肌内侧缘下行，在耻骨肌后面跨过耻骨上支后分支，分布于耻骨肌、髋关节，并与闭孔神经间有交通。闭孔神经前支约在股中部先穿行长收肌，分支后再进入股薄肌。临床上用股薄肌替代肛门外括约肌手术时，应注意保留此支。

(6) 生殖股神经（genitofemoral nerve）（L_1、L_2）自腰大肌前面穿出后，在该肌前面下行，斜过输尿管后方前行，在腹股沟韧带上方分成生殖支和股支。生殖支于腹股沟管深环处进入该管，分布于提睾肌和阴囊（或随子宫圆带分布于大阴唇）。股支穿过股鞘和阔筋膜分布于股三角部的皮肤。

腹股沟疝修补术或盲肠后位的阑尾手术，常易伤及髂腹下神经、髂腹股沟神经和生殖股神经，应多加注意。

(五)骶丛

1. 骶丛的组成和位置

骶丛(sacral plexus)由第4腰神经前支余部和第5腰神经前支合成的腰骶干及全部骶神经和尾神经前支组成,是全身最大的脊神经丛。

骶丛位于盆腔内,骶骨和梨状肌的前面、髂血管后方,左侧骶丛前方有乙状结肠,右侧者前方有回肠袢。骶丛的损伤较多见,常由盆腔器官如子宫、直肠的恶性肿瘤浸润或扩散造成,出现疼痛及多个神经根明显受累的现象。

2. 骶丛的分支

骶丛发出分支分布于盆壁、臀部、会阴,股后部、小腿和足部的肌肉及皮肤。骶丛直接发出短支则分布于梨状肌、闭孔内肌、股方肌等。其他分支如下。

(1) 臀上神经(superior gluteal nerve)(L_4、L_5、S_1)由骶丛发出后,伴臀上血管经梨状肌上孔出盆,行于臀中、小肌之间,分上、下两支分布于臀中、小肌和阔筋膜张肌。

(2) 臀下神经(inferior gluteal nerve)(L_5、S_1、S_2)伴臀下血管经梨状肌下孔出盆腔,行于臀大肌深面,分布于臀大肌。

(3) 股后皮神经(posterior femoral cutaneous)(S_1—S_3)发出后也穿梨状肌下孔出骨盆,在臀大肌深面行至其下缘浅出下行,自此干沿途发出分支,分布于臀区、股后区和腘窝的皮肤。

(4) 阴部神经(pudendal nerve)(S_2—S_4)发出后伴阴部内血管出梨状肌下孔,绕坐骨棘经坐骨小孔进入坐骨直肠窝,贴于此窝外侧壁表面前行分布于会阴部、外生殖器和肛门部的肌肉和皮肤。主要分支有:① 肛(直肠下)神经(anal nerve)分布于肛门外括约肌和肛门部的皮肤。② 会阴神经(perineal nerve)沿会阴部内血管下方前行分布于会阴诸肌和阴囊或大阴唇的皮肤。③ 阴茎(阴蒂)背神经(dorsal nerve of penis)(clitoris)行于阴茎(阴蒂)背侧,分布于阴茎(阴蒂)的海绵体及皮肤。

(5) 坐骨神经(sciatic nerve)(L_4、L_5、S_1—S_3)是全身最粗大、最长的神经,起始段最宽可达2 cm,经梨状肌下孔出盆腔后,位于臀大肌深面,在坐骨结节与大转子之间下行至股后区,在股二头肌长头深面继续下行,一般在腘窝上方分为胫神经和腓总神经两大终支。坐骨神经干在股后区发肌支分布于股二头肌、半腱肌和半膜肌,同时发出分支分布于髋关节。

坐骨神经干的表面投影:自坐骨结节和大转子之间的中点,向下面至股骨内、外侧髁之间中点连线的上2/3段,为其投影。坐骨神经痛时,常在此连线上出现压痛。

坐骨神经的变异较常见,主要表现有:① 出盆腔状况多变,据统计资料,坐骨神经以单干出梨状肌下孔者占66.3%;而以单干穿梨状肌,以一支穿梨状肌、另一支出梨状肌下孔,以一支出梨状肌上孔、另一支出梨状肌下孔呈两支夹持梨状肌者,共占33.7%。极少数情况下,有一干穿出梨状肌,使神经干受梨状肌收缩时的压迫,神经干供血长期受损影响其功能,出现所谓"梨状肌综合征"(piriformis syndrome)。② 坐骨神经干分成两大终支平面变异较大,有的分支平面很高,甚至在盆腔内就分成两支。

① 胫神经(tibial nerve)(L_4、L_5,S_1—S_3):为坐骨神经本干的直接延续,于股后

区下部沿中线下行入腘窝,与其深面的胫血管伴随下行,继而在小腿后区比目鱼肌深面胫后血管下行,经内踝后方屈肌支持带深面的踝管处分成两终支,即足底内侧神经(medial plantar nerve)和足底外侧神经(lateral plantar nerve)进入足底区。胫神经分布范围包括小腿后群和足底肌,以及小腿后面和足底的皮肤。

胫神经在腘窝及小腿后区发出分支:a. 肌支分布于小腿后群诸肌;b. 皮支主要由腓肠内侧皮神经伴小隐静脉下行,沿途分支分布于皮肤,并在小腿下部与腓总神经分出的腓肠外侧皮神经吻合成腓肠神经,经外踝后方沿足外侧前行,分布于足背及小趾外侧缘皮肤;c. 关节支分布于膝关节和踝关节。胫神经两终支为足底内侧神经和足底外侧神经。可自股骨内、外侧髁之间中点向下至内踝后方连线画出胫神经的体表投影。

胫神经损伤后主要表现为小腿后群肌无力,足不能跖屈,不能以足尖站立,内翻力弱,足底皮肤感觉障碍明显。由于小腿前外侧群肌过度牵拉,足会呈背屈、外翻位,出现"钩状足"畸形。

② 腓总神经(common peroneal nerve)(L_4、L_5、S_1、S_2):腓总神经自腘窝近侧部由坐骨神经分出后,沿腘窝上外侧界的股二头肌腱内侧向外下走行,继而弯曲绕过腓骨颈向前,穿过腓骨长肌,分为腓浅神经和腓深神经。腓总神经分布范围包括小腿前、外侧肌群、足背肌和小腿外侧、足背、趾背的皮肤。

腓总神经除发出分支腓浅神经和腓深神经外,还发出关节支分布于膝关节前外侧部及胫腓关节,发出皮支即腓肠外侧皮神经分布于小腿外侧面皮肤,并与胫神经分出的腓肠内侧皮神经吻合。

腓浅神经(superficial peroneal nerve)分出后,初在腓骨长肌深面下降,继而在腓骨长、短肌与趾长伸肌之间下行,沿途发支分布于腓骨长、短肌,在小腿中下 1/3 交界处浅出成为皮支,分布于小腿外侧、足背和第 2—5 趾背的皮肤。

腓深神经(deep peroneal nerve)分出后经腓骨与腓骨长肌间斜向前行,伴随胫前血管先下行于胫骨前肌与趾长伸肌之间,继而在胫骨前肌与趾长伸肌之间下行,经踝关节前方达足背,分布于小腿前群肌、足背肌和第 1/2 趾相对缘的皮肤。

腓总神经绕行腓骨颈处位置表浅,故易受损伤。受损伤后,足不能背屈,趾不能伸,足下垂且内翻,呈"马蹄内翻足"畸形;行走时呈"跨阈步态"。小腿前外侧及足背感觉障碍明显。

二、脊神经损伤定位相关解剖学基础

(一) 脊神经分布规律简介

在人体胚胎发育过程中,每个脊髓节所属的脊神经都分布到相应的体节,包括肌节和皮节。此后随着发育过程的进行,肌肉、皮肤有了形态和位置的改变和迁移,但仍然与原来所属的脊神经相关联。因而,每对脊神经分布都存在一定规律,特别是脊神经皮支的分布规律有一定的临床应用价值,简介如下:在躯干的颈神经和胸神经皮肤分布区节段性明显,其分布区由上向下依顺序分节段排列。例如,第 4 胸神经皮支分布于乳头平面,第 6 胸神经皮支分布于剑突平面。四肢的皮神经分布也有一定规律性,大致按肢芽长出的方向排布。在分布到肢体的神经中,最上、最下者分布于肢体近侧部近躯干处;而位于中间的诸神经,则分布于肢体的远侧部。例如,分布于上肢的臂丛由第 5—

8颈神经和第1胸神经前支组成,其中,第5颈神经和第1胸神经分布到上肢较近侧,位于中间的第6、7、8颈神经分布于上肢远侧和手区。

(二) 皮神经分布的重叠性

相邻两条皮神经的分支分布区域有相互重叠的现象:当一条皮神经受损伤时,机体仅出现皮神经分布区的感觉迟钝;而当两条及以上相邻的皮神经受损伤时,才出现分布区的感觉完全消失。

了解脊神经皮肤分布的节段性和重叠性的规律,对临床神经系统疾病的定位诊断有重要参考意义。

(三) 临床常用检测的相关肌肉运动及其节段神经支配

在临床实践中,只需要检测少数相关肌肉的运动,便可确定神经损伤的部位。上、下肢中与神经定位诊断有关的运动和相关肌肉及其支配神经见表4-1、表4-2。

表 4-1 上肢神经定位诊断所检测的运动和相关肌肉及其支配神经简表

运动	肌名称	神经	神经节段
肩外展	三角肌	腋神经	C_5
屈肘	肱二头肌	肌皮神经	$C_5—C_6$
桡侧伸腕	桡侧腕伸肌	桡神经	C_6
伸肘	肱三头肌	桡神经	C_7
屈指	拇长屈肌,指深屈肌	正中神经	C_8
拇指外展	拇短展肌	正中神经	T_1
	第一骨间背侧肌	尺神经	$C_8—T_1$

表 4-2 下肢神经定位诊断所检测的运动和相关肌肉及其支配神经简表

运动	肌名称	神经	神经节段
屈髋	髂腰肌	股神经	$L_1—L_2$
收髋	大腿内收肌	闭孔神经	$L_2—L_3$
伸膝	股四头肌	股神经	$L_3—L_4$
踝背屈	胫骨前肌	腓深神经	L_4
足内翻	胫骨后肌	胫神经	$L_4—L_5$
足外翻	腓骨长、短肌	腓浅神经	$L_5—S_1$
屈膝	股二头肌	坐骨神经干	S_1
踝跖屈	小腿三头肌	胫神经	$S_1—S_2$

三、全身主要关节的神经分布

关节多接受附近神经的关节支或肌支的分支,一般每个关节都接受多条神经的分布。这些神经分布于关节囊和附近韧带,并在滑膜上形成神经网。滑膜炎症刺激时关节疼痛剧烈，而关节囊纤维层和韧带的疼痛定位不明显，关节面则无明确感觉。

（1）脊柱的关节突关节、椎间盘及椎体的神经来自每对脊神经的脊膜支。双侧的脊膜支返回椎间孔后又分成上升支和下降支达邻近椎间盘后终止。两侧神经分支间互相吻合交织后再发细支分布于椎体、椎间盘、关节突关节、附近韧带及脊髓的被膜和血管。

（2）肩关节的神经包括肩胛上神经、肩胛下神经、腋神经、胸外侧神经及肌皮神经的关节支分支。肩胛下神经分支分布于关节囊前面，而肩胛上神经分支则分布于关节囊后面。腋神经多分上、下两支，分布于肩关节囊前外侧区，当腋神经穿四边孔后行时，又发出分支分布于关节囊的后下部。胸外侧神经分布于关节囊上面，肌皮神经发细支分布于关节囊前上面。

（3）肘关节的神经来自正中神经分支，分布于肘关节囊前、内侧部；肌皮神经的分支分布于关节囊前部；尺神经发出多条小支分布于关节囊的后壁和内侧壁；桡神经的分支则分布于关节囊后壁和外侧壁。

（4）桡腕关节的神经主要来自骨间前神经和骨间后神经分支。

（5）骶髂关节前面有第5腰神经和第1骶神经前支分布，第1骶神经后支分布于关节后面。

（6）髋关节的神经有来自坐骨神经的股方肌支、股神经的股直肌支、闭孔神经的关节支。股神经及闭孔神经的分支也分布于膝关节，因此，当髋关节患病时，膝关节常有牵涉痛，应注意鉴别。

（7）膝关节的神经前面有股神经、隐神经、闭孔神经的关节支分布；关节后面主要有胫神经和腓总神经的关节支分布，并有隐神经及股二头肌肌支分布。半月板的神经供应来源于关节周围的神经丛。

（8）踝关节的神经主要来源于胫神经分支，分布于关节后部，腓深神经分布于关节前面，隐神经分支分布于关节内后方，腓肠神经分支则分布于关节的外后方[5]。

四、脊神经损伤的病理生理学机制

在周围神经系统中，神经纤维聚集构成了神经。神经纤维是由神经元的长轴突起和包在其外的神经胶质细胞的一部分构成的。周围神经系统中，施万细胞（属神经胶质细胞）的突起卷绕神经元轴突形成了髓鞘，后者主要由蛋白质和类脂质构成轴突外的同心板层，有一定绝缘作用，以保证轴突高速传导电信号的功能。根据是否具有髓鞘，神经纤维可分成有髓纤维和无髓纤维两种。所谓无髓，是指一条或多条轴突被一个施万细胞突起包绕，但未卷成多层，故不形成有板层结构的髓鞘而称为神经膜[6]。

按神经纤维的直径及其传导速度，神经纤维可分成A、B、C三类：A、B两类为有髓神经纤维，C类是无髓神经纤维。一般认为有髓神经纤维的传导速度与其直径（包括髓鞘）成正比，无髓神经纤维的传导速度则与其直径的平方根成正比。行于周围神经内的神经纤维的功能、直径也各不相同：一般躯体运动纤维为到达骨骼肌的传出纤维，多为粗的有髓纤维；内脏运动纤维则到达平滑肌、心肌和腺体，多为薄髓或无髓的细纤维；而躯体感觉纤维和内脏感觉纤维均为传入性的，它们是脊神经节内假单极细胞的周围突，纤维粗细不等，可为有髓、薄髓或无髓纤维，其末梢分布于皮肤、关节、肌肉或脏器，以及心血管的各种感受器。

在周围神经中，神经纤维除有由施万细胞构成的神经膜、髓鞘外，还有结缔组织细纤维网包绕，称为神经内膜（endoneurium）。神经内膜含成束的纤维样基质及成纤维细胞。许多条神经纤维由疏松结缔组织集合成束，束外由一层较细密的结缔组织包绕，称为神经束膜（perineurium）。神经束膜一般含15~20层细胞，细胞含有吞饮小泡、微丝束及磷酸化的酶，有人认为神经束膜是代谢活跃的弥散屏障。神经束在神经中的排列不是一成不变的，沿神经全长各束之间反复地分离或组合，形成一种复杂的丛样结构，这是由于神经内的传入、传出纤维与不同部位的感受器和效应器相联系，其走行位置也不断变化。因此，搞清不同部位神经内各神经束具体位置关系，在周围神经显微外科手术中有一定意义。例如，可在神经断裂的情况下，在神经束群间进行较准确的对应缝合，以有利于愈合。粗细不等的神经束集中构成了神经，其外面也包绕一层由疏松结缔组织构成的神经外膜（epineurium）。周围神经内神经束越多，神经外膜越厚，在人类神经的横切面上，神经外膜可占30%~70%。神经外膜内有胶原纤维、成纤维细胞和脂肪，也含淋巴管和血管。周围神经的血管可分成两个血管系统：① 外来系统，即局部的营养血管和神经外膜血管，它们起于邻近组织的血管分支，进入神经外膜后平行于神经纤维方向走行一段，即向近、远侧分支营养一段神经，然后在神经束膜间或束内形成纵行血管网，纵行血管间有短的横行交通支。② 内在系统，指神经内膜内纵向的微血管网。两个系统间有丰富的吻合，各段血管分布区之间相互重叠。神经内膜动脉的平滑肌发育较差，缺乏自我调节作用。而神经束膜和神经外膜中的血管有致密的肽能、5-羟色胺能和肾上腺素能神经丛，对血管有一定调节作用。神经束膜和神经外膜内有淋巴网，经过与动脉伴行的淋巴管引流至局部淋巴结。周围神经纤维的神经内成分受到血-神经屏障（blood-nerve barrier）和神经束膜细胞成分的保护。血-神经屏障存在于神经内膜毛细血管壁水平，这些血管无窗孔，内皮细胞借紧密连接相连，周围有连续的基膜板包绕。血-神经屏障在脊神经节、内脏运动神经节和周围神经的远侧部很不完善。神经纤维是神经元的突起，而神经元的胞体是神经元的营养中心，若神经纤维因外伤或其他原因与胞体断离，则要发生损坏和死亡，这种过程称为神经纤维溃变。神经纤维的溃变发生在与胞体离断数小时以后，此时的轴突和髓鞘以至末梢部分先出现膨胀，继而出现崩裂，溃解成碎片、小滴，也称Weller变性。自损伤部位向神经纤维远侧部及其末梢发生的溃变称为顺行溃变（anterograde degeneration）；自损伤部位向神经纤维近侧部的溃变，一般仅出现一小段，称为逆行溃变（retrograde degeneration）。在神经纤维溃变的同时，其胞体也出现肿胀，胞核移向一侧，尼氏体出现溶解消失或固缩变形等反应，严重时导致神经元死亡。神经纤维溃变所产生的碎片、小滴被附近的结缔组织中的巨噬细胞吞噬清除，而溃变神经纤维表面的施万细胞仍然存活，并不断增生形成细胞索，即bungner带在断裂的断端间互相愈合并诱导轴突向远侧生长。神经纤维的再生一般发生在损伤后的第2~3周，损伤神经纤维相应胞体的尼氏体逐渐恢复正常形态，胞核回到中央，与胞体相连的损伤神经轴突的近侧段向远侧生出数条幼芽，这些幼芽有的穿过损伤处的组织缝隙，并沿施万细胞索向远侧生长，最后到达原来所分布的组织器官；而其余的幼芽分支则退化或消失。沿施万细胞索生长的轴突幼芽继续增粗，髓鞘逐渐形成，神经纤维的功能逐渐恢复，此时，神经纤维的再生过程便初步完成。也有幼芽进入神经的结缔组织内，形成神经瘤。

周围神经在再生过程中，受到许多微环境因素的影响。首先，施万细胞的增生是重要的，如果施万细胞不伴随着轴突生长，就不会出现有意义的轴突生长，而施万细胞的增长也受到纤维连接蛋白表达增加的调节。同时，施万细胞是神经营养因子的重要来源。这些营养因子包括神经生长因子（NGF）、脑源性神经生长因子（BDNF）、睫状神经生长因子（CNTF）、成纤维细胞生长因子（FGF）等。

许多研究表明，上述诸因子对中枢和周围神经元的生长、发育、正常状态维持、损伤后的保护和轴突的有效再生都有着重要作用。此外，周围神经的基质成分对神经再生也有重要影响，这类基质成分包括细胞外基质（extracellular matrix，ECM）成分和细胞黏附分子（cell adhesion molecule，CAM）两种。前者是指沉积于细胞间的大分子物质，主要存在于施万细胞基底膜内，如层粘连蛋白（laminin，LN）、纤维粘连蛋白（fibronectin，FN）、Ⅳ和Ⅴ型胶原等。细胞黏附分子包括神经细胞黏附分子（N-CAM）、神经胶质细胞黏附分子（Ng-CAM）、髓鞘相关蛋白（MAG）等，它们主要是存在于施万细胞和星形胶质细胞表面的糖蛋白，这些基质成分对轴突向靶组织的定向生长及髓鞘化过程都有一定影响。

另外，许多实验研究表明，交变磁场、氦氖激光、电场等物理因素和某些中药制剂对周围神经再生也有一定的促进作用。总之，周围神经再生是一个多因素作用下的复杂过程，各因素作用的机制尚待进一步探讨。

在周围神经再生中，损伤神经断端之间的修复连接状况直接影响再生的效果，因此目前临床上多采用神经束膜端端缝接、异体、自体神经移植或用骨骼肌束、羊膜管、静脉等桥接的方式。此外，也有实验用肌束桥接外加硅胶管、透明质酸管等多种桥接方式，均获得良好的促神经再生效果，这些方式还待进一步应用于临床。

神经束膜缝合术要求对不同功能束进行鉴别，因此，国内有用乙酰胆碱酯酶（AChE）组化染色以鉴别皮支束或肌支束者，也有对四肢重要神经内各束进行定位研究并制成束间位置图谱者。这些均为神经束间显微外科提供了一定的形态学依据。此外，也可在手术中用神经电刺激器测定神经束性质。例如，刺激近端神经束，患者有痛反应说明此束属感觉纤维束，无痛反应则说明此束为运动纤维束；刺激远端神经束，患者出现相应肌肉收缩则说明此束为运动纤维束[6]。

第三节 内脏神经系统

内脏神经系统是整个神经系统的一个重要组成部分，按照分布部位的不同，可分为中枢部和周围部。周围部主要分布于内脏、心血管、平滑肌和腺体等，故又称为内脏神经。内脏神经和躯体神经一样，按照纤维的性质，可分为感觉和运动两种纤维成分。

内脏运动神经调节内脏、心血管的运动和腺体的分泌，一般不受人的意志控制，故有人将内脏运动神经称为自主神经系统；又因其主要控制和调节动植物共有的物质代谢活动，并且不支配动物所特有的骨骼肌的运动，所以也称为植物神经系统。

内脏感觉神经与躯体感觉神经一样，初级感觉神经元也位于脑神经节和脊神经节内，周围支则分布于内脏和心血管等处的内感觉器，把感受到的刺激传递至各级中枢，也可到达大脑皮质。内脏感觉神经传来的信息经中枢整合后，通过内脏运动神经调节这些器官的活动，从而在维持机体内、外环境的动态平衡和机体正常生活活动中，发挥重要作用。

一、内脏运动神经

内脏运动神经与躯体运动神经在结构和功能上有较大差异，现就二者结构上的差异做如下简述。

（1）支配的器官不同：躯体运动神经支配骨骼肌，一般都受意志的控制；内脏运动神经则支配平滑肌、心脏和腺体等，一般不受意志的控制。

（2）纤维成分不同：躯体运动神经只有一种纤维成分，内脏运动神经则有交感和副交感两种纤维成分，多数内脏器官又同时接受交感和副交感神经的双重支配。

（3）神经元数目不同：躯体运动神经自低级中枢至骨骼肌只有一个神经元，而内脏运动神经自低级中枢发出后在周围部的内脏运动神经节交换神经元，再由节内神经元发出纤维到达效应器。因此，内脏运动神经从低级中枢到达所支配的器官需要经过两个神经元：第一个神经元称节前神经元，胞体位于脑干和脊髓内，其轴突称节前纤维；第二个神经元称节后神经元，胞体位于周围部的植物性神经节内，其轴突称节后纤维。节后神经元的数目较多，一个节前神经元可以和多个节后神经元构成突触。

（4）纤维粗细不同：躯体运动神经纤维一般是比较粗的有髓纤维，而内脏运动神经纤维则是薄髓（节前纤维）和无髓（节后纤维）的细纤维。

（5）节后纤维分布形式不同：内脏运动神经节后纤维的分布形式和躯体神经亦有不同。躯体神经以神经干的形式分布，而内脏运动神经节后纤维常攀附脏器或血管形成神经丛，由神经丛再分支至效应器。

根据形态、功能和药理的特点，内脏运动神经分为交感神经和副交感神经两部分。

(一) 交感神经

1. 交感神经的概况

交感神经的低级中枢位于脊髓胸1—腰2或腰3节段的灰质侧柱的中间带外侧核。交感神经节前纤维起自此核的细胞，因此交感神经又称交感部或胸腰部。交感神经的周围部包括交感干、交感神经节，以及由节发出的分支和交感神经丛等。交感神经节根据所在位置不同，又可分为椎旁节和椎前节。

椎旁神经节，即交感干神经节，位于脊柱两侧，借助节间支连成左右两条交感干。交感干上至颅底，下至尾骨，在尾骨的前面两干合并。交感干分颈、胸、腰、骶、尾5个部分。各部交感干神经节的数目，除颈部有3~4个节和尾部为1个节外，其余各部均与该部椎骨的数目近似，每一侧交感干神经节的总数约为19~24个。交感干神经节由多极神经元组成，大小不等，部分交感神经节后纤维即起自这些细胞。

椎前神经节呈不规则的节状团块，位于脊柱前方、腹主动脉脏支的根部，包括椎前节、肠系膜上神经节、肠系膜下神经节及主动脉肾神经节等。

每一个交感干神经节与相应的脊神经之间有交通支相连，分白交通支和灰交通支两种。白交通支主要由髓鞘的节前纤维组成，呈白色，故称白交通支；节前神经元的细胞体仅存在于脊髓T_1—T_{12}和L_1—L_3节段的脊髓侧角，白交通支也只存在于T_1—L_3各脊神经的前支与相应的交感干神经节之间。灰交通支连于交感干与31对脊神经前支之间，由交感干神经节细胞发出的节后纤维组成，多无髓鞘，色灰暗，故称灰交通支。

2. 交感神经的分布

(1) 颈部：颈交感干位于颈血管鞘后方，颈椎横突的前方，一般每侧有3~4个交感神经节，多者达6个，分别称为颈上、中、下神经节。

颈上神经节最大，位于第1—3颈椎横突前方、颈内动脉后方。颈中神经节最小，有时缺如，多者达3个，位于第6颈椎横突处。颈下神经节位于第7颈椎处，在椎动脉的始部后方，很少为2个，常与第1胸神经节合并成颈胸神经节。颈部交感干神经节发出的节后神经纤维的分布，可概括如下：经灰交通支连于8对颈神经，并随颈神经分支分布至头颈和上肢的血管、汗腺、竖毛肌等；直接分布至邻近的动脉，形成颈内动脉丛、颈外动脉丛、锁骨下动脉丛和椎动脉丛等，并随动脉的分支至头颈部的腺体、竖毛肌、血管、瞳孔开大肌；发出的咽支，直接进入咽壁，与迷走神经、舌咽神经的咽支共同组成咽丛；3对颈交感神经节分别发出心上、心中和心下神经，下行进入胸腔，加入心丛。

(2) 胸部：胸交感干位于肋骨小头的前方，每侧有10~12个胸交感神经节。胸交感干发出下列分支：经灰交通支连接12对胸神经，并随其分布于胸腹壁的血管、汗腺、竖毛肌等；从上5对胸交感干神经节发出许多分支，参加胸主动脉丛、食管丛、肺丛及心丛等；内脏大神经由穿过第5或第6—9胸交感干神经节的节前纤维组成，向前下方走行中合成一干，并沿椎体前面倾斜下降，穿过膈脚，主要终于腹腔节；内脏小神经由穿过第10—12胸交感干神经节的节前纤维组成，下行穿过膈脚，主要终于主动脉肾神经节。由腹腔节、主动脉肾神经节等发出的节后纤维，分布至肝、脾、肾等实质性脏器和结肠左曲以上的消化管。

（3）腰部：约有 4 对腰神经节，位于腰椎体前外侧与腰大肌内侧缘之间。腰交感干发出的分支有：灰交通支连接 5 对腰神经，并随腰神经分布；腰内脏神经由穿过腰神经节的节前纤维组成，终于腹主动脉丛和肠系膜下丛内的椎前神经节，并交换神经元。节后纤维分布至结肠左曲以下的消化道和盆腔脏器，并有纤维伴随血管分布至下肢。当下肢血管痉挛时，可手术切除腰交感干以获得缓解。

（4）盆部：盆交感干位于骶骨前面、骶前孔内侧，有 2~3 对骶交感干神经节和一个奇神经节。节后纤维的分布有：灰交通支连接骶尾神经，分布于下肢及会阴部的血管、汗腺和竖毛肌；一些小支加入盆丛，分布于盆腔器官。

（二）副交感神经

副交感神经的低级中枢位于脑干的副交感脑神经核和脊髓骶部第 2—4 节段灰质的骶副交感核，由这些核的细胞发出的纤维即为节前纤维。周围部的副交感神经节，称为器官旁节和器官内节，节内的细胞即为节后神经元，位于颅部的副交感神经节较大，肉眼可见，计有睫状神经节、下颌下神经节、翼腭神经节和耳神经节等。颅部副交感神经节前纤维即在这些神经节内交换神经元，然后发出节后纤维随相应脑神经到达所支配的器官。节内并有交感神经及感觉神经纤维通过，分别称为交感根及感觉根。此外，还有位于身体其他部分很小的副交感神经节，只有在显微镜下才能观察到。

1. 颅部副交感神经

其节前纤维行于第 Ⅲ、Ⅶ、Ⅸ、Ⅹ 对脑神经内，概括如下。

（1）随动眼神经走行的副交感神经节前纤维，由中脑的动眼神经副核发出，进入眶腔后到达睫状神经节内交换神经元，其节后纤维进入眼球壁，分布于瞳孔括约肌和睫状肌。

（2）随面神经走行的副交感神经节前纤维，由脑桥的上泌涎核发出。一部分节前纤维经岩大神经至翼腭窝内的翼腭神经节换神经元，节后纤维分布于泪腺、鼻腔、口腔以及腭黏膜的腺体。另一部分节前纤维经鼓索，加入舌神经，再到下颌下神经节换神经元，节后纤维分布于下颌下腺和舌下腺。

（3）随舌咽神经走行的副交感节前纤维，由延髓的下泌涎核发出，经鼓室神经至鼓室丛，由丛内发出岩小神经至卵圆孔下方的耳神经节换神经元，节后纤维经耳颞神经分布于腮腺。

（4）随迷走神经走行的副交感节前纤维，由延髓的迷走神经背核发出，随迷走神经的分支到达胸、腹腔脏器附件或壁内的副交感神经节换神经元，节后纤维分布于胸、腹腔脏器。

2. 骶部副交感神经

其节前纤维由脊髓骶部第 2—4 节段的骶副交感核发出，随骶神经出骶前孔，又从骶神经分出，组成盆内脏神经加入盆丛，随盆丛分支分布于盆腔脏器，在脏器附近或脏器壁内的副交感神经节换神经元，节后纤维支配结肠左曲以下的消化管和盆腔脏器。

（三）交感神经与副交感神经的主要区别

交感神经和副交感神经都是内脏运动神经，常共同支配一个器官，形成对内脏器官的双重神经支配。但在神经来源、形态结构、分布范围和功能上，交感神经与副交感神经又有明显的区别。

（1）低级中枢的部位不同。交感神经低级中枢位于脊髓胸腰段部灰质的中间带外侧核，副交感神经的低级中枢则位于脑干脑神经副交感核和脊髓骶部的副交感核。

（2）周围部神经节的位置不同。交感神经节位于脊柱两旁和脊柱前方，副交感神经节位于所支配的器官附近或器官壁内。因此副交感神经节前纤维比交感神经长，而其节后纤维则较短。

（3）节前神经元与节后神经元的比例不同。一个交感节前神经元的轴突可与许多节后神经元形成突触，而一个副交感节前神经元的轴突则与较少的节后神经元形成突触。所以交感神经的作用范围较广泛，而副交感神经的作用则较局限。

（4）分布范围不同。交感神经在周围的分布范围较广，除至头、颈部和胸、腹腔脏器外，还遍布全身血管、腺体、竖毛肌等。副交感神经的分布则不如交感神经广泛，一般认为大部分血管、汗腺、竖毛肌、肾上腺髓质均无副交感神经支配。

（5）对同一器官所起的作用不同。交感和副交感神经对同一器官的作用既是互相拮抗又是互相统一的。在此情况下，机体才能得以更好地适应环境的变化，才能在复杂多变的环境中生存，交感和副交感神经的活动是在脑的较高级中枢，特别是在下丘脑和大脑边缘叶的调控下进行的。

（四）内脏神经丛

交感神经、副交感神经和内脏感觉神经在到达所支配的脏器的过程中，常互相交织共同构成内脏神经丛。这些神经丛主要攀附于头、颈部和胸、腹腔内动脉的周围，或分布于脏器附近和器官之内。除颈内动脉丛、颈外动脉丛、锁骨下动脉丛和椎动脉丛等没有副交感神经参加外，其余的内脏神经丛均由交感和副交感神经组成。

（1）心丛由两侧交感干的颈上、中、下节和胸1—4或5节发出的心支以及迷走神经的心支共同组成。心丛又可分为心浅丛和心深丛：浅丛位于主动脉弓下方、右肺动脉前方，深丛位于主动脉弓和气管杈之间。心丛内有心神经节，来自迷走神经的副交感节前纤维在此交换神经元。心丛的分支组成心房丛和左、右冠状动脉丛，随动脉分支分布于心肌。

（2）肺丛位于肺根的前、后方，与心丛互相连续，丛内有小的神经节为迷走神经节后神经元。肺丛由迷走神经的支气管支和交感干的胸2—5节的分支组成，也有心丛的分支加入，其分支随支气管和肺血管的分支入肺。

（3）腹腔丛是最大的内脏神经丛，位于腹腔动脉和肠系膜上动脉根部周围。丛内主要含有腹腔神经节、肠系膜上神经节、主动脉肾神经节等。此丛由来自两侧的胸交感干的内脏大、小神经和迷走神经后干的腹腔支以及腰上部交感神经节的分支共同构成。

（4）腹主动脉丛位于腹主动脉两侧及前面，是腹腔丛在腹主动脉表面向下的延续部分，还接受第1—2腰交感神经节的分支。此丛分出肠系膜下丛，沿同名动脉分支分布于结肠左曲以下至直肠上段。腹主动脉丛的一部分纤维下行入盆腔，参加腹下丛的组成；另一部分纤维沿髂总动脉和髂外动脉组成与动脉同名的神经丛，随动脉分布于下肢血管、汗腺、竖毛肌。

（5）腹下丛可分为上腹下丛和下腹下丛。上腹下丛位于第5腰椎体前面、腹主动脉末端及两髂总动脉之间是腹主动脉丛向下的延续部分，从两侧接受第3、4腰下位第2腰神经节发出的腰内脏神经，在肠系膜下神经节交换神经元。下腹下丛即盆丛，由上腹下丛延续到直肠两侧，并接受骶交感干的节后纤维和第2—4骶神经的副交感节前纤维。此丛伴随髂内动脉的分支组成直肠丛、精索丛、输尿管丛、膀胱丛、前列腺丛、子宫阴道丛等，并随动脉分支分布于盆腔各脏器。

二、内脏感觉神经

内脏感觉神经在形态结构上虽与躯体感觉神经大致相同，但仍有某些不同之处。

痛阈较高，内脏感觉纤维的数目较少，且多为细纤维，痛阈较高，一般强度的刺激不引起主观感觉；但脏器活动较强烈时，则可产生内脏感觉，如胃的饥饿收缩、直肠和膀胱的充盈等均可引起感觉。此外，在病理条件下或极强烈刺激下，相应部位可产生痛觉。一般认为，内脏痛觉纤维多与交感神经伴行进入脊髓。

弥散的内脏痛，内脏感觉的传入途径比较分散，即一个脏器的感觉纤维经过多个节段的脊神经进入中枢，而一条脊神经又包含来自几个脏器的感觉纤维。因此，内脏痛往往是弥散的、定位不准确的。

第四节 神经电生理检查项目、意义及法医学应用

一、针极肌电图

(一) 概述

针极肌电图（又称为同心圆针极肌电图）是广义肌电图中最重要的两大部分之一。大部分的临床诊疗机构都将其作为必做项目。针极肌电图检查虽然为有创操作，存在一定风险，但其在某种意义上说是对神经传导检测的进一步验证诊断和独立诊断，是与神经传导检测相辅相成、不可缺少的重要部分。作为检查肌肉的电生理项目，针极肌电图可以检查的肌肉范围很广，肢体、躯干和头面部的肌肉都可以检查，既可以检查到肢体远端的小块肌肉，也可以检查到近端的粗大肌肉，而且能够直接反映肌肉功能，因此其定性、定位、定量诊断价值甚至优于神经传导检测。值得注意的是，在神经损伤后有些被检者损伤部位肌力弱，有些被检者不会收缩被检肌肉，有些被检者存在主观不配合用力等诸多因素，这些都使司法鉴定案件中的针极肌电图较普通临床诊疗中的肌电图诊断有很多意想不到的困难。

国际上各个国家对针极肌电图的检查有自己的观点和派系。美国神经电生理协会认为运动单位电位（motor unit potential，MUP）的取样和测量受人为的因素影响较大，针极肌电图检查以观察募集和插入电位为主。欧洲电生理协会认为针极肌电图的观察指标包括插入电位、募集电位和 MUP 的平均时限和波幅，并做了大量的人群标准值的研究。

国内的肌电图医师，多参考北京协和医院提出的正常值，也倾向欧洲电生理协会的观点，对插入电位、募集电位和 MUP 的平均时限和波幅都很重视。在周围神经损伤的司法鉴定实践中，针极肌电图的失神经电位和 MUP 都是较为客观的指标，能提供较为客观的法律依据，而募集虽然和肌肉功能（如肌力）较为相关，但募集与被检者主观配合程度有很大关系。

(二) 针极肌电图检查的具体指标

针极肌电图的检查指标可以分为三种肌肉状态下的观察内容：安静时的肌肉状态、轻收缩时的肌肉状态和重收缩时的肌肉状态。

1. 安静时的肌肉检查指标

安静时重点观察指标包括同心圆针电极插入肌肉时的反应以及静态时肌肉的自发电反应。

（1）进针。

进针前先要教会被检者收缩和放松被检肌肉的动作。然后观察被检靶肌肉收缩时的外形，在肌肉最高隆起处的肌腹进针。对大而厚的肌肉一般垂直进针，便于从四个方向

和不同深度观察电位，如三角肌、肱二头肌、股四头肌、股二头肌、胫前肌等；对小而薄的肌肉在最高点肌腹和肌腱之间偏向肌腹斜角45°左右进针，如拇短展肌、小指展肌、趾短伸肌等。因为小肌肉垂直进针容易穿透到深部的其他肌肉里，且不便于观察静息电位时移针反应，倾斜进针仅仅是为了针在肌肉里移动方便，可以呈扇形角度移针，不仅操作方便，还尽可能地增大了观察范围，被检者的疼痛感也会减轻。

传统的观念认为应在肌肉放松的状态下进针，优点是可以观察到肌肉的自然放松状态，可以在募集的时候发现是否有早募集现象。缺点是针进入肌肉后，被检者惧痛，做不好大力收缩的动作，不仅影响募集的观察，电极针还有被肌肉收缩折弯或折断的可能，且该方法最大的缺点是肌肉安静时不能确定进针过深还是过浅，是进入了被检肌肉还是穿透了被检肌肉。特别是有些肌肉周围有神经和血管经过，每个人的同一种肌肉厚薄不一，是不可能完全用经验来判断进针深浅的。选择在肌肉收缩时进针，通过观察募集电位可以保证针一定在被检肌肉内，而没有穿透肌肉。在观察静息电位的时候，采取收缩时深进针，放松后退针和小范围地进针，再退针到基本快到皮下的时候，请被检者再轻收缩，再换方向，先深进针观察，逐渐退针的方式，依此类推。这样的进针方法能保证在观察静息电位的时候心中有数，保持针在被检肌肉内而不穿透到周围组织。

（2）插入电位。

正常的插入电位是指针电极在插入、移动和敲击针附近的肌肉时，出现的短暂的电位，是针电极对肌肉纤维和肌肉细胞膜的机械刺激和损伤所致，一般持续时间为300 ms左右，立即出现且立即消失。要鉴别是否是正常的插入电位，还是手的持针不稳。可以将持针的手从电极松开，插入电位立即消失，就是正常插入电位。

异常插入电位：① 插入电位延长，系肌膜对机械兴奋极度增高所致，插入和移针的动作撤除后，插入电位仍然不能消失，还会断断续续持续一段时间，手松开针后仍然如此。插入电位可由纤颤、正相电位等低电压位组成。示波线上可见基线飘逸，扬声器上出现暴雨"沙沙"的声音。这在临床上多见于神经源性和肌源性损伤。单纯仅有插入电位延长而没有其他针极肌电图异常是没有意义的，也可见于肌肉持续的不完全放松。② 插入电位减少和消失，插入电位在插入肌肉时没有反应或反应不明显，临床上多见于肌肉损伤后长期完全失神经支配而发生纤维化或被脂肪组织替代。还有一个可能的技术原因是针电极没有准确刺入目标肌肉组织内。在判断插入电位减少的原因时，这些因素都要考虑到。

（3）静息电位。

① 正常静息电位：是一条平稳的直线，要在被检肌肉完全放松的基础上观察。为了全面观察，至少要在4个方向进针，每个方向有多个深度移动针电极。正常情况下，在移动针的时候可以观察到瞬间的插入电位，随后观察到一条稳定的基线，没有电位的产生，此时为正常的肌肉静息状态。在移针时除了插入电位外，有时还会发现突然出现一阵基线毛糙的电位，其间伴有起始为负相的极短程小波，同时被检者突然有感觉很疼痛的反应，此为终板噪声和终板电位，是针插入终板区所致，终板电位经常被经验不足的检查者误认为是纤颤电位，最好的识别方法是注意小波的起始波形，终板电位的起始波形是负相的，而纤颤电位的起始波形是正相的，稍稍移针后该现象就马上消失。

② 病理的静息电位（自发电位）：在安静的状态下，出现纤颤电位、正尖波、束颤电位、复合重复放电、肌纤维颤搐电位、肌强直电位等均提示病理性的静息电位，通常称为自发电位。如果插入电位延长则提示有自发电位存在的可能。如果没有发现纤颤电位和正尖波，而仅仅出现束颤波、复合重复放电等，不应单纯将后者考虑为病理性自发电位，需要与纤颤电位和正尖波同时出现，才能视其为病理性的自发电位。

纤颤电位和正尖波都是单根肌纤维的兴奋，是最主要且较客观的神经损伤指标。复合重复放电是多肌纤维按顺序、快速放电的结果，是成群的邻近肌纤维的旁触兴奋所致。束颤电位是一个运动单位的独立放电，肌纤维颤搐电位是同一运动单位的重复放电。

纤颤电位是单根肌纤维兴奋性增高而自发产生的电位，其特征为起始部为正相的、短时限、低电压、发放规则的双相或三相波，声音尖促，时限 1～5 ms，波幅 20～30 μV，扬声器上出现不规则的"嗒嗒"声。正常人中 5%～15% 的人可以偶见该波（肌肉不同，发生频率不同）。因此，只有在同一块肌肉的两个部位以上发现纤颤电位才可认为是病理性改变。出现纤颤电位提示失神经损伤、肌炎和肌纤维破坏等。有些情况即使有神经损伤等也不一定出现纤颤电位。例如，失神经损伤的早期（2 周内），急性脱髓鞘病变但轴突未损伤者；严重肌肉萎缩的晚期；神经损伤开始再生的恢复期；体温太低；肌源性损伤的疾病早期。

正尖波（又称正锐波）是单根肌纤维的兴奋性增高而出现的自发电位，失神经损伤后 2 周左右开始出现。其为起始波正相、时限稍宽的"V"字形波，电压较高，出现规则，声音较钝，时限 10～50 ms，波幅 20～300 V，扬声器上可听到粗纯的"砰砰"声。正尖波在正常人中也可偶见，一般与纤颤电位一样，只有在同一块肌肉的 2 个以上部位发现才认为是病理性改变。病理意义同纤颤电位。

束颤电位是在安静时单个和部分运动单位支配的肌纤维放电，波形与运动单位电位类似。其病理意义为：多见于前角细胞神经源性病变，但是没有纤颤电位和正尖波的情况下，单独出现了该波不能认为是病理性改变。

复合重复放电是指针插入后，静息状态下出现的一系列高频放电，以突然出现、突然消失的形式发放，扬声器上可出现蛙鸣的"咕咕"声，发放电位的特点是波幅和频率基本没有变化，是肌膜兴奋性增高所致。其病理意义为：多与纤颤电位、正尖波同时出现，多见于慢性失神经损伤和肌病的活动期。值得注意的是，在没有纤颤电位和正尖波出现的时候，单独出现复合重复放电，不能认为是病理性自发电位，复合重复放电单独出现没有很明确的临床意义。

自发电位的半定量：肌电图报告中常可见到某块肌肉的自发电位为 1～4 个"+"，这是自发电位的半定量指标。自发电位"+"，表示多次寻找后，仅发现 1～2 个部位有自发电位，这种情况下应该对同一神经支配的更多肌肉进行检查，如果多组肌肉均为自发电位"+"，则可提示失神经损伤；自发电位"++"，表示多次寻找后，发现 2 个以上部位有自发电位，这种情况一般可以肯定有自发电位，即失神经损伤可以明确；自发电位"+++"，发现每个部位都有自发电位的出现；自发电位"++++"，不仅每个部位都有自发电位的出现，而且每帧图均有大量的自发电位出现。

自发电位的临床预后：一般神经损伤，多在 1~2 周后出现神经再生的芽生。随之失神经支配肌肉在 EMG 中出现了自发电位，如纤颤电位及正尖波等。有研究表明，随着时间的推移，如果神经未得到及时修复，失神经支配的状态进一步发展，2 年内为肌肉萎缩、纤维化最严重的时期。失神经支配的肌肉在 2 年之后萎缩、纤维化明显减缓。这提示失神经支配 2 年内进行神经修复可能是阻止肌肉萎缩、纤维化的最佳时期。

在神经的损伤诊断中，自发电位一般在神经损伤 2 周后出现，有学者认为自发电位出现的数量可以间接提示神经损伤的程度。在神经损伤严重和神经修复完全停止的时候自发电位也会消失，因此，没有自发电位并不意味着没有神经的损伤。判断神经损伤一定要综合分析肌电图的各个指标依据，只有这样才能综合判断有无神经损伤及其损伤的程度。

2. 轻收缩时的肌肉检查指标

轻收缩时重点观察指标包括：MUP 的数量和单个 MUP 的时限、波幅和波形。

（1）观察 MUP：嘱咐被检者要轻轻收缩被检肌肉，并注意听仪器喇叭的肌电声音，听到有间隔的"啪啪"声为最佳收缩状态。监视器上显示各个 MUP 之间的基线，要求是出现平稳线的间隔，MUP 之间不能相连，能够清楚地观测 MUP 的起始部。达到这样要求的前提是被检者良好的配合，因此需要指导被检者逐渐用力，控制好收缩力量的大小。若 MUP 出现密集，就要教被检者慢慢减小肌力；当 MUP 发放达到适合观测的程度时，嘱咐被检者保持相应大小的肌力并尽快采集 MUP。为了缩短收集时间，可以先收集 MUP，待检查完成后进行 MUP 测量。选择测量 15~20 个 MUP，计算其波幅、时限的平均值。

（2）MUP 的收集：在收集 MUP 的时候可能会有多种形式的 MUP 波形出现，同一帧图中就会有不同形式的波形。为了防止 MUP 收集的时候有倾向性，即只收集大的 MUP，或只收集小的 MUP 或多相波，因为这样最终计算的 MUP 结果会受很大的影响，导致结果的定性错误，适当的方法为：在每个断面收集的时候，初步观察一下各种波形所占的比例，然后有的放矢地按照比例去选择。比如，感觉高波幅的波占一半，那这个断面在选波幅时就大概选一半的高波幅，其他同样类推。多相波与各个时限和波幅尽量按比例选择。每个断面只有一种波形时只能选择一个，不能反复选择同一种波。每个断面有多种波形的时候，选择的波数在 3 个以内，每个断面不能多选择波，以免片面。最后观察一下全部选定的 MUP，形态相同的波形仅留一个，波形尽量不重复，使被选的 MUP 全面和真实。波形尽量选第一相的负相波以及时限短的，这样的 MUP 的容积传导时间短，电信号发生的部位靠近针极，数据更准确。对基线不稳的 MUP 波形，或者波形中不能明确起止部位的 MUP，要放弃测量这些波。一般选择 4 个方向进针，每个方向慢慢退针时，选 4 个断面，这样最后总数在 15~20 个，平均值更接近实际。在肌源性损伤的诊断中，MUP 的计算往往会是唯一的诊断依据，可以没有早募集、自发电位和病理干扰相等，所以 MUP 要严格定标。严重神经源性损伤时，MUP 的数量明显减少，即使移动很多部位，往往也仅有 1~2 种波形，MUP 的取样量也会减少，这是神经源性重度损伤的指标之一。

（3）MUP 的指标：每块肌肉的 MUP 要按年龄和部位参考不同指标。正常值参照各个实验室已建立的正常人群指标或参照权威医院（如北京协和医院、上海华山医院等）的国人肌电正常值的指标。① 时限：指 MUP 发生电位变化的时间的总和，是 MUP 的起始点到结束点之间的时间距离。② 波幅：反映 MUP 的电压大小，代表肌纤维兴奋时所产生的动作电位幅度的总和，即最高正相波和最低负相波的峰—峰值。③ 波形：是由 MUP 离开基线的偏转次数决定的，有单相、双相和多相之分。动作电位波形在 5 相以上（包括 5 相）称多相电位，要计算多相波所占的比例。

多相电位还可分为群多相电位、短棘波多相电位和巨大电位等类型，各代表不同临床意义。群多相电位：时阻较宽，大于 3.0 ms，波幅较高，时限 20~30 ms。其多见于脊髓前角细胞疾病、陈旧性神经伤。短棘波多相电位：组成多相电位的每一个棘波时程较短，多在 3 ms 以内，波幅不等常在 30~500 μV。其多见于神经再生、肌源性病变等。巨大电位：肌肉随意收缩时所产生的一种电压大于 5.0 mV 的特大动作电位，称为巨大电位，时程 5~30 ms，常见于脊前角细胞病变、陈旧性神经损伤等病变。

（4）MUP 的临床意义：神经源性损伤表现为 MUP 时限延长，多于同年龄组同种肌肉正常值的 20%；波幅增高，MUP 的波幅高于同年龄组同种肌肉正常值的 50%；多相波增多，MUP 中多相波多于同年龄组同种肌肉正常值的 15%。

3. 重收缩时的肌肉检查指标

肌肉重收缩又称为"募集"。重收缩时的观察指标为肌肉用最大力量收缩时肌肉全部电位募集的情况。检查时要嘱咐被检者用最大力气收缩被检肌肉。为了使被检肌肉募集完全，医师要和被检者使用相反方向的力以与被检肌肉对抗，通过指令提示被检者用最大力量收缩目标肌肉。

（1）募集的常见波形。正常募集为干扰相，是指最大用力收缩时 MUP 相互重叠，不能分离出单个 MUP。混合相也常视为正常募集，是指中度用力收缩时，有些区域 MUP 密集无法分离，有些区域仍可见单个 MUP。

（2）异常募集。① 单纯相：是由 MUP 的减少导致少量的动作电位存在。募集图中不仅看得见基线，还清晰可见每个动作电位如一个个小棍一样垂直在基线上。单纯相多提示存在神经源性损伤，呈波幅多大于 5 mV、数量少的特征。出现单纯相时要注意，被检者故意降低目标肌肉的收缩力量募集也会明显减少，导致出现单纯相的图形，但是此时的波幅多较正常（2~5 mV）。看到单纯相时应注意鉴别肌肉是否完全用力，检查者要增加对抗用力，在对抗用力中体会被检者是否存在配合欠佳的可能。在进针前就要教会被检者该肌肉的收缩方法。等被检者完全尽力的时候进针，以免进针后被检者担心疼痛而拒绝用最大力量。② 病理干扰相：是募集电位良好，但是电压很低（小于 2 mV），基本看不见基线，也看不见小棍子状的单个 MUP。有时还会有"早募集"现象，即被检者一用力就出现很密集的募集电位，没有先单个电位再完全募集的过程。发现有病理干扰相的可能，就要让被检者放松后收缩肌肉，单凭直接的重收缩发现不了"早募集"现象。病理干扰相多见于肌源性损伤。③ 运动单位募集减少甚至完全没有：具体包括少量 MUP、偶见 MUP、无 MUP 三种募集反应类型，常见于严重的神经、肌肉疾病，如完全性神经源性损伤，或见于诈病和明显不配合的被检者。

（3）观察募集电位的要点。只要出现正常的募集电位，就可以认为被检肌肉的募集电位正常。募集完成后，在观察静息电位和轻收缩的 MUP 之前，一定要将针退到皮下，再嘱被检者慢慢放松肌肉，因为立即放松肌肉，电极针可能会发生变形，甚至会断在肌肉里，造成被检者不必要的疼痛和创伤。在需要观察"早募集"等现象时，也要将针退到皮下，让被检者放松后再进针，然后慢慢收缩肌肉，观察整个肌肉收缩的过程。须注意若进针后再收缩肌肉，一般人会因惧疼而不能尽力收缩。诈病和不配合的被检者收缩肌肉时，募集会出现伪单纯相、伪混合相、伪无募集电位等伪病理相。此时，除了要注意识别外，还要学会帮助被检者收缩和放松被检肌肉。有些肌肉功能良好的被检者，在被动收缩、放松的过程中，肌肉会出现部分募集的信号，这种现象不能判断是无运动单位的募集，而应高度怀疑有诈病和主观不配合用力等现象。失用性萎缩的伤者肌肉也会募集无力，出现正常部分的混合相、单纯相，要注意结合 MUP 和静息电位综合判断。在针极肌电图中，募集不是最客观的判断指标。在肌源性损伤中，不一定出现病理干扰相；在神经源性损伤中，也不一定出现单纯相。针极肌电图中，募集的临床意义没有自发电位和 MUP 等指标客观性强，可能的影响因素较多，如被检者的用力程度、学习收缩被检肌肉的能力和肌肉萎缩的程度等。在募集和其他电生理指标矛盾时，要综合判断，要分析为何募集不能和其他的指标相符合，要分析临床体征和神经损伤分布的可能性。

(三) 针极肌电图的异常结果初步判断

异常针极肌电图的一般特征包括以下几项。

(1) 插入电位增多或减少，或者时限延长。

(2) 出现自发电位：包括正尖波、纤颤电位、束颤电位、复合重复放电、肌纤维颤搐电位、肌强直放电等。在一块肌肉 2~3 个部位出现自发电位（纤颤电位、正尖波）是神经源性损害的可靠表现。

(3) 运动单位电位异常：神经源性损害表现为时限延长、波幅升高及多相波百分比增多；若需定量，则计算 20 个 MUP 的平均时限，较正常值增加 20% 以上提示异常；多相电位的百分比明显增多，亦提示异常。肌源性损害表现为时限缩短、波幅降低和多相波百分比增多。

(4) 募集电位异常：神经源性损害表现为高波幅的单纯相或混合相；而肌源性损害表现为低波幅的干扰相即病理干扰相。在神经源性疾病的早期，可仅出现自发电位和募集电位的异常，无 MUP 的改变。募集电位是肌电图重要的指标，不能遗漏，但检测者须注意，募集电位被检者主观配合程度的影响，检测时应注意重复检查和判断该检测结果的可靠性，必要时可在报告中注明。

以上 4 项特征中，必须具备 (1) 或 (2) 中至少一项，尤其以 (2) 最为可靠，然后参考其他两项，针极肌电图方可认定异常，并提示很可能存在神经源性损害。

(四) 针极肌电图的影响因素

(1) 针极肌电图各指标中，插入电位和自发电位最为重要，如果其确实存在，对神经损伤判断最为客观，但此类指标也与检查者的主观经验是否丰富有关。具体影响因素包括检查者对目标肌肉的选择是否准确，小块、重叠的肌肉是否存在插入过深而到其他肌肉的情况，是否准确刺入目标肌肉肌腹，对各类电位的判断是否准确，等等。由于此项检查是实时检查，绝大多数肌电图报告也实时记录各类电位图像，因此，检测者以外的人员判断是否存在某项因素影响，是非常困难的。司法鉴定人应该根据长期与检测机构的合作和对其肌电图报告的研判，来间接判断相应肌电图报告中针极肌电图指标的可靠性。

（2）MUP 的影响因素与自发电位的影响因素基本相同，也会受到检查者主观经验影响。同时，MUP 是被检者在肌肉轻收缩状态下的检测指标，由于轻收缩的力量不同，MUP 的指标亦有不同，而临床诊疗机构并未对此进行规定，这在一定程度上影响了 MUP 指标（尤其是波幅）的价值。建议有开展肌电图检测能力的司法鉴定机构，应当在 MUP 检测时统一按照一定的肌肉收缩力量检测该指标，这样其结果会更有价值。

（3）募集的几种类型是较为定性的指标，正如手法肌力分级一样，在判断时主要依赖检查者的经验。当然，除了混合相外，单纯相有时也较难区分，其他募集的类型还是较易判断的。影响募集的最主要因素，实际上为被检者的主观配合程度，因其被检肌收缩力量大小直接影响募集的类型，临床诊疗机构在开展募集检测时，均嘱被检者最大限度用力，而被检者出于协助医师明确诊断、准确治疗的目的，一般都能配合。但出于司法鉴定目的，被检者被嘱最大限度用力时则会不同程度减小肌肉的收缩力量。对此，检查者可通过便携式定量肌力测试仪同步检测被检者的收缩力量以判断其用力大小是否为最大力量。具体办法是在插入针电极进行募集检测前，先嘱被检者完成 3~5 次目标肌肉的最大限度用力收缩并记录其力量，然后在募集检测时同样嘱被检者完成 3~5 次最大限度用力收缩。如果被检者各次收缩力量恒定，说明其配合程度高；如果各次收缩力量波动较大，则说明其配合程度较差；如果各次（以 5 次为例）收缩力量以前 2~3 次较为稳定且力量较大，之后力量衰减，则可认为前 2~3 次结果可信，采信前 2~3 次收缩时记录的募集电位。若检查者判断被检者配合程度欠佳，应在报告中如实说明，并记录最大收缩力量时的募集电位（如少量 MUP），可在报告中提示目标肌肉的募集可能优于所记录的募集（如不排除目标肌肉的募集为单纯相或混合相）。

二、神经传导检测

神经传导检测又称为神经电图，临床上最常用的检查项目包括运动神经传导（传导速度、CMAP 波幅和潜伏期）、感觉神经传导（传导速度、SNAP 波幅和潜伏期）、F 波、H 反射等。神经电图的共同点是用刺激电极对肢体的一端进行刺激，在肢体的另一端接收机体反应产生的生物电信号。神经电图的基本机制是利用刺激点和记录点（或称接收点）间的一段神经通路传导，通过刺激信号在体内传导的快慢（潜伏期或传导速度）和接收信号的大小（波幅），间接判断在刺激点和记录点之间的神经通路功能是否正常。

（一）记录方式

所有神经电图安放位置都遵循同一个原则：刺激点到记录点中间安装接地线，记录点的负极（记录极）和刺激点的负极（一般通用黑色电极表示负极）都离地线最近，相反记录电极的正极（参考极）和刺激点的正极都是远离地线的。传导距离是刺激点负极到记录点负极之间的距离（要精确到 1 mm）。

(二) 神经电图指标

尽管各神经电图图形有一定不同，但都是由时间-波幅测量结果构成的坐标图，纵轴为波幅（mV 或 pV），横轴为时间（ms）。虽然各种神经电图的形式有所不同，但是主要观察指标都是潜伏期和波幅。

传导速度（conduction velocity，CV）是在潜伏期的基础上，结合传导距离根据速度公式（速度=距离÷时间）计算出来的。有的神经电图不能计算传导速度就用潜伏期判断，比如 MCV 的一个刺激点到记录点之间不仅仅包括了神经纤维，还包括了神经-肌肉接头和肌肉的部分参与，所以不能用同一介质计算传导速度的方法来计算，只能用远端潜伏期来间接地判断其传导速度；H 反射的潜伏期一般根据被检者的身高不同而不同，故可用 H 波的潜伏期进行判断。传导速度和潜伏期都能够反映神经传导的快慢。神经电图波幅的大小既反映动作电位电压的大小，也反映神经发生动作电位的强弱。

(三) 神经电图的异常结果初步判断

关于异常神经电图的判断，国内外电生理协会和不同著作提出的具体判断条件有一定差别，但一般认为以下条件均可作为依据。

(1) 远端潜伏期延长，超过正常值 20% 提示异常，超过 50% 确定异常。
(2) 传导速度减慢，低于正常值 20% 提示异常，低于 50% 确定异常。
(3) 双侧同名神经同节段的传导速度差大于 10 m/s 提示异常。
(4) 波幅低于正常值的 20% 提示可疑异常，低于 50% 确定异常。

神经电图检测结果一般可以用实验室自身大数据研究建立的正常值进行比较；缺少或无条件建立自身实验值正常值时，可采用与相应规范著作中公布的正常参考值进行比较的方法。在法医学鉴定中，尤其是当异常结果与正常结果相差 20% 左右时，建议与被检者自身健侧同名神经进行对照，从而尽量获得更为可靠的结果。

在对神经电图检测结果进行判断时，还应注意相应的影响因素。例如，潜伏期和传导速度受影响的因素相对较少（体温、距离测量的准确性通常是可以避免的误差），所以是更加可靠的指标；而波幅受影响的因素相对较多（如记录点位置是否在肌腹最高点上，刺激位置是否在神经干上，是否给予了超强电刺激，等等），而这些因素与检查医师的经验和被检者个体结构等因素有关，所以是次要参考指标。

(四) 神经电图的影响因素

(1) 温度是影响神经电图很重要的因素。神经电图中的远端潜伏期、传导速度和波幅等指标受温度影响很大，特别是远端神经的检查很受影响，温度降低会导致传导速度减慢和远端潜伏期延长，甚至波幅降低。因此，检测环境温度应当保持在常温，检查者在开始神经电图检测之前要测量皮温，尤其是寒冷季节，被检者刚进入检查室内，肢体体表温度可能还较低，建议检查者用手测法和红外测温仪测量一下被检者的肢体体表温度。没有红外测温仪的肌电图室，检查者可用自己正常手温的手触摸被检者的手脚，若比自己的体温低就需要先行局部加热。

(2) 身高是影响传导速度的因素之一。一般肢体长的被检者，传导速度相对较慢，往往在正常值的下限，下肢的传导速度较上肢慢（一般上肢神经传导速度正常值在 50 m/s 以上，下肢神经传导速度在 40 m/s 以上）。但是在普通的 MCV 和 SCV 检查中，传导速度一般都在正常值范围之内，目标神经的检测结果处于临界值时建议增加健侧的检查以供对照。

（3）年龄与传导速度也有密切关系。小于 3 岁的婴幼儿由于神经系统发育不全，传导速度较慢，是青壮年的 50%左右；3 岁以后神经传导速度逐渐增快，到 15 岁后神经传导速度和成人的正常值基本相同，其间神经电图的波幅也随年龄增加而增高；在大于 60 岁后传导速度有逐渐减慢的趋势，波幅也逐渐降低。所以实验室建立自身正常值时应当根据各个年龄组的正常值来判断。而在实践中，对于年龄较大和较小的被检者，建议增加健侧检查以供对照。

（4）部分神经有先天性变异，其解剖走行与正常走行位置有一定距离，加之容积传导的影响，在常规神经干体表投影位置进行刺激时，支配肌肉记录到的 CMAP 明显降低甚至引不出，传导速度也会减慢甚至消失，从而影响神经电图的结果。如遇到此种情形，推荐采用英寸法进行检测。在常规的记录部位中，先在近端找一个大致可以引出最大 CMAP 的位置，然后以 1~2 cm 间距在周围移动刺激电极并改变方向，在肢体横向的位置找到最大的 CMAP 后，再在下一个 2 cm 同距部位用类似的方法寻找，最后将各个节段最大的 CMAP 的刺激点连成一条线，就可得到所检神经的体表投影。

（5）刺激强度。不论是 MCV 还是 SCV，都必须用超强电刺激。未用超强电刺激会导致神经电图的波幅降低。例如，在进行运动神经传导检测时，当给予电刺激时，边注意被检者的适应表情，边逐渐加大刺激量，用单次刺激模式不要用连续刺激模式。当 CMAP 达到最大并稳定后，将电流量加大 20%，即为超强电刺激，此时获得的 CMAP 即为最佳结果。需要注意的是，刺激用单次模式，波宽 0.2 ms。对于一些在深部难以诱发的神经反应，可以根据条件将波宽加大，最大可以到 1 ms[7]。

三、案例分析

案例一　前臂离断伤的伤残等级鉴定

（一）案情摘要

詹某，男，63 岁，2018 年 10 月 30 日因意外事故受伤。委托：参照中华人民共和国国家标准《劳动能力鉴定 职工工伤与职业病致残等级》GB/T 16180—2014 对其伤残等级进行法医学鉴定。

（二）病史摘要

（1）主诉：左前臂机器致伤疼痛、出血 1 h。

（2）查体：神清，痛苦表情，左前臂在中段处离断，近端创面出血不明显，可见腋动脉搏动，动脉栓塞，离断肢体仅内侧少许皮肤相连，离断肢体挫伤严重，变形，骨质、肌腱、血管、神经碎裂，皮肤软组织边缘无渗血，颜色苍白，无张力，毛细血管反应消失。

（3）摄 X 线片示：左尺桡骨中下段粉碎性骨折。

（4）治疗经过：入院后完善相关检查，急诊在臂丛麻醉下行左尺桡骨骨折复位钢板内固定+血管神经修复术，术后予抗炎、活血、补液等治疗，完善相关检查及观察患肢血运等处理。2018 年 11 月 14 日在臂丛麻醉下行左前臂清创+坏死组织清除，术后予抗炎、活血、补液等治疗。2018 年 11 月 27 日在臂丛麻醉下行左前臂扩创+取皮植皮术，术后予抗炎、活血、补液等治疗。2019年12月10日在局部浸润麻醉下行左尺骨骨折端富血小板血浆注射治疗，左前臂石膏外固定术，予促进骨愈合、补液治疗。

（5）诊断：左前臂离断伤。

（三）法医鉴定

1. 2020年12月3日法医体格检查

步入检查室，神志清楚，回答切题，检查合作。沿左前臂背侧至左腕背侧有一长度为24 cm的手术瘢痕，沿左前臂前侧有两处长度分别为16 cm、8 cm的手术瘢痕，左前臂中段以远肌肉萎缩明显。左手中指近节指骨以远缺失（原有损伤），左手各指余关节于非功能位僵直（图4-4）。

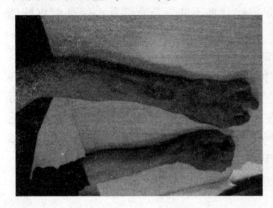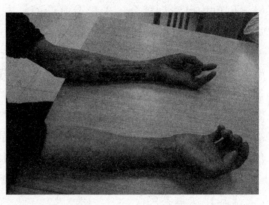

图4-4　左手处于非功能位僵直

2. 阅片所见

2018年10月30日X光片示：左侧尺桡骨中段粉碎性骨折，断端错位明显。
2018年12月11日X光片示：左侧尺桡骨中段粉碎性骨折钢板内固定术后。
2019年12月9日X光片示：左侧尺桡骨中段粉碎性骨折钢板内固定术后。

3. 肌电图检查

提示：左正中神经、左尺神经、左桡神经受损。

4. 鉴定意见

被鉴定人詹某左手功能丧失达90分，构成工伤五级伤残。

（四）讨论

本案例中，伤者的原发损伤属于非常严重的类型，其左前臂离断伤，急诊在臂丛麻醉下行左尺桡骨骨折复位钢板内固定+血管神经修复术，术后予抗炎、活血、补液等治疗，完善相关检查及观察患肢血运等处理，后期在臂丛麻醉下行左前臂清创+坏死组织清除、左前臂扩创+取皮植皮术及左尺骨骨折端富血小板血浆注射治疗。鉴定时肌电图提示左正中神经、左尺神经、左桡神经受损。具有导致左手功能障碍的损伤基础。结合鉴定时体格检查所见，左前臂中段以远肌肉萎缩明显，左手中指近节指骨以远缺失（原有损伤），左手各指余关节于非功能位僵直，左手功能丧失达90分，构成工伤五级伤残。

案例二 小腿刀刺伤的损伤程度鉴定

（一）案情摘要

赵某，男，55 岁，2019 年 7 月 18 日因琐事被他人刺伤。委托：按照《人体损伤程度鉴定标准》对其损伤程度进行法医学鉴定。

（二）病史摘要

（1）主诉：刀刺伤 1 小时余。

（2）查体：神志清，表情痛苦，面色苍白，皮肤湿冷，BP 110/70 mmHg，P 120 次/分，R 22 次/分。右侧胸部乳头上见 1.5 cm 伤口，右手背见长 4.5 cm 皮肤划痕，左臀部见 3.0 cm 伤口，左大腿中下段外侧见长 5.0 cm 伤口，左小腿上段外侧见 3.0 cm 创面伤口，创口均已清创缝合，少量渗血渗液，左足拇趾背伸不能，足背部及小腿外侧皮肤感觉麻木迟钝。

（3）治疗经过：入院后考虑患者处于失血性休克早期，立即予以对症抗休克治疗。患者生命体征平稳后，考虑患者左足拇趾背伸不能，可能存在腓总神经损伤，于 2019 年 7 月 22 日行左小腿创口探查术+左腓总神经吻合术，术中沿左腓骨小头外侧向下纵行做一切口，逐层切开皮肤、皮下筋膜，沿股二头肌和腓肠肌外侧分离出腓总神经，向远端探查于腓骨颈后侧见腓总神经离断，断端肿胀粘连，周围组织界限不清，神经表面颜色发灰，将腓总神经损伤远近端坏死失活组织切除后予以吻合。

（4）诊断：全身多发软组织损伤，左腓总神经损伤。

（三）法医鉴定

1. 法医体格检查

步入检查室，跨越步态，神清语利，问答切题。全身多处瘢痕，右侧胸部乳头上见 1.5 cm 瘢痕，左臀部见 2.5 cm 瘢痕，左大腿中下段外侧见长 4.8 cm 瘢痕，左小腿上段外侧见 12 cm 瘢痕。左踝关节主动背屈肌力 1 级，左足各趾背屈肌力 1 级。左踝关节被动活动尚可。

2. 2019 年 8 月 2 日神经肌电图检查

左侧腓总神经支配肌肉均见失神经电位，募集反应明显减弱，CMAP 波幅严重降低，潜伏期明显延长，运动神经传导速度严重降低，提示左侧腓总神经严重损伤的电生理变化。

3. 鉴定意见

赵某被他人以锐器刺伤致左侧腓总神经断裂，按照《人体损伤程度鉴定标准》第 5.9.2a 条"四肢任一大关节功能丧失 50% 以上"之规定构成重伤二级。

（四）讨论

根据法医临床检查所见，结合被鉴定人原损伤情况，赵某左侧踝关节主动背屈肌力 1 级，左足各趾主动背屈肌力 1 级，符合左侧腓总神经损伤表现，肌电图检查与临床查体相一致。本案中赵某左踝关节功能丧失严重，行走时呈跨越步态，结合其左踝关节主动活动，根据查表法，可查得左踝关节功能丧失 50% 以上，因此，最终按照第 5.9.2a 条"四肢任一大关节功能丧失 50% 以上"评定重伤二级。

案例三 下肢损伤的伤残等级鉴定

（一）案情摘要

徐某，男，62岁，2020年3月3日因交通事故受伤。委托：按照《人体损伤致残程度分级》对其伤残等级进行法医学鉴定。

（二）病史摘要

（1）主诉：车祸伤致全身多发损伤3小时。

（2）查体：右大腿、小腿肿胀明显，周围大片瘀斑，局部未见皮肤擦伤，大腿近端及小腿下段压痛明显，可及骨擦感及异常活动，膝关节活动不能。右足背及足底见大面积皮肤撕脱，面积约20 cm×4 cm，重度污染，皮缘不整，可见活动性出血，足背动脉搏动减弱，足趾活动受限，末端感觉、血运明显减退。左足跟部见皮肤部分裂伤，长约5 cm，创面整齐，无明显活动性出血，左足末梢血运良好。

（3）CT示：左侧额叶挫裂伤可能，蛛网膜下腔出血，L_1、L_4、L_5椎体骨折。X线示：右肩关节组成骨未见明显错位骨折，右侧股骨上段骨折，右胫腓骨下段骨折，右足第2跖骨骨折，第1、5跖骨基底部及内侧楔骨、骰骨骨折可能。

（4）治疗经过：入院后急诊行右股骨、胫骨骨折闭合复位外支架固定、右足部皮肤撕脱伤原位回植、1—5趾屈肌腱修复术、左足清创缝合术。术后入ICU监测生命体征变化，予止痛治疗，抗生素预防感染，补液、输血、血浆纠正凝血功能，纠正低蛋白血症，维护重要脏器功能，预防血栓，预防消化道出血，营养神经治疗。在全麻下行右股骨骨折、胫腓骨骨折闭合复位内固定，于2020年3月24日行右足扩创，2020年3月31日行右足清创、左游离股前外侧皮瓣转移修复创面术治疗。

（5）诊断：右股骨骨折，右胫腓骨远端骨折，创伤性休克，右足第1、2、5跖骨骨折，右足骰骨骨折，右足楔状骨骨折，右下肢血管损伤，右下肢神经损伤，右踝和足多处肌肉和肌腱损伤，右足部皮肤撕脱伤，左足部皮肤撕裂伤，蛛网膜下腔出血，双肺挫伤，鼻骨骨折，腰椎骨折（L_1、L_4、L_5）等。

（三）法医鉴定

1. 法医体格检查

拄双拐步入检查室，神清，对答切题，检查合作。沿右臀下方见长为4 cm、9 cm、2 cm瘢痕，沿右膝上方有一长为3 cm瘢痕，沿右膝外侧有长为2.5 cm、3 cm瘢痕，沿右膝前有一长为10 cm瘢痕，沿右胫前有长为2 cm、1 cm、1 cm瘢痕，沿右内踝有一长为5 cm手术缝合瘢痕，沿右外踝有长为6 cm、5 cm手术缝合瘢痕，沿右足内侧经足跟及足底至后踝有一长为45 cm瘢痕，右足背见多处散在瘢痕，沿左大腿外侧有一长为17 cm手术缝合瘢痕，其下方见长为13 cm、宽为4 cm瘢痕。右足下垂外翻，主、被动活动均受限，右踝关节于跖屈25°僵直（图4-5），双下肢长度基本一致。

2. 2021年2月2日神经肌电图检查

EMG：右踇展肌放松时见自发电活动，重收缩运动单位电位减少。CV：右腓神经MCV波幅降低，SCV未引出，余所检神经SCV、MCV在正常范围。提示：右下肢神经性受损。

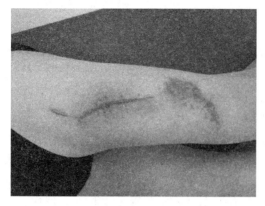

图 4-5　右踝关节处于僵直位

3. 鉴定意见

被鉴定人徐某右踝关节强直固定于非功能位，构成八级残疾。

（四）讨论

本案中被鉴定人徐某因交通事故受伤致右股骨骨折，右胫腓骨远端骨折，创伤性休克，右足第1、2、5跖骨骨折，右足骰骨骨折，右足楔状骨骨折，右下肢血管损伤，右下肢神经损伤，右踝和足多处肌肉和肌腱损伤，右足部皮肤撕脱伤，左足部皮肤撕裂伤等。入院后急诊行右股骨、胫骨骨折闭合复位外支架固定、右足部皮肤撕脱伤原位回植、1—5趾屈肌腱修复术、左足清创缝合术，之后先后行右股骨骨折、胫腓骨骨折闭合复位内固定，右足扩创，右足清创、左游离股前外侧皮瓣转移修复创面术等治疗。目前查体右足背见多处散在瘢痕，右足下垂外翻，主、被动活动均受限，右踝关节于跖屈25°僵直，双下肢长度基本一致。鉴定时肌电图示：右下肢神经性受损。对照《人体损伤致残程度分级》第5.8.6.8条，被鉴定人徐某右踝关节强直固定于非功能位，构成八级残疾。

（吕　铭　刘松岩　戴定坤　张　平）

参考文献

[1] 曹甲甲，张阳，万雷，等．嗅觉功能障碍的法医学检验与评定 [J]．中国司法鉴定，2018（4）：83-86.

[2] 王萌，夏文涛，王旭．视觉功能检查及客观评定的法医学原则与方法 [M]．北京：科学出版社，2015：79-117.

[3] 李春晓．颅脑外伤法医学鉴定理论与实践 [M]．吉林：吉林大学出版社，2018：101-102.

[4] 柏树令．系统解剖学 [M]．5版．北京：人民卫生出版社，2001：375-400.

[5] 高东，夏晴．肢体周围神经损伤法医学鉴定和检验 [M]．上海：上海科学技术出版社，2020：77-87.

第五章

电生理在颅脑损伤鉴定中的运用

第一节 颅脑的解剖结构

一、颅骨正常解剖结构

颅骨可分为脑颅骨和面颅骨，其中脑颅骨中不成对的有额骨、筛骨、蝶骨和枕骨，成对的有颞骨和顶骨，上述颅骨连接成颅盖骨和颅底，共同围成颅腔，容纳并保护脑组织。上颌骨、下颌骨、鼻骨、颧骨等骨质构成眼眶、鼻腔和口腔的骨性结构，组成面颅骨。

颅底内面高低不平，分为前颅窝、中颅窝、后颅窝三个部分。前颅窝的中央小部为筛骨筛板，两侧大部为额骨眶板，后部为蝶骨小翼，容纳额叶。中颅窝由蝶骨体和蝶骨大翼组成，呈蝶形，分为较小的中央部（鞍区）和两个较大而凹陷的外侧部（容纳颞叶）。后颅窝大部分由枕骨构成，两侧部的前壁为岩骨的后面，容纳小脑、脑桥和延髓。

二、脑正常解剖结构

颅内的脑组织主要包括端脑、间脑、小脑、脑干（中脑、脑桥和延髓）。

1. 端脑

端脑是脑的最高级部位，由左、右大脑半球借胼胝体连接而成。大脑半球的结构包括：大脑皮质、髓质、基底核和侧脑室。大脑半球表面的灰质层称大脑皮质，深部的白质称髓质，蕴藏在大脑髓质内的灰质核团称为基底核，大脑半球内的腔隙为侧脑室。大脑分为额叶、颞叶、顶叶、枕叶、岛叶。

2. 间脑

间脑位于中脑与端脑之间，连接大脑半球和中脑。大脑半球高度发展掩盖了间脑的两侧和背面，仅腹侧的视交叉、灰结节、漏斗、垂体和乳头体露于脑底。间脑包括背侧丘脑、后丘脑、上丘脑、底丘脑和下丘脑 5 个部分。

3. 小脑

小脑位居颅后窝，借上、中、下三对小脑脚连于脑干的背面，其上方借大脑横裂和小脑幕与大脑分隔。小脑是机体重要的躯体运动调节中枢之一，其功能主要是维持身体平衡、调节肌张力及协调随意运动。

4. 脑干

脑干自下而上由延髓、脑桥和中脑三部分组成，位于颅后窝前部，上接间脑，下续脊髓，延髓和脑桥的腹侧邻接颅后窝前部枕骨的斜坡，背面与小脑相连。延髓、脑桥和小脑之间围成的室腔为第四脑室。脑干的功能主要是维持个体生命，包括心跳、呼吸、消化在内的一系列重要生理功能，均与脑干有关。

第二节 颅脑损伤概述

颅脑损伤为法医临床鉴定中较为常见的损伤,随着经济社会的发展,世界各国的脑外伤发病率均呈现一定的增长趋势,在我国其增长更为迅速。在脑外伤患者中,绝大部分为中青年男性,其中交通事故造成的脑外伤占相当大的比例。此外,损伤原因还包括高坠伤、打击伤等。

一、颅脑损伤的分类

根据颅腔内容物是否与外界交通,颅脑损伤分为闭合性颅脑损伤和开放性颅脑损伤。根据伤情严重程度,颅脑损伤分为轻型颅脑损伤、中型颅脑损伤、重型颅脑损伤和特重型颅脑损伤四型。

根据解剖部位,颅脑损伤可分为脑损伤、颅骨骨折和头皮损伤,三者可单独存在,也可合并发生。其中以脑损伤最为复杂和重要。颅骨骨折包括颅盖骨骨折、颅底骨折等。头皮损伤包括头皮挫伤、头皮裂伤、头皮血肿、头皮撕脱伤等。

1. 脑损伤概述

根据损伤发生的时间和类型,颅脑损伤可分为原发性脑损伤和继发性脑损伤。原发性脑损伤是指暴力直接作用于头部后立即发生的脑损伤,损伤发生在创伤当时,主要表现为神经纤维被拉伸、压缩和撕裂。原发性脑损伤主要包括脑震荡、弥漫性轴索损伤、脑挫裂伤、脑干损伤等。

继发性脑损伤并不是由机械性损伤直接引起的,而是在伤后一段时间内出现的脑损伤,是在原发性脑损伤的基础上发生的炎症反应、血肿扩大、细胞水肿、癫痫和全身并发症(如血流动力学和肺的变化、发热、疼痛),通过缺血再灌注及新陈代谢等方式进一步破坏损伤灶周边脑组织,加重脑组织的损害。继发性脑损伤主要包括颅内出血、颅内水肿、外伤性脑水肿、外伤性硬膜下积液、外伤性脑梗死。继发性脑损伤可以是在原发性损伤的基础上造成的脑组织结构与功能的进一步损害,也可独立于原发性脑损伤,它是导致脑外伤死亡或功能障碍的重要原因之一。继发性颅脑损伤由原发性脑损伤所致,反过来又可以加重原发性脑损伤的病理性改变。

继发性脑损伤的发生涉及多种神经生化及病理变化过程,包括线粒体损伤和功能障碍、游离钙离子超载、兴奋性氨基酸的神经毒性、氧自由基的产生、caspase 的激活及级联放大、炎症因子的释放、内皮细胞功能紊乱、细胞凋亡和抗凋亡机制等。原发性脑损伤作为损伤的始动因素发生在创伤当时,临床不可干预;而继发性脑损伤发生于创伤后数分钟到数天内,可导致未损伤的或仅受到功能性损伤的神经细胞进一步发展为不可逆性损伤,可见颅脑外伤的预后与各种继发性脑损伤密切相关。继发性脑损伤所导致的最严重后果是神经细胞的死亡，神经细胞的死亡涉及许多病理生理变化。

2. 颅骨骨折概述

颅骨骨折是指颅骨受暴力作用所致颅骨结构改变，包括骨质连续性的中断及碎裂，直接征象为骨质内外板的连续性中断。颅骨骨折可发生于颅骨任何部位，以顶骨最多，其他依次为额骨、颞骨、枕骨。CT是横断位图像，密度分辨率高，图像无重叠，因此，粉碎性、凹陷性骨折比线性骨折显示明显。若发现颅底骨折的间接征象，同时加做薄层扫描，则对颅底骨折的诊断及颅脑创伤的综合判断和治疗具有重要的意义。由于颅底骨形态较复杂、不规则，自然的间隙及孔道多，所以对无移位的线性骨折显示还是有一定的难度，应结合重建的薄层图像连续细致观察，尤其是依据三维重建图像所提供的多层次、多方位、多角度的丰富信息，为颅骨骨折的诊断提供可靠的依据，尽量避免误诊。

3. 颅脑损伤的并发症和后遗症

颅脑损伤的并发症包括脑神经损伤、颅内积气、外伤性脑脊液漏、颅脑外伤后感染等；后遗症包括脑损伤后综合征、外伤性癫痫、外伤性脑积水、脑外伤性精神障碍等。

二、颅脑损伤的特点

颅脑损伤具有如下特点：① 患者多数较为年轻；② 脑损伤弥散，临床症状更为复杂多样，意识障碍、认知障碍、精神障碍更加突出，常合并骨折、胸腹部外伤等，同时恢复期常出现癫痫、脑积水等一些并发症；③ 脑外伤后脑组织的重塑能力及功能障碍代偿能力更强，与脑卒中患者相比，预后较好。

随着医学和神经科学的发展，脑外伤患者总体死亡率有所下降，在存活患者中，大部分患者会存在不同程度的后遗症状。依据损伤部位的不同，临床可以有不同的表现。对于大脑皮质损伤的脑外伤患者，临床症状可包括头痛、癫痫发作、瘫痪、行为和/或认知功能障碍，甚至成为植物人。大脑皮质不同部位损伤，症状及表现各不相同。额叶损伤主要引起随意运动、言语、颅神经、植物神经功能及精神活动等方面的障碍；颞叶损伤主要引起视觉辨认、听觉感知、记忆与情绪等方面的障碍；顶叶损伤主要引起共济失调、空间知觉、学习记忆、感知觉功能障碍等；枕叶损伤时不仅发生视觉障碍，并且出现记忆缺陷和运动知觉障碍等症状，但以视觉症状为主；边缘系统损伤时出现情绪症状、记忆丧失、意识障碍、幻觉、行为异常、智能减退等精神症状。

颅脑损伤后神经功能损害包括意识障碍、认知障碍、运动及感觉功能障碍、语言功能障碍、视觉功能障碍、听觉功能障碍等。

1. 意识障碍

意识障碍亦称昏迷，是指患者失去意识，对外界刺激没有任何反应。意识障碍是大脑皮质和皮质下网状结构受到抑制的一种状态，是脑损伤的常见症状，可反映脑组织损伤的程度。昏迷是最严重的意识障碍，即意识完全丧失。依据意识丧失的程度，昏迷分为轻度昏迷、中度昏迷和深度昏迷。当重型颅脑损伤有下列情况时患者可能发生昏迷：① 有广泛的脑挫裂伤伴急性脑肿胀或弥散性脑水肿伴脑疝形成；② 急性颅内血肿继发脑疝；③ 弥漫性轴索损伤；④ 严重脑干损伤。昏迷3个月以上者称为迁延性昏迷，或称植物生存状态（植物人），患者表现为有觉醒周期，但是与外界没有主动反应和交流。

轻度昏迷：意识部分丧失，无自主运动，对声音或光刺激无反应，对疼痛刺激有躲避反应及痛苦表情，但不能回答问题或执行简单的命令；角膜反射、瞳孔对光反射、咳嗽反射、吞咽反射和腱反射均无明显变化。

中度昏迷：对强烈的疼痛刺激有躲避反应，浅、深反射减弱，可有巴宾斯基征。

重度昏迷：意识完全丧失，对强烈疼痛刺激无反应，浅、深反射均消失，巴宾斯基征持续存在，生命体征常有改变。

2. 认知障碍

认知障碍在额颞叶损伤者中较为多见。轻型脑损伤患者伤后 3 个月内记忆和注意障碍的发生率为 40%~60%，中、重型脑损伤患者该项指标可高达 90%。临床主要表现为注意力不能持续集中，难以完成交谈、阅读、看电视及进行一连串的思考；记忆力不同程度减退；学习兴趣和语言表达能力下降；分析判断能力减退，工作能力下降。

3. 运动及感觉功能障碍

若损伤累及内囊基底节区，破坏了皮质脊髓束、皮质脑干束以及上行的感觉传导纤维，则患者表现为对侧肢体运动及感觉功能损害、中枢性面瘫等。

4. 语言功能障碍

优势半球额颞叶广泛挫裂伤可导致语言中枢受损。语言运动中枢，又叫言语运动中枢，位于大脑优势半球额下回后部（44、45 区），称作 Broca 区。该区受损时患者能理解对方语言意思，但是不能做出正确语言表达，称为运动性失语症。听觉性语言中枢位于颞上回后部（22 区），此中枢的功能是调整自身的语言和听取、理解别人语言的能力，该中枢受损表现为感觉性失语症。

5. 视觉功能、听觉功能障碍

创伤累及视神经、视交叉、视束、视放射或视皮质时，可发生视力及视野的损害，表现为一侧偏盲、双颞侧偏盲等。创伤位于脑干与大脑，累及蜗神经核及其中枢传导通路、听觉皮质中枢，可发生听力障碍，出现不同程度的听力下降。

第三节 颅脑损伤的法医临床学鉴定

一、颅脑损伤法医临床学鉴定要点

颅脑损伤是一类严重而复杂的创伤。面对结构极其复杂的人脑，如何确定原发性损伤的部位与程度，同时原发性损伤后一系列继发性损伤所致损伤加重，并发症的有无与影响，以及后遗症存在与否及功能丧失的多少，都要通过临床检验手段来了解、证实与甄别。

1. 查阅所有鉴定材料

从鉴定材料中寻找和采集所需要的重要信息：对委托方递交的全部资料，都要认真地审阅并仔细查阅有关内容。由于材料篇幅多、文字量大，一定要抓住重点，结合损伤实际去伪存真，去粗取精，不被主观材料干扰或迷惑，特别要重视客观资料，如原始的病历记录及有关的旁证等。有价值的信息不可遗漏且要充分利用。实际上，客观、真实、可靠又可信的资料，才是可取的有用证据。

2. 法医临床检查

特别要重视关键体征的检查和确认：临床检查是确定伤者损伤情况及生理状态的重要手段，包括一般检查和特殊检查。一般检查是指从头到脚全面系统地进行检查，如发育、营养、神志、精神状态、体位、步态、检查是否合作等。特殊检查即临床上的专科检查，要针对被鉴定人的损伤情况全面、细致地检查，运用客观的技术方法对主要体征认真地反复进行检查、比对和仔细验证，从中抓住损伤的形态特征，结合损伤的病理，对于对损伤有特殊意义的体征及表现要非常关注。例如，被鉴定人一侧脑损伤，对于对侧肌力的检查与判定必须重视，只有丝毫不放过能够证实损伤及伤残程度的肢体"语言"，才不会发生遗漏和判断的失误。

（1）损伤局部的检查：包括头部损伤的部位、头部瘢痕的描述和测量，要求定位准确。创口或瘢痕的大小和形状，包括瘢痕的走向、形状、类型等。损伤处颅骨的情况，结合病历记载，是否行开颅或钻孔等手术治疗、手术的方式、手术后颅骨缺损或凹陷的情况、开颅范围的大小，都要准确记录。

（2）神经系统检查：包括被鉴定人神志、精神状态、言语交流情况、脑神经、运动系统、感觉系统、各种神经反射以及脑膜刺激征的检查等。肌力、肌张力和感觉检查，由于会受到被检者主观因素的影响，故要结合患者临床病历记载、伤情转归情况、鉴定查体等综合判定。

3. 合理地运用科学技术手段

鉴定过程中不可过分依赖检查报告，并凭借报告的结论认定损伤存在与否，这样鉴定结论发生错误的风险很大。由于报告的诊断有的只是可疑，或其中的几个诊断与损伤可能是无关的，对鉴定所关注的重要信息有时会忽略，因此，要合理地运用科学技术手段，充分利用先进的仪器设备，如 X 线、CT、MRI 等影像学检查，反映脑损伤的病理形态及脑结构形态的完整性，从中判断脑损伤的性质、部位、程度及原发伤病情况，经治疗及恢复前后变化。值得注意的有两点：一是近期的摄片不可少，并注意前后片的对比与变化。二要亲自阅片（报告可供参考），对关键性的影像可补充检查，或请专家会诊，以减少或杜绝阅片不准确甚至错误。例如，弥漫性轴索损伤，可通过螺旋 CT、MRI 发现其特征性改变得到证实。又如，视神经损伤可选择螺旋 CT 的三维重建，了解视神经通路上特别是视神经管的解剖结构是否完整，有无骨折及压迫。另外，还可利用各种电生理检查，如脑电图、脑电地形图、脑磁图、ERP 等客观检查为诊断颅脑损伤后遗症提供依据。

总之，应尽可能地采用客观技术手段印证原发性损伤及后遗症的损伤存在与否，并充分发挥临床医师的临床基础与优势，侧重在进行鉴别诊断的基础上正确做出明确的结论。

二、电生理检查在颅脑损伤鉴定中的应用

由于颅脑损伤后智力评估关系到被鉴定人的切身利益，加上各种心理量表测验易受主观因素的影响，故在评价颅脑损伤恢复情况时，相比主观评价而言，客观的评价对于鉴定具有更重要的意义。目前临床采用的方法包括临床症状观察、生命体征观察、格拉斯哥昏迷量表评分、格拉斯哥预后量表评分、头颅 CT 等影像学观察及电生理检查等。这些方法在中重度颅脑损伤患者中具有较好的应用效果，但是在轻度颅脑损伤中的应用价值有限，因此需要寻找更加高效的评价方法。

（一）神经功能量表评估

（1）格拉斯哥昏迷量表（Glasgow coma scale，GCS）评分是医学上评估患者昏迷程度的方法。GCS 评分包括睁眼反应、语言反应和肢体运动三个方面，三个方面的分数总和即为昏迷指数。正常人的昏迷指数是 15 分，表示意识清醒。昏迷程度越重，分数越低：13~14 分提示轻度昏迷；9~12 分提示中度昏迷；3~8 分提示重度昏迷；2 分提示脑死亡或预后极差。

（2）格拉斯哥预后量表（Glasgow outcome scale，GOS）评分是专为严重脑外伤患者设计的，用于评估伤后 6~12 月的恢复情况。5 分为恢复良好，恢复正常生活；4 分为中度残疾，但可独立生活，可以在保护下工作；3 分为严重残疾，日常生活不能独立，需要照料；2 分为长期持续的植物生存状态；1 分为死亡。

（二）影像学资料评估

功能性磁共振成像评估：利用 MRI 造影来测定神经元活动所引发的血流动力学改变，常用功能性磁共振成像（fMRI）进行评估：① 脑血流测定技术，包括注射造影剂、灌注加权和 BOLD 效应成像；② 脑代谢测定技术，包括 ^1H 和 ^{31}P 的化学位移成像；③ 神经纤维示踪技术，包括扩散张量和磁化学转移成像。MR 弥散成像：通过观察水分子扩散运动受限制的情况，发现脑白质成像或脑梗死超急性期水肿等。MR 灌注成像：反映脑组织微循环情况，方法有 2 种。一种是注射对比剂，另一种是利用特殊的脉冲对目标组织之前的动脉血中质子进行标记，以观察脑组织中的血运情况。脑功能皮层定位成像：反映氧合血红蛋白及去氧血红蛋白的变化。MR 波谱分析：常用的氢质子波谱，记录不同频率下代谢物的共振信号（振幅），通过不同的共振来识别不同的代谢物，以检测脑损伤患者脑内某些神经递质、能量物质的分布和变化，反映脑的特定代谢功能改变。fMRI 具有无创、分辨率高和精准性高的特点，是神经功能修复的可靠评价指标之一。

PET-CT 评估：PET 利用正电子发射体的核素标记一些生理需要的化合物或代谢底物，如葡萄糖、脂肪酸、氨基酸、受体的配体及水等，这些物质注入体内后，应用 PET 扫描获得体内化学影像。常用的 PET 显像剂为 ^{18}F 标记的氟化脱氧葡萄糖，可以显示脑组织的代谢活性及受体的功能与分布。PET 提供脑创伤病灶的功能与代谢改变等分子信息，CT 提供病灶的精确解剖定位，一次显像可获得全脑的断层图像，该方法具有灵敏、特异性强及定位精确的特点，可显示脑损伤后神经功能损害与脑代谢改变的关系，是神经功能修复的又一重要判定指标。

（三）神经电生理评估

1. 脑电图

脑电图是通过在头皮上放置的电极，将脑部细胞群的自发性、节律性电活动加以放大并记录而描记出来的图形。脑电图不仅能反应脑皮质的电活动，也是反映全脑功能、网状激活系统的重要参考。换言之，脑电图是脑神经细胞群的电生理活动在大脑皮质或头皮表面的总体反映。脑电图分为常规脑电图、动态脑电图监测、视频脑电图监测。

哪个部位有异常放电，结合电极放置位置，就能知道相应部位脑区出现问题。在脑电波中，有四个重要的波段。α 波：频率为 8~13 Hz，幅度为 20~100 μV。正常成人在清醒、安静并闭眼时该节律最为明显，睁开眼睛（受到光刺激）或接受其他刺激时，α 波即刻消失。β 波：频率为 14~30 Hz，幅度为 100~150 μV。精神紧张和情绪激动或亢奋时出现此波，当人从噩梦中惊醒时，原来的慢波节律可立即被该节律所替代。δ 波：频率为 1~3 Hz，幅度为 20~200 μV。当人在婴儿期或智力发育不成熟、成年人在极度疲劳和昏睡或麻醉的状态下，可在颞叶和顶叶记录到这种波段。θ 波：频率为 4~7 Hz，幅度为 5~20 μV。在成年人意愿受挫或者抑郁时以及精神病患者中，这种波极为显著。但此波为少年（10~17 岁）的脑电图中的主要成分。

异常脑电图仅说明一种脑功能状态，只有结合临床，比较和观察患者在检查前后的临床征象后，才有明确的诊断意义（图 5-1）。

界线性脑电图（边缘状态）：① 不同导联 α 波频率差超过 2 Hz。② 大脑半球两侧 α 波波幅差超过 30%（枕区除外）。③ 额区有数量较多的 20~50 μV β 波。④ 额区低幅 θ 波数量稍多，但不超出 25%，θ 波波幅稍高于 α 波。

轻度异常脑电图：① α 波频率差超过 24.5 Hz。波幅不对称，两侧波幅差超过 30%，枕区超过 50%。② 生理反应不明显或不对称。③ α 波频率减慢至 8 Hz，波幅达 100 μV 以上且调节不佳。④ β 波增多，波幅达 50~100 μV。⑤ 额区或颞区中幅 θ 波达 20%，低幅 δ 波达 10%。⑥ 过度换气诱发出 70 μV 以上 θ 波或 25 μV 以上 δ 波。

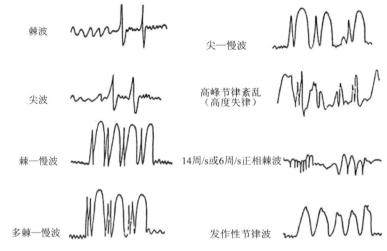

图 5-1　异常脑电图表现

中度异常脑电图：① α 波频率减慢为 7~8 Hz，枕区原有 α 波消失或一侧减少消失。② 额、颞区有阵发性波幅较高的 α 波活动。③ 中波幅 θ 波活动数量达 50%。④ 出现少量棘波、尖波、棘或尖—慢综合波等。⑤ 过度换气诱发出高波幅 δ 波。

重度异常脑电图：① 高波幅 θ 或 δ 波为主要节律，α 波消失或仅存少量 8 Hz α 波散在。② 自发或诱发长程或反复出现高波幅棘波、尖波、尖—慢综合波等。③ 高度失律、爆发性抑制、周期性发放等。④ 持续性广泛性扁平电位。

脑外伤后的脑电图记录或动态观察，对脑外伤的性质（单纯性脑震荡、脑挫裂伤、颅内血肿或脑干损伤）的鉴别、脑损伤部位的诊断、预后的估计、治疗的指导及外伤性癫痫的诊断和预防都有重要的现实意义[1]。

在外伤性癫痫的鉴定中，脑电图具有重要的价值[2]。由于癫痫在发作时脑电图可以准确地记录出散在性慢波、棘波或不规则棘波，因此对于诊断癫痫，脑电图检查十分准确，且脑电图对抗癫痫药的停药具有指导作用。癫痫的辅助诊断方法中，视频脑电图是最重要、最有价值和最方便的方法之一，视频脑电图能够在发作及发作间歇期查获异常的脑生物电现象。脑电检测仪和动态脑电图的问世，使 24 小时记录和观测脑电变化成为可能，并能在发作时准确记录发作过程的脑电图，使对癫痫的诊断更具有准确性和科学性。当大脑皮质损伤时，可在脑损伤相应部位记录到低平脑电波，或出现不正常的 θ 波或 δ 波。脑损伤伴发癫痫者，可出现棘波、尖波、棘—慢复合波、尖—慢复合波等"癫痫放电"波形。

2. 脑电地形图

应用图形技术来表达大脑的电生理信息，在病变体积不大或未形成病灶而 CT 和 EEG 未能显影时，只要功能变化，脑电地形图即可显示异常，故对大脑病变起到超前诊断的作用。脑电地形图比脑电图有更多强有力的数据分析手段，图形直观形象，有一定的特征，损伤部位显示明确，且阳性率较高，因而有一定的优越性。

脑电地形图是指将大脑内的电波各频段功率值用不同颜色表示的球面头皮展成的平面图形。脑电地形图是脑功能研究和临床诊断的重要手段。脑电地形图是一项先进的、新的检查方法,既能进行病理诊断又可进行功能诊断,具有较高的敏感性,能比脑电图带来更多的信息。

3. 诱发电位

诱发电位(evoked potential,EP)是指给予神经系统某一部位特定刺激(如声音、图形等),在神经系统相应部位所记录到的电位变化。

(1)按感觉通路分类:分为听觉诱发电位(AEP)、视觉诱发电位(VEP)、体感觉诱发电位(SEP)。其中,VEP、AEP在法医临床鉴定中较为常用。

VEP是指以一定强度的闪光或图形刺激视网膜,可在视皮质或头颅骨外的枕区记录到诱发电位(P_{100})变化。VEP是视网膜接受刺激后经视路传至枕叶皮质而引起的电位变化,是对从视网膜到视皮质的整个视觉通路功能完整性的检测。陈溪萍等[3]研究发现,轻型颅脑损伤(mild head injury,MHI)主要是指单纯型的脑震荡患者,其主要临床表现为伤后出现的短暂性脑功能障碍。MHI组LED-VEP异常表现为N_{70}潜伏期延长,并可伴有N_{70}-P_{100}波幅的降低,三个月后患者均恢复正常。这表明MHI伤者伤后早期出现了视路区域的功能紊乱,但很快恢复了正常,也表明VEP的早期应用有助于MHI脑功能损害的预后判断。

(2)按潜伏期分类:分为早、中、晚成分和慢波。以AEP为例,10 ms以内为早成分,由脑干产生,临床上称为BAEP或ABR;10 ms至50 ms为中成分;50 ms至500 ms为晚成分;500 ms以后为慢波。晚成分和慢波是与心理因素最为密切的成分。

(3)按与刺激的相关性分类:分为外源性成分、内源性成分、中源性成分和纯心理波四类。

① 外源性成分:与刺激的物理属性相关的成分,如AEP。

② 内源性成分:主要与心理因素相关的成分,如P_{300}等。

③ 中源性成分:既与刺激的物理属性相关,又与心理因素相关的成分。如N_{100}等。

④ 纯心理波:不含刺激的物理因素的内源性成分,主要有运动前电位、失匹配负波等。

4. 事件相关电位

事件相关电位(event-related potential,ERP)是将外加特定的刺激作用于感觉系统,在给予或撤销刺激时,引起脑区与认知功能相关的电位变化。ERP可无创性地反映大脑信息处理活动的过程,通过对记录到的大脑电位进行平均叠加,分段记录及分析,评价个体在认知过程中脑内发生的信息加工过程及神经电生理改变。不同于fMRI和PET的高空间分辨率,ERP具有毫秒级的高时间分辨率,是目前探究情绪发生发展的脑神经机制常用的技术手段。

ERP是从神经电生理层面客观分析和研究人体心理活动的最有效的方法之一,它是一种特殊的脑诱发电位,1965年由Sutton等[4]首先明确提出。ERP是指大脑对刺激信息进行加工过程中所记录到与特定刺激相关的电位。经典的ERP主要成分包括P_1、N_1、P_2、N_2、P_3,其中前三种成分称为外源性成分,后两种成分称为内源性成分。这些成分不仅可以反映人的生理活动,也可以反映人的心理活动。此外,根据潜伏期的长短,ERP分为早期成分和晚期成分。根据特定刺激任务与方式及ERP的特征,特定刺激的

ERP 反应波被命名为失匹配负波（mismatch negativity，MMN）、关联性负变（contingent negative variation，CNV）、运动准备电位等。MMN 是在刺激被注意时，刺激本身特性偏离标准刺激时被引出的波形，反映大脑对刺激的物理特征的认知加工。CNV 又称期待波，是由相连的两个刺激引发的负相慢电位，反映了心理期待状态。

P_3 是目前最受关注的 ERP 内源性晚期成分，与人脑的认知功能密切相关。所谓的 P_3（P_{300}），是指潜伏期在 300 ms 左右，由稀少的任务相关刺激所诱发的正相电位。但随着不同任务诱发的类似 P_3 成分不断地被发现，P_3 目前已发展为一个家族，包括 P_{3a}、P_{3b} 和 Nogo-P_3 等。N_2 是另一个重要的 ERP 内源性成分，是在 P_3 前出现的一个潜伏期在 200~300 ms 的较大负波，或者说是第一个负成分之后的第二个负波。N_2 至少包括 N_{2a} 和 N_{2b} 子成分，N_{2a} 实际上就是反映人脑对信息自动加工的 MMN，而 N_{2b} 则与靶刺激的识别有关。在不同脑区域、不同作业任务、不同通道中，N_2 具有不同的表现和意义。

ERP 技术作为大脑认知功能的客观检查技术，能够较准确地评价情绪刺激处理过程中的损害，有可能客观反映被检者颅脑损伤后情绪障碍的程度[5]。目前该技术在法医学鉴定领域中的应用主要涉及对脑外伤患者认知功能的测定（如 P_{300} 潜伏期与智能损害有一定相关性），而采用 ERP 评价患者情绪障碍的严重程度尚未见报道。由于各研究设计模型不同（如刺激材料、刺激间隔时间、感觉通路选择不同），研究结论不尽一致，且缺乏标准化刺激范式，亦未能建立正常人群的常模，故建立符合法医学鉴定的要求，能快速、准确地判定脑外伤后情感障碍程度的 ERP 检测方法和客观指标，应是进一步研究的重点。

P_{300} 是 ERP 各成分中最为重要、研究最广泛的指标。研究发现，不同类型的智力障碍其 P_{300} 潜伏期与对照组相比显著延长，因此，P_{300} 潜伏期应用于颅脑损伤患者的评估、诊断和疗效判定均有重要意义。有学者通过实验研究发现，随着智力伤残程度的加重，P_{300} 潜伏期也逐渐延长；随着脑外伤程度的加重，P_{300} 潜伏期也有逐渐延长的趋势；但未发现 P_{300} 波幅与智力伤残程度和脑外伤程度的关联性。有研究发现，P_{300} 潜伏期是伤残等级的危险因素，即随着 P_{300} 潜伏期的延长，伤残等级升高；但未发现 P_{300} 波幅与伤残等级有关联性。

在颅脑外伤后存在认知功能障碍的患者中，研究结果表明颅脑外伤组 P_{300} 的潜伏期延长、波幅减小，改良 Loewenstein 认知评定量表（MLOTCA）值相应降低，也进一步说明了 P_{300} 可以作为颅脑损伤后认知功能评价的重要客观指标之一。另外，颅脑外伤组 P_{300} 的潜伏期延长、波幅减小、智商水平测验评分降低，提示智商越低的患者，P_{300} 成分潜伏期延长越明显。这也表明智商降低时，对靶刺激做出反应后，大脑对有效资源的动员和反应程度随之降低，得到的波幅也降低。因此 P_{300} 波幅和潜伏期的显著变化表明，在颅脑外伤所致精神障碍患者中，P_{300} 对智能的评价具有重要的作用和地位。但在颅脑损伤中，不同部位、不同程度脑外伤与 P_{300} 电位的关系研究较少，还有待于进一步深入研究[6]。

三、案例分析

案例一 颅脑损伤伤残等级鉴定

（一）案情摘要

龚某，男，33 岁，2018 年 12 月 28 日因交通事故受伤。委托：按照《人体损伤致残程度分级》评定其残疾等级。

（二）病史摘要

2018年12月28日住院病历：

（1）主诉：车祸致颅脑外伤伴昏迷1小时。

（2）查体：神志昏迷，GCS 8分，躁动，刺痛发音、上肢定位，颜面部满是出血，双眼青紫肿胀，左侧瞳孔4.0 mm，对光反射消失，右侧瞳孔无法观察，口鼻腔内均有出血，下颌部见一长约5 cm裂伤。

（3）头颅CT：颅内多发脑挫裂伤伴颅内血肿形成，蛛网膜下腔出血，右侧额颞顶枕及左侧额颞硬膜下血肿，气颅，颅面部多发骨粉碎性骨折。

（4）治疗经过：临床行右额颞开颅血肿清除术+去骨瓣减压术+颅内压探头置入术，术后予脱水降颅压、营养神经、改善脑代谢等治疗。经治疗患者神志较前好转，于2019年1月28日、2019年3月13日行头皮缝合术，现创面大部愈合。2019年1月23日医院会诊单，视力：右3.6，左4.2。双眼结膜不充血，瞳孔扩大，直径4~5 mm，对光反射迟钝，尤以右眼较重，眼底检查未见明显异常（黄斑区中心凹反光消失），一眼注视时，另一眼外斜。验光：右4.5，左4.6。诊断：屈光不正，共同性外斜。

（5）出院诊断：头部散在皮肤挫裂伤伴缺血坏死，左颞头皮感染，右颞颅骨缺损，右额颞顶枕及左额颞硬膜下血肿，脑疝，多发脑挫裂伤伴颅内血肿，外伤性蛛网膜下腔出血，气颅，多发颅面骨粉碎性骨折。

2019年6月2日门诊病历：突发抽搐约10分钟，口吐白沫。诊断：外伤性癫痫。

2019年6月2日至6日，因创伤性癫痫在某医院住院治疗，神志清晰，精神萎靡，四肢肌力和肌张力正常，入院予抗癫痫、维持内环境稳定、补液等治疗。好转出院。

2019年7月13日至15日在某医院住院治疗，神志清楚。视力粗测：右眼2米指数，左眼正常。视野粗测：右眼颞侧偏盲；眼球各方向活动可，双侧瞳孔等大，对光反射灵敏。躯干及四肢肌张力未见异常，四肢肌力Ⅴ级，生理反射存在，病理反射未引出。入院评估颅骨修补术后出院伤口不愈合可能性大，告知家属，要求出院。

2019年11月15日至21日，因癫痫性意识障碍、脑外伤后遗症等在某医院住院治疗，嗜睡，GCS 13分，双侧瞳孔等大等圆，左瞳孔对光反射存在，视力可，右瞳孔对光反射迟钝，右眼视力差。颈软无抵抗。四肢肌力4级，肌张力正常。生理反射存在，病理反射未引出。头颅CT：右侧颞顶颅骨缺失。入院予镇静、营养神经、补液等治疗。住院期间患者偶有头痛、头晕不适，夜眠障碍，予继续对症支持、止癫、促康复治疗。经治疗后病情好转，未再发癫痫，予出院。

（三）法医鉴定

1. 2020年8月17日、2020年9月3日法医体格检查

家人代主诉：2019年6月2日第一次发作癫痫，10月初发作一次（无病历资料），11月15日又发作一次，并住院治疗，2020年5月12日以后未再发作癫痫。服用德巴金，一天2次，一次1.5粒；开浦兰，一天2次，一次1.5粒。查体：步入检查室，神志清楚，检查合作。右颞部开颅术后，颅骨未修补。沿左颞部至额部有一面积约58 cm² 的头皮瘢痕。左侧瞳孔直径3 mm，对光反射存在，右侧瞳孔散大，直径4 mm，直接对

光反射迟钝，间接对光反射存在。左眼裸眼视力指数，矫正视力 0.6，右眼裸眼视力指数，矫正视力 0.15。左眼视盘边界清，鼻侧色淡，中心反射（+）；右眼视盘边界清，鼻侧色苍白，中心反射（+）。面对面视野检查左眼颞侧视野缺损，右眼颞侧及部分鼻侧视野缺损。颈软，无抵抗，呼吸平稳，口唇不绀。沿下颌下方有一长 4 cm 的横行手术瘢痕。沿右膝前有一面积为 3 cm×4 cm 的挫伤瘢痕。四肢肌力及肌张力尚可，生理反射存在，病理反射未引出。

2. 法医精神病检查

自行步入鉴定室，意识清楚，表情自然，情感适切，反应稍迟钝，注意力集中，接触交谈被动，问话能答，答问切题，语速慢，语量一般，对所提问内容能理解，检查合作，能大概叙述自己的身体不适及家庭情况。一般常识尚可，理解判断力未见明显异常，计算力受损，100 递减 7 心算有错，记忆力差，数分钟前告知的物品名称不能完整回答，对受伤过程回忆不全，存在部分顺行性和逆行性遗忘。检查过程中情绪欠稳定，不时哭泣，未发现有幻觉妄想等精神病性症状。

被鉴定人妻子陆某提供：龚某伤前在公司做电器维修工作，脾气好。受伤后精神差，有时会抽筋，经常讲头痛、头昏，睡觉不好，听力、视力下降，反应慢；记性不好，关照的事情记不住，自己放的东西经常找不到；脾气有所改变，讲话不顺心就会发脾气，提高嗓门讲话，骂人；休息在家，不做什么事，平时看看电视，小区里转转，日常生活基本能自理。

3. 阅片所见

2018 年 12 月 29 日 CT 示：双额叶及额底近蝶鞍处多发脑挫裂伤伴血肿，气颅，右额颞顶枕部及左额颞部硬膜下血肿，侧脑室受压，脑疝，外伤性蛛网膜下腔出血，颅骨多发骨折。

2019 年 7 月 13 日 CT 示：右额颞顶部开颅术后，大片颅骨缺损，气颅，外伤性蛛网膜下腔出血，双额叶及额底近蝶鞍处多发脑挫裂伤伴血肿，侧脑室受压，脑疝，右额颞枕顶部及左额颞部硬膜下血肿。

2019 年 11 月 15 日 CT 示：右额颞顶部开颅术后，大片颅骨缺损，双额叶软化灶，脑室扩大。

2020 年 8 月 17 日 CT 示：右额颞顶部开颅术后，双额叶大片状软化灶，脑室扩大。

4. 辅助检查

（1）韦氏成人智力测定：IQ 97。

（2）日常生活自理能力项目评定（满分 120 分）：100 分。

（3）本所 2020 年 8 月 17 日脑电地形图报告单：异常脑电图，异常脑电地形图。

（4）某检验所 2020 年 8 月 18 日检测报告单：左乙拉西坦 10.11 μg/mL（参考范围 10~40 μg/mL），丙戊酸 92.61 μg/mL（参考范围 50~100 μg/mL）。

5. 鉴定意见

被鉴定人龚某因交通事故致双眼颞侧偏盲构成七级残疾；脑外伤所致精神障碍，日常生活有关的活动能力重度受限构成八级残疾；外伤性癫痫（轻度）构成九级残疾；头皮瘢痕面积达 40 cm² 以上，构成十级残疾。

(四) 讨论

根据委托单位提供的案情及伤情材料，结合本所法医临床及法医精神病检验，综合分析如下：2018年12月28日23时40分左右，被鉴定人龚某因交通事故受伤，经医院检查诊断为右额颞顶枕及左额颞硬膜下血肿、脑疝、神经源性休克、多发脑挫裂伤伴颅内血肿、外伤性蛛网膜下腔出血、气颅、多发颅面骨粉碎性骨折等。根据病历资料及我所检验阅片所见，以上诊断可以成立，其损伤与本次外伤存在因果关系，现病情稳定，可以评残。

1. 法医精神病会诊意见

被会诊人妻子陆某提供：龚某伤前在公司做电器维修工作，脾气好。受伤后精神差，经常讲头痛、头昏，睡眠差，反应慢，记性差，脾气性格改变，工作能力下降，日常生活基本能自理。现场精神检查：龚某自行步入鉴定室，意识清楚，表情自然，情感适切，反应稍迟钝，注意力集中，接触交谈被动，问话能答，答问切题，语速慢，语量一般，对所提问内容能理解，检查合作，能大概叙述自己的身体不适及家庭情况。一般常识尚可，理解判断力未见明显异常，计算力受损，记忆力差。韦氏成人智力测定：IQ 97。日常生活自理能力项目评定（满分120分）：100分。综合其脑外伤史、临床表现和现场精神检查所见及家属提供的情况，对照ICD-10，会诊诊断：脑外伤所致精神障碍，日常生活有关的活动能力重度受限。

2. 关于被鉴定人龚某残疾等级的评定

考虑被鉴定人双额叶及额底近蝶鞍处多发脑挫裂伤伴血肿、气颅、右额颞顶枕部及左额颞部硬膜下血肿、侧脑室受压、脑疝、外伤性蛛网膜下腔出血、颅骨多发骨折等颅脑损伤病理基础，伤后神志昏迷，GCS 8分，躁动，左侧瞳孔散大，对光反射消失，右侧瞳孔无法观察，口鼻腔内均有出血，首次住院行右额颞开颅血肿清除术+去骨瓣减压术+颅内压探头置入术，术后半年因癫痫发作住院治疗，出院后5月余再次因癫痫发作入院，整个病程期间还存在视力下降、偏盲等视觉功能障碍等情况。现阅片见被鉴定人右额颞顶部开颅术后，双额叶大片状软化灶形成，脑室扩大；脑电地形图提示异常脑电图、异常脑电地形图；查体见被鉴定人四肢肌力及肌张力尚可，生理反射存在，病理反射未引出。结合法医精神病会诊意见，脑外伤所致精神障碍，日常生活有关的活动能力重度受限，对照《人体损伤致残程度分级》第5.8.1.1条，被鉴定人构成八级残疾。现查体见被鉴定人头皮瘢痕面积达40 cm^{2}以上，对照该标准第5.10.2.2条，被鉴定人头皮瘢痕面积达40 cm^{2}以上构成十级残疾。根据被鉴定人病史记载，被鉴定人2019年6月2日首次发作癫痫，经系统治疗已满一年，自2019年11月最后一次发作，至今未再发作，癫痫发作已得到有效控制，符合轻度癫痫发作的分度，对照该标准第5.9.1.2条，被鉴定人外伤性癫痫（轻度）构成九级残疾；阅片见被鉴定人双额叶及额底近蝶鞍处多发脑挫裂伤伴血肿、气颅，查体见被鉴定人左眼颞侧视野缺损，右眼颞侧及部分鼻侧视野缺损，对照该标准第5.7.2.7条，被鉴定人双眼颞侧偏盲构成七级残疾。

案例二　颅脑损伤伤残等级鉴定

(一) 案情摘要

居某，男，54岁，2020年5月16日因交通事故受伤。委托：按照《人体损伤致残程度分级》评定其残疾等级。

(二) 病史摘要

(1) 主诉：车祸致头痛头晕伴恶心 1 h。

(2) 查体：神志清楚，精神正常，GCS 15 分。左枕部头皮肿胀，压痛，局部皮肤擦伤。双瞳等大等圆，直径 2.5 mm，光敏。颈软，胸廓挤压征（±），四肢肌力和肌张力正常，双侧巴氏征（-）。

(3) 头颅 CT：左枕部硬膜外血肿，左侧枕骨骨折，右侧额叶挫伤可能。

(4) 治疗经过：临床予消肿、止血、止吐、促进脑代谢治疗，监测生命体征、神志、瞳孔，继续保守治疗，嘱绝对卧床，继予镇痛、镇静、抗癫痫、止吐、促进脑代谢治疗。

(5) 诊断：右侧额颞叶脑挫伤，左侧枕部硬膜外血肿，右侧颞部硬膜下血肿，双侧额顶部硬膜下积液，枕骨骨折，脑内多发缺血灶。

(三) 法医鉴定

1. 2020 年 12 月 28 日法医体格检查

步入检查室，神清，检查合作。双侧瞳孔等大等圆，对光反射灵敏，无面瘫。颈软，无抵抗。呼吸平稳，口唇不绀。四肢肌力及肌张力尚可，生理反射存在，病理反射未引出。

2. 法医精神病检查

自行步入鉴定室，意识清楚，表情自然，情感适切，反应慢，注意力集中，接触交谈稍被动，问话能答，答问切题，语量一般，对所提问内容能理解，检查合作，能大概叙述自己的身体不适及家庭情况。一般常识稍差，理解判断力下降，计算力受损，100 递减 7 心算有错且不能自行纠正，记忆力下降，数分钟前告知的物品名称不能完整回答，对受伤过程回忆不全，存在部分顺行性和逆行性遗忘。检查过程中情绪稳定，未发现有幻觉妄想等精神病性症状。

3. 阅片所见

2020 年 5 月 16 日 CT 示：左枕骨骨折，左枕硬膜外血肿。

2020 年 5 月 19 日 CT 示：左枕骨骨折，左枕硬膜外血肿，双侧硬膜下积液。

2020 年 5 月 25 日 MRI 示：右额叶挫伤，左枕硬膜外血肿，右颞硬膜下血肿，两侧硬膜下积液。

4. 辅助检查

(1) 韦氏成人智力测定：IQ 89。

(2) 日常生活自理能力项目评定（满分 120 分）：115 分。

(3) 本所 2020 年 12 月 28 日脑电地形图报告单：轻度异常脑电图，轻度异常脑电地形图。

5. 鉴定意见

被鉴定人居某因交通伤致颅脑损伤遗留精神障碍，日常生活有关的活动能力轻度受限构成十级残疾。

(四) 讨论

根据委托单位提供的案情及伤情材料，结合本所法医临床及法医精神病检验，综合分析如下：2020年5月16日，被鉴定人居某因交通事故受伤，经医院检查诊断为右侧额颞叶脑挫伤、左侧枕部硬膜外血肿、右侧颞部硬膜下血肿、双侧额顶部硬膜下积液、枕骨骨折等。根据病历资料及我所检验阅片所见，以上诊断可以成立，损伤与本次外伤存在因果关系，现病情稳定，可以评残。

1. 法医精神病会诊意见

现场精神检查：被会诊人居某自行步入鉴定室，意识清楚，表情自然，情感适切，反应慢，注意力集中，接触交谈稍被动，问话能答，答问切题，语量一般，对所提问内容能理解，检查合作，能大概叙述自己的身体不适及家庭情况。一般常识稍差，理解判断力下降，计算力受损，记忆力下降，检查过程中情绪稳定，未发现有幻觉妄想等精神病性症状。韦氏成人智力测定：IQ 89。日常生活自理能力项目评定（满分120分）：115分。综合其脑外伤史、临床表现和现场精神检查所见及家属提供的情况，对照CCMD-3，会诊诊断：脑外伤所致精神障碍，日常生活有关的活动能力轻度受限。

2. 关于被鉴定人居某残疾等级的评定

考虑被鉴定人右额叶挫伤、左枕硬膜外血肿、右颞硬膜下血肿、双侧硬膜下积液病理基础，受伤当时神志清楚，精神正常，GCS评分为15分，入院后予消肿、止血、止吐、促进脑代谢治疗，监测生命体征、神志、瞳孔，继续保守治疗，嘱绝对卧床，继予镇痛、镇静、抗癫痫、止吐、促进脑代谢治疗。现查体见被鉴定人无面瘫，四肢肌力及肌张力尚可，生理反射存在，病理反射未引出。结合法医精神病会诊意见：脑外伤所致精神障碍，日常生活有关的活动能力轻度受限，对照《人体损伤致残程度分级》第5.10.1.1条，被鉴定人构成十级残疾。

案例三　颅脑损伤伤残等级鉴定

（一）案情摘要

严某，男，47岁，2019年5月15日因交通事故受伤。委托：按照《人体损伤致残程度分级》评定其残疾等级。

（二）病史摘要

(1) 主诉：头部跌伤，持续头胀痛、头晕2 h。

(2) 查体：神志清，对答切题，查体合作，定向力正常，右顶部皮肤挫裂伤，已缝合包扎，两侧瞳孔等大等圆，直径2.5 mm，对光反射正常，右耳流血，鼻口唇无流血，伸舌居中。颈软，四肢肌力Ⅴ级，肌张力正常，膝反射正常，双侧巴氏征未引出。

(3) 治疗经过：临床予清创、补液、抗感染等对症治疗。

(4) 诊断：创伤性蛛网膜下腔出血，颞骨骨折。

（三）法医鉴定

1. 2020年12月2日法医体格检查

步入检查室，神志清楚，检查合作。双侧瞳孔等大等圆，对光反射灵敏，无面瘫。四肢肌张力尚可，生理反射存在，病理反射未引出。

2. 法医精神病检查

自行步入鉴定室，意识清楚，表情自然，情感适切，反应稍迟钝，注意力集中，接触交谈被动，问话能答，答问切题，语量一般，对所提问内容能理解，检查合作，能大概叙述自己的身体不适及家庭情况。一般常识稍差，理解判断力下降，计算力受损，100递减7心算有错且不能自行纠正，记忆力差，数分钟前告知的物品名称不能完整回答，对受伤过程回忆不全，存在部分顺行性和逆行性遗忘。检查过程中情绪稳定，未发现有幻觉妄想等精神病性症状。

被鉴定人妻子朱某提供：严某伤前养鱼，脾气好。受伤后经常讲头痛、头昏，左脚痛，睡觉不好，反应慢；记性差，有的事情想不起来，关照的事情记不住，前说后忘，自己放的东西经常找不到；脾气变得暴躁了，事情不顺他的心，就会发脾气、骂人、摔东西；现在不养鱼了，有时打打零工，人比较累，周围的人能认识，日常生活基本能自理。

3. 阅片所见

2019年5月15日CT片示：左侧颞叶轻微脑挫裂伤，外伤性蛛网膜下腔出血，右侧颞顶部头皮血肿。

2019年5月20日CT片示：左侧颞叶轻微脑挫裂伤伴周围水肿带形成，右侧颞顶部头皮血肿。

4. 辅助检查

（1）韦氏成人智力测定：IQ 64。

（2）日常生活自理能力项目评定（满分120分）：110分。

（3）本所2020年12月2日事件相关电位报告单：

P_{300}：能准确完成作业，未引出可靠波形。P_{50}：$(S_2-P_{50})/(S_1-P_{50})>0.5$，提示大脑感觉门控缺失，抗干扰能力下降。CNV：能完成作业，未引出可靠波形。MMN：潜伏期未见异常，提示无主动注意条件下，大脑对新奇刺激信息加工功能正常。

5. 鉴定意见

被鉴定人严某因交通伤致颅脑损伤遗留精神障碍，日常生活有关的活动能力轻度受限构成十级残疾。

（四）讨论

根据委托单位提供的案情及伤情材料，结合本所法医临床及法医精神病检验，综合分析如下：2019年5月15日，被鉴定人严某因交通事故受伤，经医院检查诊断为创伤性蛛网膜下腔出血、颞骨骨折。根据病历资料及我所检验阅片所见，现补充诊断左侧颞叶轻微脑挫裂伤，其损伤与本次外伤存在直接因果关系，现病情稳定，可以评残。

1. 法医精神病会诊意见

被会诊人妻子朱某提供：严某伤前养鱼，脾气好。受伤后经常讲头痛、头昏，左脚痛，睡眠差，反应慢，记性差，脾气性格改变，工作能力下降，日常生活基本能自理。现场精神检查：严某自行步入鉴定室，意识清楚，表情自然，情感适切，反应稍迟钝，注意力集中，接触交谈被动，问话能答，答问切题，语量一般，对所提问内容能理解，检查合作，能大概叙述自己的身体不适及家庭情况。一般常识稍差，理解判断力下降，计算力受损，记忆力差。韦氏成人智力测定：IQ 64，日常生活自理能力项目评定（满分120分）：110分，事件相关电位示大脑排干扰能力下降。综合其脑外伤史、临床表现和现场精神检查所见及家属提供的情况，对照 ICD-10，会诊诊断：脑外伤所致精神障碍，日常生活有关的活动能力轻度受限。

2. 关于被鉴定人严某残疾等级的评定

目前查体见被鉴定人无面瘫，四肢肌力和肌张力尚可，考虑其左侧颞叶轻微脑挫裂伤、外伤性蛛网膜下腔出血等颅脑损伤的病理基础，经住院予清创、补液、止血、抗感染等对症治疗后，被鉴定人现病情稳定，可以评定。结合法医精神病会诊意见：脑外伤所致精神障碍，日常生活有关的活动能力轻度受限，对照《人体损伤致残程度分级》第5.10.1.1条，被鉴定人构成十级残疾。

案例四　颅脑损伤伤残等级鉴定

（一）案情摘要

钱某，女，63岁，2020年3月10日因交通事故受伤。委托：按照《人体损伤致残程度分级》评定其残疾等级。

（二）病史摘要

（1）主诉：车祸外伤后头痛、头晕伴恶心 2 h。

（2）查体：查体合作，神志清楚，痛苦面容，GCS 15分，左眉弓及额部见长约 5.0 cm 挫裂伤口，右侧直径约 3 mm，对光反射灵敏，左侧直径约 3 mm，对光反射灵敏，鼻腔无渗血，双侧外耳道无流血，颈无抵抗，四肢肌力 5 级，肌张力正常，双侧巴宾斯基征阴性、奥本汉姆征阴性、戈登征阴性。

（3）头颅CT：气颅，右侧额颞枕部薄层硬膜下血肿，外伤性蛛网膜下腔出血，左侧上颌窦前壁及后外侧壁、眼眶内侧壁及顶壁多发骨折，鼻窦积血，左眼睑肿胀，左颌面部、额部血肿伴积气，左侧颞下窝、翼腭窝积气，左侧蝶骨大翼骨折。

（4）治疗经过：入院后完善各项相关常规检查，予以止血、补液、制酸、防止癫痫等对症治疗，急诊行面部清创缝合术、任意皮瓣成形术。

（5）诊断：右侧额颞枕部硬膜下血肿，创伤性蛛网膜下腔出血，创伤性气颅，左侧上颌前壁及后外侧壁骨折，左眼眶内侧壁及顶壁多发骨折，左颌面部、额部皮下血肿，左侧蝶骨大翼裂隙骨折，左侧眉弓及额部皮肤裂伤。

（三）法医鉴定

1. 2020年11月3日法医体格检查

步入检查室，神志清楚，检查合作。沿额部左侧有一长度为 2.5 cm 的瘢痕，双侧瞳孔等大等圆，对光反射灵敏，无面瘫。四肢肌力和肌张力尚可，生理反射存在，病理反射未引出。

2. 法医精神病检查

自行步入鉴定室，意识清楚，表情自然，情感适切，反应稍迟钝，注意力集中，接触交谈稍被动，问话能答，对答切题，对所提问内容能理解，检查合作。能大概叙述自己的身体不适及家庭情况。一般常识稍差；理解判断力下降；计算力受损，100 递减 7 心算有错且不能自行纠正；记忆力差，数分钟前告知的物品名称不能完整回答，对受伤过程回忆不全，存在部分顺行性和逆行性遗忘。检查过程中情绪稳定，未发现有幻觉妄想等精神病性症状。

被鉴定人丈夫朱某提供：钱某伤前在快餐店做配菜员，脾气好。受伤后经常讲头痛、头昏，阴雨天加重，睡觉不好，反应慢，记性差，自己放的东西经常找不到，交待的事情记不住；脾气变暴躁了，不好多讲她，多讲几句，心里不舒服就会争吵；现在休息在家，能做些轻微的家务，平时看看电视，门口转转，日常生活基本能自理。

3. 阅片所见

2020年3月11日CT示：外伤性蛛网膜下腔出血，右侧颞顶枕部硬膜下血肿，左侧额顶部头皮血肿。

2020年3月12日CT示：额骨左侧骨折，左侧上颌窦前壁及后外侧壁、眼眶内侧壁及顶壁多发骨折，左侧蝶骨大翼、蝶窦壁多发骨折。

4. 辅助检查

（1）韦氏成人智力测定：IQ无法测定（被试诉视力差）。

（2）日常生活自理能力项目评定（满分120分）：110分。

（3）本所2020年11月3日事件相关电位报告单：

P_{300}：P_{3a}、P_{3b}潜伏期延长，提示在完成选择性注意事件过程中，定向活动和认知功能减退。P_{50}：$(S_2-P_{50})/(S_1-P_{50})>0.5$，提示大脑感觉门控缺失，抗干扰能力下降。CNV：A-B波幅<15 μV，提示期待心理反应过程中，唤醒水平降低所致的注意障碍。

（4）本所2020年11月3日脑电地形图报告单：轻度异常脑电图，轻度异常脑电地形图。

5. 鉴定意见

被鉴定人钱某因交通伤致颅脑损伤遗留精神障碍，日常生活有关的活动能力轻度受限构成十级残疾。

（四）讨论

根据委托单位提供的案情及伤情材料，结合本所法医临床及法医精神病检验，综合分析如下：2020年3月10日，被鉴定人钱某因交通事故受伤，经医院检查诊断为右侧额颞枕部硬膜下血肿、创伤性蛛网膜下腔出血、创伤性气颅、左侧上颌前壁及后外侧壁骨折、左眼眶内侧壁及顶壁多发骨折、左颌面部和额部皮下血肿、左侧蝶骨大翼裂隙骨折、左侧眉弓及额部皮肤裂伤等。根据病历资料及我所检验阅片所见，其诊断可以成立，其损伤与本次外伤存在直接因果关系，现病情稳定，可以评残。

1. 法医精神病会诊意见

被会诊人丈夫朱某提供：钱某伤前在快餐店做配菜员，脾气好。受伤后头痛、头昏、睡眠差、反应慢、记性差、脾气性格改变、工作能力下降，日常生活基本能自理。现场精神检查：被会诊人钱某自行步入鉴定室，意识清楚，表情自然，情感适切，反应稍迟钝，注意力集中，接触交谈稍被动，问话能答，对答切题，对所提问内容能理解，检查合作，能大概叙述自己的身体不适及家庭情况。一般常识稍差；理解判断力下降；计算力受损，100递减7心算有错且不能自行纠正；记忆力差，数分钟前告知的物品名称不能完整回答，对受伤过程回忆不全，存在部分顺行性和逆行性遗忘。检查过程中情绪稳定，未发现有幻觉妄想等精神病性症状。IQ 无法测定，日常生活自理能力项目评定（满分 120 分）：110 分。综合其脑外伤史、临床表现和现场精神检查所见及家属提供的情况，对照 CCMD-3，会诊诊断：脑外伤所致精神障碍，日常生活有关的活动能力轻度受限。

2. 关于被鉴定人钱某残疾等级的评定

目前查体见被鉴定人无面瘫，四肢肌力和肌张力尚可，考虑其外伤性蛛网膜下腔出血、右侧颞顶枕部硬膜下血肿等颅脑损伤的病理基础，经住院行面部清创缝合术、任意皮瓣成形术等对症治疗后，被鉴定人现病情稳定，可以评定。目前事件相关电位示定向活动和认知功能减退，大脑抗干扰能力下降。脑电地形图示轻度异常。结合法医精神病会诊意见：脑外伤所致精神障碍，日常生活有关的活动能力轻度受限，对照《人体损伤致残程度分级》第 5.10.1.1 条，被鉴定人构成十级残疾。

（刘伟丽　张运阁　刘松岩　周　莉）

参考文献

[1] 张运阁，李春晓. 30 例颅脑外伤性癫痫法医学鉴定的回顾性分析 [J]. 法医学杂志，2019，35（3）：304-307.

[2] 张运阁，李春晓，管国富，等. 外伤性癫痫及其法医学评定进展 [J]. 法医学杂志，2016，32（3）：200-203.

[3] 陈溪萍，宋嗣荣. 轻型颅脑损伤电生理研究及其在临床法医学上的应用 [J]. 中国法医学杂志，1995（1）：18-21.

[4] SUTTON S, BRAREN M, ZUBIN J, et al. Evoked-potential correlates of stimulus uncertainty [J]. Science, 1965, 150 (3700): 1187-1188.

[5] 关楠思，刘技辉，张馨元，等. 事件相关电位的研究进展及其法医学应用价值 [J]. 法医学杂志，2015，31（2）：135-139.

[6] 张运阁，李春晓. 颅脑外伤后 P_{300} 应用与认知功能障碍的相关性研究 [J]. 中国司法鉴定，2020（6）：86-90.

第六章

电生理在男性性功能障碍法医学鉴定中的运用

第一节 男性性器官

男性性功能是男性最基本的生物学特征之一，是人生理本能的反映。男性性功能障碍是男科学中的一类常见疾病，发病率较高。但由于社会和历史的原因，本病的研究一度受限。改革开放以后，我国男性学研究成绩斐然，尤其在男性性功能障碍基础理论、实验室评估、治疗及法医学鉴定方面有了显著进展。男性性功能障碍主要包括性欲障碍、阴茎勃起障碍和射精障碍等，鉴于司法鉴定的特殊性及复杂性，本章只阐述阴茎勃起功能障碍的法医学鉴定。

一、男性性器官

男性性器官可分为外性器官及内性器官两部分。外性器官包括阴茎及阴囊，内性器官包括睾丸、附睾、输精管、射精管及附属腺，如前列腺、精囊、尿道球腺（图6-1）。

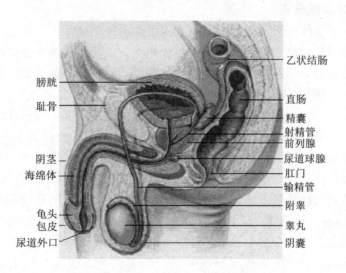

图6-1 男性性器官

阴茎由3条相互平行的海绵体组成（图6-2）。两条阴茎海绵体位于背侧，在根部分离成左右海绵体脚，固定于两侧耻骨下支及坐骨结节，表面有坐骨海绵体肌覆盖。尿道海绵体在两个阴茎海绵体腹侧间沟内，末端膨大形成阴茎头，后端与尿生殖膈相连，尿道从中通过，表面有球海绵体肌覆盖。阴囊下方会阴部可触到膨大的尿道海绵体球部。

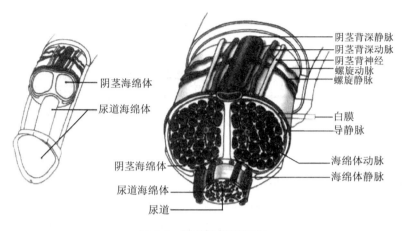

图 6-2　阴茎的解剖结构

每个海绵体外有较为坚韧的胶原和弹力纤维组织包绕，称为白膜。两个阴茎海绵体白膜在中间融合形成阴茎中隔，隔内有间隙使两个海绵体相通。围绕尿道的海绵体白膜较薄但更富有弹性，阴茎勃起时硬度较差。由白膜向外依次有较厚的弹性纤维组成的阴茎深筋膜、较薄的以平滑肌纤维为主的阴茎浅筋膜以及皮肤，此三层膜将3个海绵体包到一起。

二、阴茎的血管分布

阴茎动脉：阴茎的血液供应分别来源于浅层和深层动脉系统。浅层动脉系统起源于股动脉的分支阴部外动脉，它分成背侧支和腹侧支，供应阴茎体部表层血液。浅层动脉系统在冠状沟与深层动脉系统由交通支相连。深层动脉系统起源于髂内动脉的分支阴部内动脉。阴部内动脉穿过尿生殖膈下筋膜进入会阴浅隙发出会阴后支后成为阴茎动脉，阴部内动脉经过坐骨棘，沿坐骨直肠凹外侧壁下行，通过阴部管移行成阴茎总动脉，此处也是耻骨骨折或骑跨伤时最易受损的部位。阴茎动脉平均外径为2.5 mm，在接近尿道球部时分出球动脉和尿道动脉，在耻骨弓韧带后最终分出阴茎背动脉和海绵体动脉2条终支。球动脉供应球海绵体肌和尿道海绵体近侧端阴茎海绵体血液，尿道动脉供应尿道的血液。阴茎背动脉从海绵体脚前方进入阴茎背侧，行走于阴茎筋膜和白膜之间，其平均外径为1.5 mm。阴茎背动脉向阴茎远侧行走时发出螺旋动脉伴随螺旋静脉环绕在阴茎海绵体白膜表面，并有细小分支伴随导静脉进入阴茎海绵体，阴茎背动脉主要供应阴茎龟头和皮肤的血液。海绵体动脉在阴茎脚斜穿阴茎海绵体并行走于阴茎海绵体中央，平均外径1.2 mm，双侧海绵体动脉沿途树枝样发出的螺旋动脉分成细小动脉进入海绵窦，是主要的营养与功能动脉。阴茎动脉之间有许多吻合通路。

阴茎静脉：阴茎的静脉回流系统分浅、中、深三层。浅层静脉系统穿行于阴茎浅筋膜与阴茎深筋膜之间中层静脉。阴茎皮肤皮下组织的静脉主要汇入阴茎背浅静脉，在阴茎近端经阴部外静脉汇入大隐静脉，回流到髂外静脉系统。阴茎头、尿道海绵体及阴茎海绵体远侧2/3的血液汇入到由阴茎背深静脉和冠状沟后静脉丛组成的中层静脉系统，再经膀胱下前列腺静脉回流入髂内静脉。阴茎龟头的血液经过冠状沟后与阴茎背深静脉相连。阴茎海绵体内的血液汇合成小静脉穿在白膜和周围海绵窦之间的白膜下静脉丛，斜形穿出白膜而后汇合成导静脉，大多数导静脉从阴茎背侧穿出白膜汇入背深静脉，小部分经螺旋静脉汇入背深静脉。阴茎头的血液直接汇入由许多小静脉形成的冠状沟后静脉丛，成为背深静脉的起始部。背深静脉位于阴茎深筋膜和白膜之间，其在行程中不断接受环绕海绵体的旋静脉的血液，最后经骨盆横韧带与耻骨弓状韧带之间上行汇入前列腺静脉丛回流到髂内静脉。深层静脉系统由海绵体静脉、球静脉、脚静脉组成。导静脉收集阴茎海绵体近侧 1/3 的血液，汇合成海绵体静脉，随后在海绵体动脉和神经下方合并成海绵体总静脉。海绵体总静脉穿行尿道球部，海绵体脚部汇流至髂内静脉，是阴茎海绵体的主要静脉回流途经。

三、阴茎的神经支配

躯体感觉神经：躯体感觉神经起源于阴茎海绵体、阴茎皮肤和阴茎龟头 3 条分支，会合成阴部神经，通过坐骨大孔经坐骨棘通过坐骨小孔与阴部内动脉伴行，止于骶髓后角（S_2—S_4）Onuf 核。感觉神经沿坐骨直肠筋膜侧面下行到尿生殖膈并分出痔下神经、会阴神经和阴茎背神经。阴茎背神经穿出尿生殖膈，在阴茎深筋膜下与血管伴行至阴茎龟头。

躯体运动神经：躯体运动神经起源于骶髓 S_2—S_4 节段前角的 Onuf 核，是阴茎躯体运动神经中枢，骶神经发出神经纤维形成阴部神经，支配球海绵体肌、坐骨海绵体肌和盆底肌。性兴奋时，坐骨海绵体肌及盆底肌收缩，压迫已充血的阴茎海绵体，使海绵体内压进一步升高并维持足够的时间，促使阴茎勃起有足够的硬度并持续足够的时间以完成性交活动。

交感神经：交感神经主要调节阴茎疲软和射精过程。脊髓交感神经中枢位于脊髓 T_{10}—L_1 的中间外侧灰质，在不同阶段与交感神经链的神经节细胞突触连接，节后纤维参与形成盆神经，海绵体神经和背神经分布到尿生殖道。交感神经末梢释放去甲基肾上腺素诱发阴茎海绵体平滑肌收缩，调控和维持阴茎疲软状态。

副交感神经：副交感神经中枢位于骶髓 S_2—S_4 节段的中间外侧核，发出突起到Ⅴ、Ⅶ、Ⅸ和Ⅹ板层区及背侧联合。其节前纤维进入盆神经丛，发出神经束与来自腹下神经丛的交感神经纤维合并形成海绵体神经支配阴茎海绵体。海绵体神经沿精囊和前列腺后外侧走行，然后沿膜部尿道穿过尿生殖膈，在尿道前列腺尖部居于 5 点钟和 7 点钟位置，在膜部尿道位于 3 点钟和 9 点钟位置，在球部尿道位于 1 点钟和 11 点钟位置，最后在尿道球的远端与海绵体动、静脉形成神经血管束进入阴茎海绵体脚。副交感神经末梢释放乙酰胆碱诱发阴茎海绵体平滑肌舒张，调控并维持阴茎勃起。

中枢神经系统：调节性功能的高级中枢神经系统，包括大脑皮质和皮质下中枢。大脑皮质中枢主要位于大脑边缘系，其基本功能是感受视、听、味、嗅觉性刺激而诱发性冲动，经过思维分辨来调节性冲动，诱发本能性性欲和情感。视前叶内侧区是性冲动和勃起的重要综合中枢。5-羟色胺与 5-羟色胺受体结合发出抑制性冲动，多巴胺与多巴胺受体结合发出兴奋性冲动诱发心理性阴茎勃起。

阴茎躯体神经及自主神经支配如图 6-3 所示。

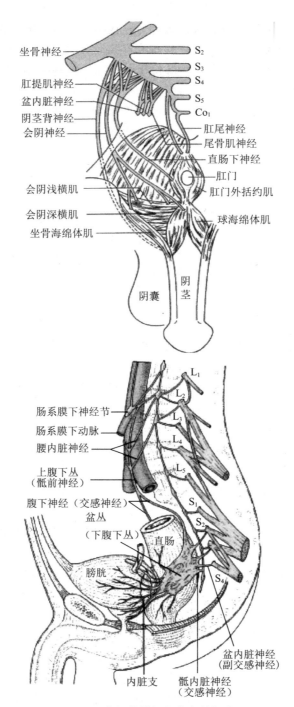

图 6-3 阴茎躯体神经及自主神经支配

(资料来源：《泌尿外科诊断学》，山东科学技术出版社 2006 年出版，小柳知彦等主编、吕家驹译)

四、阴茎的内分泌调节

下丘脑—脑垂体—睾丸轴对睾丸内分泌功能的调控作用受中枢神经系统（central nervous system，CNS）的调节。下丘脑在 CNS 调节过程中起着重要的作用，分泌促性腺激素释放因子（GnRH），刺激脑垂体生成卵泡刺激素（FSH）和黄体生成素（LH），调节睾丸的功能，即调节支持细胞和精原细胞的生精功能，并作用于间质细胞（leydig cell），生成性激素（包括睾酮、双氢睾酮和雌二醇）。睾酮对原发性和继发性性特征的始动、发育和维持起着重要的作用，并参与调节男性性行为和性功能。睾酮又在睾丸内通过局部作用调节精子的发生和生成过程。睾酮对性功能的影响可能与睾酮代谢过程及睾酮生物利用度、睾酮受体的活性等因素有关。

第二节 阴茎勃起神经生理学机制

阴茎勃起过程从本质上说是高级中枢控制下的一系列神经血管反应，勃起的程度取决于动脉流入血量和静脉流出血量之间的平衡。当动脉流入血量低并与静脉流出量平衡时，阴茎处于松弛状态。当动脉流入增加，而静脉流出减少时，阴茎因含血量增加而勃起。

控制阴茎勃起与松弛的神经主要有交感神经和副交感神经：以交感神经作用为主时，动脉平滑肌和海绵体小梁平滑肌收缩，进入阴茎的血量少，此时阴茎处于松弛状态；而以副交感神经作用为主时，动脉平滑肌和海绵体平滑肌舒张，大量的血液进入阴茎海绵体内，使阴茎勃起。

勃起过程分期如图6-4所示。

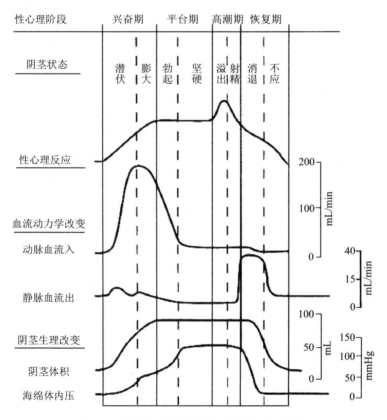

图6-4 阴茎勃起反应周期与相应的生理变化

（资料来源：《男性性功能障碍病理生理与治疗学》，人民军医出版社2009年出版，坎迪尔等著、王明晓等译）

松弛期：此期内以交感神经的作用为主，动脉平滑肌收缩，血量流入明显减少（流速低于 15 cm/s），海绵体小梁平滑肌也收缩，小梁间隙空虚，血气比例与静脉血相近。

充盈期：由于副交感神经的刺激，动脉扩张，进入阴茎的血量急剧增加，流速最大可大于 30 cm/s。海绵体小梁平滑肌也松弛，使小梁间隙扩大，血含量明显增加，但此期内海绵体内压力保持不变。

肿大期：此期海绵体内压力开始升高，流入的血量相对减少。当海绵体内压力高于舒张压时，血液只有在心脏收缩期才能继续流入海绵体内，由于小梁间隙的扩张，对白膜下小静脉形成压迫，血液流出进一步减少，阴茎随之伸长，并扩展至其最大容量。

完全勃起期：此期内海绵体内压力进一步增加，可达到血管收缩压的90%，动脉血流入进一步减少，但仍比松弛状态下多。小梁间隙的扩展进一步压迫白膜下小静脉，使血液流出更少，海绵体内 PO_2 与动脉血相近。

强直期：此期内由于阴部神经的影响，坐骨海绵体肌收缩，压迫阴茎脚，使海绵体内压力上升并超过血管收缩压，此时阴茎完全充盈勃起。坐骨海绵体肌可以自主收缩，也可在球海绵体反射的影响下收缩，此时动脉血流入停止，白膜下静脉闭塞，阴茎处于一个完全闭合的状态。这种静脉流出停止的机制被称为"静脉闭塞机制"。随着骨骼肌的疲劳，海绵体内压力下降至完全充盈期的水平，血液循环重新开始。

肿大消退初始期：可能是由于静脉流出后处于关闭状态，加之交感神经兴奋，海绵体内压力短暂升高。

肿大缓慢消退期：此期内由于平滑肌小梁和螺旋动脉收缩小静脉的压迫，静脉血流出开始增加。

肿大快速消退期：此期内由于交感神经的兴奋，动脉流入速度和海绵体内压力快速下降，伴有静脉流出速度的增加及肿大的快速消退。

大脑皮质是神经调节的最高中枢，也是性生理活动的最高控制中心。大脑皮质以下的神经中枢，以及分布于性器官的周围神经则是在大脑皮质的支配下，完成性生理功能的必备条件。阴茎勃起的高级中枢位于大脑皮质性感觉相关区（比如前扣带回、枕颞区、带状前回、岛叶、眶额皮层、尾状核等），胸12—腰2脊髓节段是心因性勃起的脊髓控制中枢，骶2—骶4脊髓节段是反射性勃起的脊髓控制中枢，阴部神经则源于骶2—骶4神经根，分为传入的感觉神经、传出的运动神经以及自主神经——海绵体神经。

（1）脊髓上通路和中枢。

阴茎勃起的高级中枢位于大脑皮质性感觉相关区（比如前扣带回、枕颞区、带状前回、岛叶、眶额皮层、尾状核等），前脑的内侧杏仁核和终纹可控制调节性动机，梨状皮质可抑制性欲，右侧岛状叶和下部颞叶皮质可增加视觉性刺激活动。下丘脑的视前内侧区、室旁核和海马是性功能及阴茎勃起的重要整合中枢。对这些区域的电刺激可以诱发勃起，这些区域的病变则会影响交配行为。脑干和延髓的几个神经中枢也与性功能有关。A5-肾上腺素能细胞群和蓝斑可以对下丘脑、丘脑、新皮质和脊髓提供肾上腺素能神经支配。发自巨细胞室旁核的投射纤维存在于下丘脑、边缘系统、新皮质和脊髓，具有抑制性5-羟色胺能神经作用。

（2）脊髓及周围神经。

阴茎勃起过程同时受自主神经系统（交感和副交感神经）和躯体神经（感觉和运动神经）的多重支配。发自脊髓的神经元和周围神经元，交感和副交感神经形成海绵体神经，进入阴茎海绵体和尿道海绵体，在勃起和疲软过程中调节神经血管效应。躯体神经主要调节阴茎感觉及球海绵体肌和坐骨海绵体肌的收缩功能。盆底肌的收缩也可压迫海绵体，进一步增加勃起的强度和硬度。

阴茎的勃起由心理性和反射性两种不同的机制引发和调控，并通过躯体神经和自主神经通路共同完成，其中上腰髓和骶髓分别是心因性勃起和反射性勃起的脊髓控制中枢，两者的传导通路如表6-1所示。

表6-1 阴茎勃起神经控制

	传入	脊髓	传出
反射性	阴部神经	骶 S_2—S_4	盆神经
心理性	大脑皮质（视、听、意识）	上腰髓 T_{12}—L_2	盆神经

第三节 阴茎勃起功能障碍神经功能实验室检查

目前用于神经性阴茎勃起障碍的诊断方法可以分为两大类：一类是通过诱发电位技术直接检测神经传导功能，另一类是通过检查末梢神经功能而间接评价神经传导功能。前者主要包括阴部神经诱发电位、球海绵体反射、阴茎交感皮肤反应、海绵体肌电图单电位分析等。后者主要包括阴茎定量温度觉阈值测定、阴茎定量振动觉阈值测定等。现将几种主要方法分述如下。

1. 神经诱发电位检测

（1）骶髓生殖反射时（sacral reflex latency，SRL）。

该项检测的目的是检测生殖骶髓反射弧的结构和功能。其方法是用电流刺激阴茎背神经，同时记录球海绵体肌或肛门括约肌肌电反应。正常骶髓反射波形呈双相或三相，以优势负波在前（图6-5）。球海绵体肌反射潜伏期以小于46 ms为正常，大于46 ms为病理性。

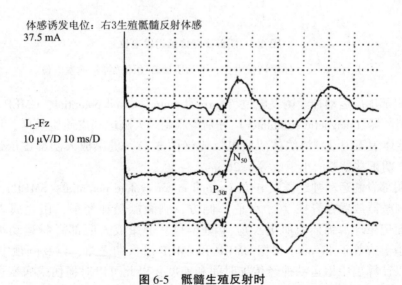

图6-5 骶髓生殖反射时

（2）阴部脊髓体感神经诱发电位（spinal pudendal evoked potential，SPEP）。

电刺激阴茎背神经，在脊柱 L_1 水平可以记录到的诱发电位，称为脊髓诱发电位（图6-6）。该方法主要检测骶髓反射传入通路。健康成人阴部脊髓体感神经诱发电位潜伏期正常参考值小于或等于14 ms。当阴茎背神经或阴部神经损伤或病变时，SPEP潜期延长或波形消失。如果分别刺激阴茎龟头和根部,根据两个刺激点的间距和两次诱发电位的潜伏期差,可以计算出阴茎背神经传导速度。但是,由于阴茎本身较短,加之操作困难,结果往往不可靠。

(3) 阴部皮层体感诱发电位(cortical pudendal evoked potential, CPEP)。

电刺激阴茎背神经,在颅顶后 2 cm 处可记录到皮层诱发电位(图 6-6),该方法可用来检测阴茎背神经至大脑皮质的神经传入通路。健康成人阴部皮层体感神经诱发电位潜伏期正常参考值小于或等于 46 ms。若同时记录 SPEP,可以获得感觉神经中枢传导时间(SCCT)。其正常值为 30.03 ms。当病变位于外周时,SPEP 潜伏期延长而 SCCT 正常;位于中枢时则相反。

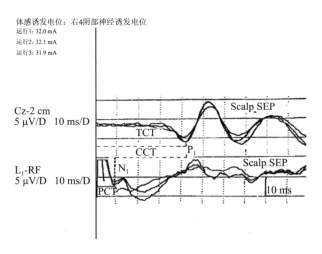

图 6-6 阴部皮层体感诱发电位

上为阴部皮层体感诱发电位,下为阴部脊髓体感神经诱发电位。

(4) 阴部皮层运动神经诱发电位(cortical motor evoked potential, CMEP)。

用磁刺激器(magnetic stimulator)分别跨颅刺激大脑运动皮质生殖区,用金属表面电极在阴茎体表面记录球海绵体肌肌电反应(图 6-7)。健康成人阴部皮层运动神经诱发电位潜伏期正常参考值小于或等于 26 ms。

(5) 阴部脊髓运动神经诱发电位(spinal motor evoked potential, SMEP)。

将磁刺激器放置在脊柱(L_1 水平)侧方,刺激骶髓神经根,用金属表面电极在阴茎体表面记录球海绵体肌肌电反应(图 6-7)。健康成人阴部脊髓运动神经诱发电位潜伏期小于或等于 11 ms。根据 CMEP 和 SMEP 潜伏期之差,以及颅顶中央至 L_1 之距离,可以计算出中枢运动神经传导时间和速度,以此可以对损伤或病变进行初步定位诊断。

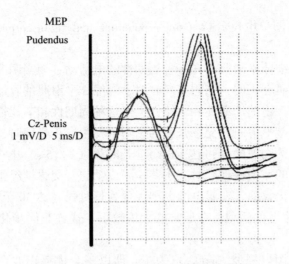

图 6-7　阴部皮层和脊髓运动神经诱发电位

上为阴部皮层运动神经诱发电位，下为阴部脊髓运动神经诱发电位。

（6）阴茎交感皮肤反应（sympathetic skin responses，SSR）。

SSR 作为评价自主神经功能的一种神经电生理学诊断方法广泛应用于临床研究和疾病的诊断。1988 年 Park 等对人的手掌和足部 SSR 进行了研究，并认为足部 SSR 可以间接反映阴部交感神经的功能情况。2000 年，朱广友等[1]应用电流刺激正中神经，直接在阴茎皮肤表面记录 SSR，并获得成功。对 30 例阴茎勃起功能正常的人及 20 例阴茎勃起障碍患者阴茎 SSR 潜伏期和波幅进行的检测和分析表明，在健康成人中刺激腕部正中神经时在阴茎皮肤表面可以记录到 SSR（图 6-8）。此反应波多呈双相，前为较小的负波，随之为较大的正波。健康成人阴茎皮肤交感反应正常参考值小于或等于 1 470 ms。由于交感神经和副交感神经多并行，故通过阴茎 SSR 的正常与否可以间接判断副交感神经的结构和功能状态。

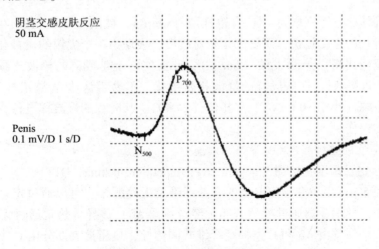

图 6-8　正常人阴茎交感皮肤反应

(7) 海绵体肌电图单电位分析 (single potential analysis of corpus cavernosum electromyography, SPACE)。

阴茎疲软时，海绵体平滑肌存在一种周期性的电活动；而当阴茎勃起时，这种周期性的电活动即消失。研究表明，当阴茎疲软时，海绵体平滑肌的收缩活动与交感张力性活动是同步的，具有一定的周期性和节律性，但这种周期性和节律性受患者的心理因素影响较大。当许多阴茎平滑肌在交感张力的影响下发生同步收缩时，可以在海绵体的不同部位记录到同步化的高波幅（可达 1 mV）、长时程（达 15 s）电位。一般认为这种电位是由交感神经介导的。当性唤起时，阴茎膨胀或勃起，交感神经张力急剧下降，导致平滑肌细胞的非同步化收缩，在肌电图上则表现为长时程（达 30 至数百毫秒）、低波幅（小于 5 μV）、高频率电位活动。在通常放大倍数下，这种非同步化的电位表现为"电静息"而呈直线状态。

正常海绵体肌电图以峰波（spike）为主，即以一个优势正波在前，或是一个短的负波之后，紧跟一个优势正波，电位的去极化和复极化的速度均较快（图 6-9）。当用表面电极记录时，大多可记录到两种形态的电位，但总是以一种形态为主。有 50% 的被检者，首次电位偏转的方向是向下的。当用同心针电极时，所记录的电位时程较短，相位较少，波峰较锐，波幅较高。如果同时记录双侧海绵体肌电图，则可以发现阴茎勃起功能正常时，双侧海绵体电位活动具有同步化和对称性，即电位波形一致，同时出现。

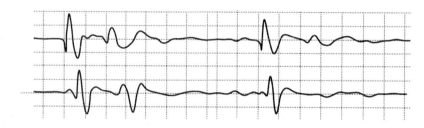

图 6-9 正常海绵体肌电图单电位分析

异常海绵体肌电图表现为：① 挥鞭样波（whips），此波与峰波相似，常单个出现，其特征是去极化的速度较快，而复极化相对缓慢，表现为一个尖锐的去极化峰之后，是一个缓慢的复极化相。② 群发波（bursts），此波实际上是成群的峰波连续出现，当描记速度为 0.5 cm/s 时，这些成群的峰波相互干扰，不易辨认。③ 波浪样波（salves），这是一种低波幅（小于 100 μV）、多相位（2~40）、长时程的慢波样电位，多见于上位运动神经元的损伤。

2. 阴茎定量感觉检测

(1) 阴茎定量温度觉检测 (quantitative temperature testing, QTT)。

对于直径 5 μm 以下介导痛温觉的有髓纤维及无髓纤维，可以通过定量感觉障碍测量仪进行检测，其中冷觉通过细的有髓神经纤维（Aδ）传导，热觉通过无髓的 C 类神经纤维传导，冷痛觉由 Aδ 和 C 类神经纤维共同传导，热痛觉大部分由 C 类神经纤维传导，同时也涉及 Aδ 类神经纤维。

定量温度觉检测是通过对特定部位皮肤的冷觉、热觉、冷痛觉、热痛觉测量，来判断其神经纤维的传导功能的方法，包括极限法和恒定刺激法，由于耗时相对较短，临床常采用极限法。整个检测过程，患者始终处于被盲测状态。冷觉、热觉自动重复 4 次，冷痛觉、热痛觉自动重复 3 次。1976 年，Fruhstrofer 等[2]用热电极首次描述并且测量了100 名神经损伤患者和 26 名正常成人手掌的冷觉、热觉、冷痛觉和热痛觉阈值，发现所有被检者身体不同部位的温度觉敏感性存在不同。同时他还发现周围神经疾病患者的热痛觉阈值比正常人高得多。Bleustein 等[3]对 107 例患者进行多个指标定量体感测试，发现阴茎头温度阈值能单独用来测定阴茎的神经状况，与球海绵体肌反射、海绵体肌电图、体感诱发电位等比较无创且耗时短，此外还发现热感阈值是勃起功能障碍（ED）的最佳预测方式。Lefaucheur 等[4]对 25 例正常者和 35 例主诉 ED 的糖尿病患者进行多种方法检测，包括冷暖阈值、振动感觉阈值、SSR、SEP。两组间冷暖阈值均有显著性差异，阴茎 QTT 与临床 ED 评价具有很强的相关性。2009 年 Rajmil 等[5]对 32 名阴茎矫正术患者进行定量温度觉检测，发现术后阴茎敏感性明显下降，间接提示该手术有小神经纤维损伤可能。翁少峥等[6]研究发现，对于神经性 ED 的诊断具有较高价值；而且可以根据感觉障碍平面，对神经损害进行定位诊断。

(2) 阴茎定量振动觉检测（quantitative vibration testing，QVT）。

对于直径 5 μm 以上介导触压觉的有髓纤维末梢，可以通过定量振动觉进行检测。通过 GSA 探头检测阴茎体及龟头的振动觉阈值，同时检测示指指腹及大腿根部的振动觉阈值作为对照。整个检测过程，患者始终处于被盲测状态。振动觉自动重复 6 次（图 6-10）。该检测的最大优点是，可以做到定点检测，反映阴茎体及龟头局部的振动觉阈值，对神经性 ED 的诊断具有较高价值，而且可以根据感觉障碍平面，对神经损害进行定位诊断。

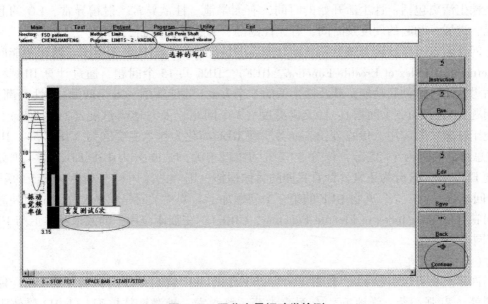

图 6-10　阴茎定量振动觉检测

第四节 阴茎勃起功能障碍法医学鉴定

司法鉴定中有关勃起功能障碍的鉴定,主要包括故意伤害案件性损伤程度鉴定、道路交通事故或工伤意外事故性伤残程度鉴定、性侵害或离婚案件性功能鉴定等。

阴茎勃起功能障碍(erectile dysfunction,ED)是指阴茎勃起能力完全丧失或者虽能部分勃起但其硬度不足以插入阴道进行正常的性交活动;或者虽能进入阴道,但勃起时间太短不足以完成正常的性交活动,持续时间超过6个月。勃起功能障碍分为心理性、器质性和混合性三类,其中器质性阴茎勃起功能障碍又分为神经性、血管性、内分泌性和药物性四类。

一、病史调查

(一)系统病史

心血管系统、神经系统、内分泌系统、消化系统、泌尿生殖系统等的许多疾病均可导致ED,其中以心血管系统和糖尿病最为重要。此外,应注意有无神经系统、盆部手术及外伤史。吸烟、酗酒也是ED的一个原因。

(二)性生活史

性生活史包括:性生活开始的时间,有无早泄、性欲异常、射精异常,ED的起病情况、进展,勃起的硬度及时间,有无性高潮,有无性交疼痛,等等。

问卷调查可以比较客观地量化勃起障碍的情况。目前临床多采用国际勃起功能问卷(International Index of Erectile Function,IIEF)。IIEF共15个问题,通过计算IIEF积分评估男性阴茎的勃起功能,涉及性生活的5个方面:勃起功能(6个问题)、性高潮(2个问题)、性欲(2个问题)、性交满意度(3个问题)及总体满意度(2个问题)。为了便于临床实际应用,1999年Rosen等[7]将IIEF简化为5个主要问题(IIEF-5),IIEF-5的总得分范围为5~25分,评分5~7分为重度ED,8~11分为中度ED,12~21分为轻度ED,22~25分为正常。针对我国的具体国情,国内的泌尿科专家将IIEF-5的第3、4个问题合并为一个,并将IIEF的第一个问题加上,调整了问题顺序,称为中国勃起功能问卷(Chinese Index of Erectile Function,CIEF),在临床应用中的效果基本上与IIEF-5相同。

(三)用药史

许多药物可以引起ED,较常见的有以下几类。① 抗高血压药:利尿剂、β受体阻断剂等。② 强心药:洋地黄。③ 激素类药:雌激素、雄激素拮抗剂。④ H2受体阻断剂:甲氰咪胍。⑤ 抗精神病药:三环抗抑郁药及许多传统抗精神病药。⑥ 抗胆碱药:阿托品、普鲁本辛。⑦ 免疫抑制剂:醋酸泼尼松。⑧ 其他:可卡因及鸦片制剂。

二、体格检查

（一）全身检查

应结合外伤史进行全面检查，主要包括以下几个方面。

颅脑损伤：对脑神经、运动功能及感觉功能进行检查，包括生理反射、病理反射、四肢肌力、肌张力、浅感觉、深感觉等。

脊柱损伤：脊柱的损伤主要表现为疼痛、姿势或形态异常以及活动度受限等，检查时应注意其弯曲度及有无畸形、活动是否受限、有无压痛及叩击痛。此外还应进行对应的神经功能检查。

骨盆损伤：应检查骨盆的外观有无畸形、有无压痛、双下肢长度是否相等。

四肢损伤：四肢及关节的检查常运用视诊与触诊，两者相互配合，观察四肢及其关节的形态，以及肢体位置、活动度或运动情况等。

（二）常规检查

常规检查内容包括一般情况及第二性征，如喉结发育，阴毛、腋毛分布及疏密程度等。

外生殖器及泌尿生殖系统：重点是阴茎、阴囊、睾丸及肛门。

心血管系统：检查心血管功能（包括血压和心率等），以及下肢血供，如足背动脉搏动等。

神经系统：神经系统检查中尤其应注意腰骶部、下肢、肛周及会阴等部位的感觉等内容。

（三）专科检查

阴茎大小与形态：成年人阴茎过小见于垂体功能或性腺功能不全患者。

包皮：阴茎的皮肤在阴茎颈前向内翻转覆盖于阴茎表面，称为包皮。成年人包皮不应掩盖尿道口，翻起后应露出阴茎头，如果不能翻起露出尿道口或阴茎头者称为包茎，多见于先天性包皮口狭窄或炎症、外伤后粘连。如果包皮过长超过阴茎头，但翻起后能露出阴茎头，称为包皮过长。

阴茎头与阴茎颈：阴茎前端膨大部分为阴茎头或龟头。阴茎头的底边凸隆游离称为阴茎头冠，冠后较细部分称为阴茎颈。检查时应尽量将包皮上翻暴露全部阴茎头及阴茎颈，观察其表面色泽，有无充血、水肿、分泌物及结节等。

尿道口：检查时用拇指和食指将尿道口分开。正常尿道口黏膜红润、清洁、无分泌物。

睾丸：检查时应注意大小、形状、硬度及有无触压痛等，并做两侧对比。

三、法医学鉴定标准

《男性性功能障碍法医学鉴定》（GB/T 37237—2018）标准中，阴茎勃起功能障碍分级如下。

1. 阴茎勃起轻度障碍

夜间阴茎勃起硬度（NPTR）检测示阴茎最大勃起时平均硬度大于或等于40%且小于60%；阴茎最大勃起时平均硬度大于或等于60%，但持续时间小于10 min。

2. 阴茎勃起中度障碍

NPTR 检测示阴茎最大勃起时平均硬度大于 0 且小于 40%。

3. 阴茎勃起重度障碍

NPTR 检测示阴茎硬度及周径均无改变。

神经性阴茎勃起障碍应同时具备以下条件：有明确的神经系统外伤、手术或疾病史；有阴部神经（包括躯体神经或/和自主神经）功能障碍的临床表现；有阴部神经（包括躯体神经或/和自主神经）电生理学传导障碍；阴茎硬度监测（Rigiscan）示阴茎最大勃起时平均硬度小于 60%，或者平均硬度大于或等于 60%，但持续时间小于 10 min；无其他器质性原因可以解释。

（1）有神经系统外伤或疾病史是指下列情形：神经系统外伤，包括骨盆骨折伴尿道损伤；下腹部及会阴部穿透伤伤及神经；腰骶神经损伤；脊髓损伤；颅脑损伤；手术后腰骶神经损伤；等等。神经系统疾病，包括脑中风、帕金森病、颞叶癫痫、肌营养不良、多发性硬化、脊髓半切综合征、脊髓脊膜突出症、多发性神经根炎、椎间盘突出、多发性神经病等。

以上损伤应尽可能获得影像学证据，如 X 线、CT 及磁共振检查可以见骨折、脊髓损伤及颅脑损伤或病变征象。

（2）有阴部神经（包括躯体神经或/和自主神经）功能障碍的临床表现是指下列情形：阴茎及会阴部感觉减退或者消失；大小便自觉无力，大便失禁或便秘，小便失禁或潴留；肛门检查时表现为肛门收缩无力或力量减弱；阴茎头挤压反射、肛指反射、提睾肌反射、肛门括约肌反射减弱或者消失；尿流动力学测定和氨基甲酰甲基胆碱超敏感试验示膀胱去神经改变；直肠压力测定压力小于 20 cmH$_2$O。

（3）有阴部神经（包括躯体神经或/和自主神经）电生理学传导障碍是指下列情形：阴部皮层体感神经诱发电位潜伏期延长（大于 46 ms），或者波形严重分化不良或消失；阴部脊髓体感神经诱发电位潜伏期延长（大于 14 ms），或者波形严重分化不良或消失；阴部骶髓反射潜伏期延长（大于 46 ms），或者波形严重分化不良或消失；皮层运动神经诱发电位潜伏期延长（大于 27 ms），或者波形严重分化不良或消失；阴部脊髓运动神经诱发电位潜伏期延长（大于 11 ms），或者波形严重分化不良或消失；阴茎皮肤交感反应潜伏期延长（大于 1 470 ms），或者波形严重分化不良或消失。

四、案例分析

(一) 案情摘要

马某，男，29 岁，2017 年 1 月 11 日因交通事故受伤。2017 年 10 月 9 日，某司法鉴定中心鉴定意见：被鉴定人马某外伤致 L$_5$—S$_1$ 脱位、L$_5$ 右侧横突骨折行手术治疗后，腰部功能丧失 31.94%，评定为十级伤残；其阴茎勃起功能中度障碍，评定为六级伤残。法院委托本所依照《人体损伤致残程度分级》对马某损伤后的伤残等级（包括阴茎勃起功能）、因果关系及参与度重新进行法医学鉴定。

(二) 病史摘要

1. 2017 年 1 月 11 日至 3 月 21 日某大学附属医院出院小结摘录

入院情况：因外伤致全身多处疼痛，活动受限 5 小时入院。查体：头顶部见一 8 cm

长已清创缝合裂伤，全身多处挫擦伤（头顶部、胸部、右肘部、左前臂、腰部）；腰部棘突压痛明显，活动明显受限；左下肢肌力3级，右下肢肌力4级，双下肢感觉减退，双下肢肌张力正常。治疗经过：于2017年1月20日行腰椎脱位切开复位内固定术。出院诊断：腰5骶1脱位并双下肢不全瘫、L_5右侧横突骨折、L_5右侧横突软骨瘤、肝功能异常、头部外伤、胸部闭合性外伤、双肺挫伤、全身多处挫擦伤（右肘部、左前臂、腰部、双侧大腿）、前列腺增生、泌尿系感染。出院时情况：双下肢肌力大致正常，肌张力未见明显异常。

2. 2017年3月21日至7月30日某医院出院记录摘录

入院情况：因腰椎脱位切开复位内固定术后腰部活动受限2月余，尿痛10余天入院。查体：L_5—S_1棘突及棘旁两侧轻压痛，活动明显受限，双侧臀部周围软组织压痛明显，左侧为甚，双下肢肌力5^-级，肌张力正常。治疗经过：予以营养神经、消炎止痛对症治疗。出院诊断：腰椎脱位切开复位内固定术后、左肾结石、泌尿系平滑肌痉挛、神经源性膀胱、L_4—S_1神经损伤、L_5椎体Ⅰ度滑脱、双下肢神经源性损害。

（三）法医鉴定

1. 性功能及性生活史调查

自诉外伤前阴茎勃起功能正常，有夜间及晨间勃起，外伤后阴茎勃起功能障碍。

2. 体格检查

自诉目前大小便控制尚可，右下肢乏力。

神清，步入检查室，对答切题，查体合作。腰骶部见一条状手术瘢痕，腰部活动部分受限。左下肢肌力5级，肌张力正常。右下肢肌力5^-级，肌张力正常，右踝背伸肌力4级，皮肤触痛觉减退。

3. 男科检查

阴毛呈成人男性分布，尿道口湿润。阴茎外观无畸形，触之无结节，双侧睾丸大小、质地正常，双侧提睾反射存在，右侧稍减弱，双侧肛门反射存在，会阴部及右侧臀部皮肤感觉减退。

4. 实验室检查

（1）阴部神经诱发电位检查（多功能神经诱发电位仪）：阴部皮层生殖体感神经诱发电位波形分化不良。阴部皮层生殖运动神经诱发电位潜伏期与波幅在正常范围。生殖骶髓反射波形分化不良。阴茎交感皮肤反应潜伏期稍延长。

（2）阴茎多普勒血流检查（彩色超声成像系统）：双侧阴茎海绵体动脉及背动脉血流信号未见明显异常；双侧睾丸血流信号未见明显异常。

（3）阴茎夜间勃起（NPT）功能监测：监测3夜，未见阴茎有效勃起，阴茎最大勃起时头部及根部周径分别增加1.95 cm和3.10 cm，最大硬度分别为85%和72%，持续时间小于10 min。

5. 阅片所见

2017年1月11日某大学附属医院腰椎CT片1张、脊柱X线片1张，1月15日某大学附属医院腰椎MRI片1张（号039063）示：腰5/骶1脱位（Ⅰ度滑脱），腰5椎体右侧横突骨折，腰5/骶1水平椎间盘膨隆，硬膜囊受压，相应水平椎体后缘片状软组织水肿。

2017年2月4日某大学附属医院腰椎CT片1张，3月16日、7月10日腰椎X线片各1张示：腰5椎体滑脱内固定术后改变。

2018年6月25日本所腰椎多层螺旋CT平扫+图像重组片1张（号19238）示：腰5、骶1椎体内固定中。

6. 鉴定意见

被鉴定人马某脊柱等处交通伤与其目前遗留阴茎勃起障碍之间可以存在直接因果关系，后遗留阴茎器质性勃起障碍（轻度）、右下肢神经功能障碍、腰椎脱位内固定术后等，分别构成人体损伤致八级、十级、十级残疾。

（四）讨论

被鉴定人马某因交通事故受伤，致腰5/骶1脱位并双下肢不全瘫、腰5椎体右横突骨折、L_4—S_1神经损伤等。摄片显示腰5/骶1脱位（Ⅰ度滑脱），腰5椎体右侧横突骨折，腰5/骶1水平椎间盘膨隆，硬膜囊受压。临床予腰椎脱位切开复位内固定术及康复对症等治疗。马某自诉目前大小便控制尚可，右下肢乏力。目前本所检见其腰部活动部分受限，右下肢肌力5⁻级，肌张力正常，右踝背伸肌力4级，皮肤触痛觉减退，分析符合本次外伤致右下肢神经损伤，遗留相应肌群肌力4级以下。

被鉴定人马某自诉外伤后勃起功能障碍。就现有材料分析，其腰5/骶1脱位伴马尾神经损伤，具有引起阴茎勃起功能障碍的病理基础。现本所夜间勃起功能监测结果显示其阴茎夜间勃起功能轻度障碍（平均硬度大于60%，但持续时间小于10 min）。神经电生理检查显示阴部皮层生殖体感神经诱发电位波形分化不良，生殖骶髓反射波形分化不良，阴茎交感皮肤反应潜伏期延长，提示阴部神经传导功能障碍。阴茎多普勒血流检测显示双侧阴茎海绵体动脉及背动脉血流信号未见异常。体格检查见会阴部及右侧臀部皮肤感觉减退，未见双侧睾丸及第二性征明显异常。据此，综合分析本次外伤致腰5/骶1脱位伴马尾神经损伤，从而导致阴茎勃起功能障碍（神经性），即本次交通事故外伤与其目前遗留阴茎勃起功能轻度障碍之间可以存在直接因果关系（参与度为95%～100%）。依照《人体损伤致残程度分级》标准第5.8.1.9条、第5.10.1.6条并比照第5.10.6.2条之规定，上述损伤后遗留阴茎器质性勃起障碍（轻度）、右下肢神经功能障碍、腰椎脱位内固定术后等已分别构成人体损伤致八级、十级、十级残疾。

（王飞翔）

参考文献

[1] 朱广友，沈彦，陈梅英. 阴茎交感皮肤反应及其在阴茎勃起鉴定中的应用[C] //中国法医学会. 中国法医学最新科研与实践（一）：全国第六次法医学术交流会论文精选. 北京：中国人民公安大学出版社，2000：136-140.

[2] FRUHSTORFER H, LINDBLOM U, SCHMIDT W C. Method for quantitative estimation of thermal thresholds in patients [J]. J Neurol Neurosurg Psychiatry, 1976, 39 (11): 1071-1075.

[3] BLEUSTEIN C B, ECKHOLDT H, AREZZO J C, et al. Quantitative somatosensory testing of the penis: optimizing the clinical neurological examination [J]. J Urol, 2003, 169 (6): 2266-2269.

[4] LEFAUCHEUR J P, ANTAL A, AYACHE S S, et al. Evidence-based guidelines on the therapeutic use of transcranial direct current stimulation (tDCS) [J]. Clin Neurophysiol, 2017, 128 (1): 56-92.

[5] RAJMIL O, ARRÚS J, FERNANDEZ M, et al. Sensory changes after surgical correction of penile curvature [J]. J Impot Res, 2009, 21 (6): 366-371.

[6] 翁少峥, 王飞翔, 戴继灿, 等. 定量温度觉检测在神经性勃起功能障碍诊断中的应用 [J]. 法医学杂志, 2011, 27 (4): 253-255.

[7] ROSEN R C, CAPPELLERI J C, SMITH M D, et al. Development and evaluation of an abridged, 5-item version of the International Index of Erectile Function (IIEF-5) as a diagnostic tool for erectile dysfunction [J]. J Impot Res, 1999, 11 (6): 319-326.